| 国家高端智库重点课题成果 |

中华优秀传统文化蕴含的全人类共同价值

刘余莉 等◎著

浙江教育出版社·杭州

图书在版编目（CIP）数据

中华优秀传统文化蕴含的全人类共同价值 / 刘余莉等著. -- 杭州：浙江教育出版社，2024.5（2024.12重印）
ISBN 978-7-5722-6821-2

Ⅰ．①中… Ⅱ．①刘… Ⅲ．①中华文化－研究 Ⅳ．①K203

中国国家版本馆CIP数据核字(2024)第040463号

中华优秀传统文化蕴含的全人类共同价值
ZHONGHUA YOUXIU CHUANTONG WENHUA YUNHAN DE QUANRENLEI GONGTONG JIAZHI

刘余莉　等著

出版发行	浙江教育出版社
	（杭州市环城北路177号　电话：0571-88909724）
项目策划	傅　越
责任编辑	傅　越　余晓克　周涵静
美术编辑	韩　波
封面设计	张合涛
责任校对	李　剑
责任印务	陈　沁
图文制作	杭州天一图文制作有限公司
印　　刷	浙江海虹彩色印务有限公司
开　　本	787mm×1092mm　1/16
印　　张	20
插　　页	4
字　　数	285 000
版　　次	2024年5月第1版
印　　次	2024年12月第2次印刷
标准书号	ISBN 978-7-5722-6821-2
定　　价	98.00元

版权所有·侵权必究

序　言

　　党的十八大以来，面对日益严峻复杂的国内外环境和接踵而至的巨大风险挑战，习近平总书记直面中国之问、世界之问、人民之问、时代之问，以共产党人独有的清醒和坚定，以伟大政治家的雄韬伟略和深邃思想，提出了一系列治国理政新理念新思想新战略，创立了习近平新时代中国特色社会主义思想，为中国式现代化提供了根本遵循，不仅使科学社会主义在21世纪的中国焕发出新的蓬勃生机，也为解决人类面临的共同问题提供了可资镜鉴的中国智慧、中国方案。习近平新时代中国特色社会主义思想中的一个重要内容是弘扬和平、发展、公平、正义、民主、自由的全人类共同价值。

　　全人类共同价值是对全球性问题的积极回应。21世纪以来，整个世界最突出的特征就是全球性日益凸显，不同国家和民族在政治、经济、文化以及环境等方面越来越紧密地联系在一起，真正形成了休戚与共的格局。正如习近平总书记指出的，"国际社会发展到今天已经成为一部复杂精巧、有机一体的机器，拆掉一个零部件就会使整个机器运转面临严重困难，被拆的人会受损，拆的人也会受损"[①]。在这样一种命运与共的背景之下，人类所面临的诸多问题都愈发成为全球性的问题，任何一个国家或民族都无法通过单打独斗的方式实现有效解决，因此就必须在加大全球合作的

[①] 习近平.携手迎接挑战，合作开创未来——在博鳌亚洲论坛2022年年会开幕式上的主旨演讲[N].人民日报，2022-04-22（02）.

前提下，推动全球治理。全人类共同价值的提出，展现的是中国积极参与全球治理的负责任态度，也是蕴含五千年治理经验的中国智慧的时代表达，能够为人类社会解决当前面临的挑战提供方向和思路。

全人类共同价值有助于构建人类命运共同体。我们当前正处于一个日益全球化的时代，希望与挑战共存，世界各国共同乘坐在一艘命运与共的大船之上，唯有守望相助、携手合作才能乘风破浪，安然无恙。习近平总书记指出，"这个世界，各国相互联系、相互依存的程度空前加深，人类生活在同一个地球村里，生活在历史和现实交汇的同一个时空里，越来越成为你中有我、我中有你的命运共同体"[1]。既然是共同体，就需要大家共同出谋划策。它不是以某一种文化、制度为尺度去衡量另一种文化、制度，以一种中心主义取代另一种中心主义，而是要超越非此即彼、非黑即白的独断论，以全球化的眼光，重新审视整个人类世界的现状和前途。和平、发展、公平、正义、民主、自由作为全人类共同价值，凝聚了人类多样文明的价值共识和理念追求，反映了世界各国人民普遍遵循和认可的价值理念的最大公约数，顺应历史潮流、契合时代需要，能够为构建人类命运共同体提供价值支撑。

全人类共同价值有利于建设更加美好的世界。近代以来，国际格局一直以西方为主导，国际关系以西方价值观为主要取向。当前，"西方中心论""西方至上论"的老调已经难以为继，西方社会长久以来一直津津乐道的"民主、自由"的治理理念和模式已经越来越难以适应新的国际格局和时代潮流。习近平总书记指出："当今世界，任何单边主义、保护主义、极端利己主义，都是根本行不

---

[1] 习近平. 顺应时代前进潮流　促进世界和平发展——在莫斯科国际关系学院的演讲[N]. 人民日报，2013-03-24（02）.

通的！……任何我行我素、唯我独尊的行径，任何搞霸权、霸道、霸凌的行径，都是根本行不通的！不仅根本行不通，最后必然是死路一条！"①一些西方国家在世界上不遗余力推广其价值观，经常打着"人道主义""人权保护"等旗号，不惜动用武力颠覆他国政权，大搞所谓"民主化改造"或"国家重建"，给有关国家带来深重灾难。人类美好世界的未来，必须由全人类遵循共同价值共同决定。

习近平总书记提出的全人类共同价值，作为一种全新的价值主张，回应了人类进步和世界发展的需要。在当前国际话语总体"西强东弱"的背景下，对全人类共同价值的阐释，必须时刻警惕西方设置的话语陷阱，要勇于撕开西方话语中的遮羞布，明辨是非曲直、长短优劣。这就要求在更为广阔宏大的现实背景下去理解和阐释，这个现实背景就是推进全球治理体系和治理能力现代化，构建人类命运共同体，建设持久和平、普遍安全、共同繁荣、开放包容、清洁美丽的世界。因此，对全人类共同价值的阐发，不仅是理论问题，更是实践问题，既关系到当下中国国际话语权的提升，更关系到中国式现代化顺利推进和世界共同繁荣发展。

刘余莉教授在英国获得哲学博士学位，长期致力于中华优秀传统文化及其当代价值研究，兼通中西历史文化，具有深厚的理论功底和人文情怀，学术成果丰硕。她主持撰著的《中华优秀传统文化蕴含的全人类共同价值》，从中华优秀传统文化视角深入阐释了习近平总书记提出的全人类共同价值中的核心理念和思想。相信本书有助于广大读者深刻领会全人类共同价值的丰富内涵和

---

① 习近平. 在纪念中国人民志愿军抗美援朝出国作战70周年大会上的讲话[N]. 人民日报, 2020-10-24（02）.

中华优秀传统文化的独特价值，深刻领会习近平新时代中国特色社会主义思想是"两个结合"的产物的重要论断，深刻领会习近平新时代中国特色社会主义思想的理论魅力、实践伟力和世界意义。

中共中央党校（国家行政学院）副校长（副院长）

2024年2月

前　言

全人类共同价值是习近平总书记基于人类命运共同体理念提出的经济全球化时代各国命运与共的价值纽带，是习近平新时代中国特色社会主义思想的一个重大理论创新。它建立在中国古圣先贤体悟天地自然之道、历史发展规律和社会人伦大道的基础之上，而非抽象的人性论基础之上，汲取了中华优秀传统文化的智慧结晶，因而具有不同于西方"普世价值"的基本内涵，如以和为贵、好战必亡、亲仁善邻、协和万邦的和平之道，革故鼎新、允执厥中、天人合一、海纳百川、和合共生的发展理念，天道无私、天下大同的公平意识，重义轻利、义即是利的正义理念，经济上富民利民、政治上听民重民、文化上教民导民的以民为本的民主思想，道德即自由的自由意志，等等。全人类共同价值的提出，顺应历史潮流，回应历史呼声，破解时代之问，打破了西方中心论和西方话语霸权，是对西方"普世价值"的超越。它不仅适用于中国，而且适用于全人类；不仅是不同国家、民族、政党，不同宗教派别共同追求的价值，也是各个国家、不同文明之间处理好彼此关系的价值准绳，具有重大的理论意义和实践价值。

鉴于此，2022年，刘余莉教授承担了中共中央党校（国家行政学院）国家高端智库重点课题"中华优秀传统文化中蕴含的全人类共同价值研究"，组织了中共中央党校（国家行政学院）及高校、地方党校的10位专家对中华优秀传统文化中蕴含的"和平、发展、公平、正义、民主、自由"全人类共同价值的基本内涵、丰富内容、世界贡献等进行深入研究，进而探究在全球范围内培育和推广这些共同价值的方式方法。在研究的过程中，课题组厘清了当前学界有关全人类共同价值的一些模糊认识，并对全人类共同价值之所以适用于全人类的形而上根基进行挖掘和阐发，提出了一些独到而富有创新性的观点，又在此基础上对中华优秀传统文化中人类普遍追求的其他价值共识，以及全人类共同价值如何为构建人类命运共同体奠定坚实的理论基础等问题进行了进一步研究，丰富了关于全人类共同价值的研究内容，拓展了相关问题的研究深度。这也形成了本书的基本框架和主体内容。书中还吸收了刘余莉教授作为首席专家承担的国家社科基金重大项目"中国式现代化的文化底蕴及思想理念研究"的相关研究成果，以及学界最新研究成果，力求站在时代前沿，秉持历史眼光、国际视野，体现中国立场、中国智慧和中国价值。

　　促进文明交流互鉴是习近平文化思想的重要内容，彰显了中国共产党人开放包容的胸襟格局。本书紧扣"第二个结合"这一重大理论命题，对中华优秀传统文化蕴含的全人类共同价值作了深入研究阐释。相信本书的出版，对于宣传贯彻习近平文化思想，准确把握中华文明突出特性，深刻认识中西方文化异同，推进文化自信自强，以文明互鉴推动构建人类命运共同体具有重要意义。

目　录

第一章　全人类共同价值概论　/1

一、理论背景：西方"普世价值"的缺陷　/3

二、现实背景：世界百年未有之大变局　/6

三、全人类共同价值的中华优秀传统文化根基　/16

第二章　和平　/27

一、多样性文明中的和平与国际性战争后的和平　/28

二、中华优秀传统文化中的和平　/36

三、和平的价值贡献与当代启示　/52

第三章　发展　/67

一、中华优秀传统文化中的发展理念　/68

二、中国式发展的继承与实践　/80

三、中国发展之路的世界意义　/99

第四章　公平　/107

一、公平观的基本内涵与历史发展　/108

二、中华优秀传统文化中的公平观　/114

三、中华传统公平观的世界贡献　/129

第五章　正义 / 137

一、西方话语体系下的正义内涵　/ 138

二、中华传统正义观的内涵与表现　/ 143

三、中华传统正义观的培育路径　/ 153

第六章　民主 / 163

一、民主的概念及民主话语权的挑战　/ 164

二、中华优秀传统文化中的民主价值　/ 171

三、中华优秀传统文化中的民主资源　/ 182

四、中华优秀传统文化中的民主资源对当代民主建设的启示　/ 193

第七章　自由 / 199

一、理解自由的比较路径　/ 200

二、西方话语逻辑下的自由及对其的批判　/ 204

三、中华优秀传统文化中的自由价值　/ 212

四、中华传统自由价值的世界贡献　/ 228

第八章　中华优秀传统文化中的其他价值共识 / 235

一、仁爱　/ 236

二、诚信　/ 247

三、礼敬　/ 255

四、文明　/ 262

第九章 弘扬全人类共同价值，构建人类命运共同体 /269

一、全人类共同价值是推动构建人类命运共同体的精神支撑 /270

二、全人类共同价值是推动构建人类命运共同体的价值指南 /277

三、全人类共同价值的实践路径 /284

主要参考文献 /294

后记 /307

第一章

全人类共同价值概论

全人类共同价值是习近平总书记基于人类命运共同体理念提出的经济全球化时代各国命运与共的价值纽带。2015年9月，习近平总书记在第七十届联合国大会一般性辩论时指出："和平、发展、公平、正义、民主、自由，是全人类的共同价值，也是联合国的崇高目标。"①这是习近平总书记首次明确提出全人类共同价值。此后，他多次在不同场合阐述全人类共同价值。2020年9月第七十五届联合国大会和2020年10月纪念中国人民志愿军抗美援朝出国作战70周年大会上，习近平总书记都强调了"坚守和平、发展、公平、正义、民主、自由的全人类共同价值"；2021年7月1日，在庆祝中国共产党成立一百周年大会上的讲话中，习近平总书记指出，"中国共产党将继续同一切爱好和平的国家和人民一道，弘扬和平、发展、公平、正义、民主、自由的全人类共同价值"②；2021年7月，习近平总书记在中国共产党与世界政党领导人峰会上的主旨讲话中再次指出，中国共产党"坚守和弘扬和平、发展、公平、正义、民主、自由的全人类共同价值"；2023年3月，习近平总书记在中国共产党与世界政党高层对话会上发表题为《携手同行现代化之路》的主旨讲话，首次提出"全球文明倡议"——共同倡导尊重世界文明多样性，共同倡导弘扬全人类共同价值，共同倡导重视文明传承和创新，共同倡导加强国际人文交流合作。在这一系列讲话中，习近平总书记明确阐述了全人类共同价值的基本内涵，即和平、发展、公平、正义、民主、自由。全人类共同价值是站在人类历史发展进程、构建人类命运共同体的高度提出的，超越了国家、民族、党派等具体主体的差别，以人类共同利益为交汇点，凝聚起

---

① 习近平出席第七十届联合国大会一般性辩论并发表重要讲话［N］. 人民日报，2015-09-29（01）.
② 习近平谈治国理政：第四卷［M］. 北京：外文出版社，2022：12.

不同文明的价值共识，为构建人类命运共同体提供了坚实的理论基础和价值指引。

一、理论背景：西方"普世价值"的缺陷

近现代以来，西方国家一直宣传以民主、自由等为核心内容的西方价值观，并试图将之上升为适用于全世界各个国家的"普世价值"。但事实上，西方的"普世价值"存在两个明显缺陷。

（一）视特殊性路径为"普世性"价值

各个国家、民族、地区，其文化背景、历史条件、地理环境、人口状况各不相同，因此实现民主、自由的方式必然有各自特色。然而西方国家对此熟视无睹，不仅认为只有自己所宣扬的民主、自由等是"普世"的，还坚持认为实现民主、自由的道路只有西方道路这一条。例如，美国等西方国家以多党制、三权分立、一人一票作为民主的标配，并以此作为"普世价值"来抨击它们认为"不民主"的国家。这是把特殊性、具体性的路径当作"普世性"的价值来追求。美国力图把其作为仅有两百多年历史的移民国家实行民主的形式强加于中国这一具有五千多年文明史且有长期统一历史经验的文明大国，这样的做法就如同用"小摊贩"式的治理方式取代"超级市场"的治理方式一样幼稚可笑，根源在于美国等西方国家的文化霸权主义及其所导致的傲慢与无知，以致把达到民主的具体方式和途径混同为民主本身。

正所谓"条条大路通罗马"，实现民主可以有不同的途径和方

法，即"天下同归而殊途，一致而百虑"，但是一些西方国家却没有中华传统文化中"和而不同""万物并育而不相害，道并行而不相悖"的智慧，因而把目的和达到目的的途径、方法混为一谈。在这方面，习近平总书记强调："民主同样是各国人民的权利，而不是少数国家的专利。实现民主有多种方式，不可能千篇一律。一个国家民主不民主，要由这个国家的人民来评判，而不能由少数人说了算！"[①]

（二）抽象的人性论基础

西方"普世价值"的另一个缺陷是，它建立在抽象的人性论基础之上，缺少共识而导致社会价值观的多元与混乱，因此这种价值观无论在其国内还是国际上，都不是"普世"的。

现代西方的"普世价值"建立在抽象的人性论基础之上。现代西方主流哲学思潮皆以"理性的人"作为出发点，强调正义就是符合普遍性规则的行为，并强调通过合理制度的建立来保证人权和自由。但是，不同的哲学学派从不同的前提和概念出发，却得出了关于"正义"的不同理解和评价标准。例如，伦理利己主义认为，"每个人都应当按照能最大化地满足个人利益的规则而行动"；功利主义认为，"我们应当按照那些能最大限度地满足最大多数人利益的规则而行动"；德国哲学家康德的"义务论"提出，"我们的义务就是要按照那些具有普遍性的道德法则而行动"；新自由主义则强调，"我们应当按照建立在每个人都能够同意的契约之上的公正原则来行事"。以上这些理论在西方社会有着广泛的影响，最终导致

[①] 习近平. 加强政党合作　共谋人民幸福——在中国共产党与世界政党领导人峰会上的主旨讲话 [N]. 人民日报, 2021-07-07（02）.

西方社会的无序与混乱。在涉及现实道德和价值判断时，更是出现不同意见，加剧纷争，这不仅造成社会共同道德信念及共同价值观念的缺失，让人们无所适从，还进一步激化矛盾，撕裂社会。

当代西方哲学家阿拉斯戴尔·麦金太尔在其著作《谁之正义？何种合理性？》中对西方社会的这种现状进行了批判。一方面，西方只注重正义的规则设计和制度建设，而忽视了个体美德的培养，所以他问：西方哲学家们所谓的正义是"谁之正义"？另一方面，西方存在关于正义的各种理论以及评价是非善恶美丑的各种标准，因此每个人都会从不同的前提出发提出关于"正义"的不同标准，那么到底应该遵循哪一种标准来评价人的行为呢？所以他又问："何种合理性？"

西方社会的价值观、道德观多元且混乱，在社会层面表现为面对同样的问题或选择时，人们会根据不同的价值学说给出不同的甚至截然相反的评价标准，即出现了墨子所说的"一人则一义，二人则二义，十人则十义"的状况——当社会上有一个人时，就有一种是非善恶美丑的评价标准；当有两个人时，就会有两种不同的是非善恶美丑的评价标准；而当有十个人时，就会出现十种不同的是非善恶美丑的评价标准。结果就会使人们以"我高兴，我愿意"作为自己行为的理由。这就是为什么西方社会的年轻人中普遍流行着"只要我喜欢，没什么不可以"的口号，甚至不以一些不道德的行为为耻。这就使得西方所提倡的"自由"成为"自由放任"的同义词。在处理国际关系和世界事务时，一些西方国家"我行我素"的对外战略正是这种"自由"观的产物。

西方的"普世价值"实则是为了掩盖霸权主义、强权主义和单边主义，满足自身无休止的欲望和掌控世界的臆想而设计的伪命题。如此的"普世价值"，不仅不是普世的，而且还与真正的民主、自由背道而驰。西方国家也必然会成为自己设计的"普世价值"牢笼中的困兽，当所谓"普世的民主"演变为民粹，所谓"普世的自由"演变为任性，民粹和任性就会成为困兽身上的枷锁，而困兽也只能眼睁睁看着自身脓疮不断溃烂而无能为力。正如习近平总书记所强调："当今世界，任何单边主义、保护主义、极端利己主义，都是根本行不通的！任何讹诈、封锁、极限施压的方式，都是根本行不通的！任何我行我素、唯我独尊的行径，任何搞霸权、霸道、霸凌的行径，都是根本行不通的！不仅根本行不通，最终必然是死路一条！"①

正是针对西方"普世价值"存在的理论缺陷，习近平总书记在借鉴中华优秀传统文化"和而不同""志于道""一体之仁"等思想的基础上，把马克思主义基本原理同中国具体实际相结合、同中华优秀传统文化相结合，创造性地提出了全人类共同价值。全人类共同价值建立在古圣先贤体悟天地自然之道、历史发展规律和社会人伦大道的基础之上，而非抽象的人性论基础之上，提倡"和平、发展、公平、正义、民主、自由"，主张不同国家、民族在实现这些共同价值时保持其特殊的道路和方式。

二、现实背景：世界百年未有之大变局

习近平总书记深刻指出："放眼世界，我们面对的是百年未有之大变局。"②这是我们党立足中华民族伟大复兴战略全局，科学认

---

① 习近平. 在纪念中国人民志愿军抗美援朝出国作战70周年大会上的讲话[N]. 人民日报，2020-10-24（02）.

② 习近平接见二〇一七年度驻外使节工作会议与会使节并发表重要讲话[N]. 人民日报，2017-12-29（01）.

识全球发展大势、深刻洞察世界格局变化而作出的重大判断。"世界怎么了？我们怎么办？"这是世界之问、时代之问、命运之问。合作还是对抗？团结还是分裂？互利共赢还是零和博弈？人类社会面临着重大抉择。正如党的二十大报告中指出："世界之变、时代之变、历史之变正以前所未有的方式展开……人类社会面临前所未有的挑战。世界又一次站在历史的十字路口，何去何从取决于各国人民的抉择。"①

（一）百年未有之大变局的挑战

在百年未有之大变局中，世界经济版图发生的深刻变化前所未有，新一轮科技革命和产业变革带来的新陈代谢和激烈竞争前所未有，国际力量对比发生的革命性变化前所未有，全球治理体系的不适应、不对称前所未有，人类前途命运的休戚与共前所未有。国际格局和国际体系正在发生深刻调整，全球治理体系正在发生深刻变革，国际力量对比正在发生近代以来最具革命性的变化，世界范围呈现出影响人类历史进程和趋向的重大态势。②从根本上说，百年未有之大变局是世界范围内生产力和生产关系矛盾运动的必然结果。

在百年未有之大变局中，最突出的特点是"东升西降"，中国日益走近世界舞台的中央。中国持续快速发展，向着中华民族伟大复兴宏伟目标不断前进，成为世界格局演变背后的主要推动力量。第二次世界大战之后，世界格局由两极对峙走向一超多强；

---

① 习近平. 高举中国特色社会主义伟大旗帜　为全面建设社会主义现代化国家而团结奋斗——在中国共产党第二十次全国代表大会上的报告 [M]. 北京：人民出版社，2022：60.

② 中共中央宣传部. 习近平新时代中国特色社会主义思想学习问答 [M]. 北京：学习出版社，人民出版社，2021：42.

而当前世界格局的变革,则是从事实上"一家独大"的单极世界向协同共治的多极世界转变。中国是世界多极化进程中的一支重要力量。

当前,世界百年未有之大变局进入加速演变期。虽然和平与发展仍然是时代主题,但是不稳定性不确定性更加突出,特别是零和博弈的思维方式使人类和平面临严峻危机。不断上演的"西方之乱"背后是国际金融危机深层次影响的持续发酵。西方国家贫富差距不断扩大,催生政治极化、民粹主义、种族冲突等一系列问题。世界经济低迷,发展鸿沟日益突出,地区冲突频繁发生,单边主义、保护主义、霸凌行径明显上升,恐怖主义、难民危机、生物安全、气候变化、重大传染病等全球性挑战此起彼伏,特别是新冠疫情加速了国际格局调整,"东升西降"的趋势更加显著,传统安全和非传统安全威胁层出不穷,人类面临严峻挑战。[1]面对世界百年未有之大变局的挑战,习近平总书记指出:"任何国家都不能从别国的困难中谋取利益,从他国的动荡中收获稳定。如果以邻为壑、隔岸观火,别国的威胁迟早会变成自己的挑战。"[2]

(二)"西方"的衰落和困窘

"西方"一度是"高科技"和"文明进步"的代名词,在一些人看来,所谓现代化就等于西方化。"西方中心主义"在政治、经济、文化、科技、哲学、社会,乃至百姓生活的方方面面,通过学术与

---

[1] 中共中央宣传部. 习近平新时代中国特色社会主义思想学习问答[M]. 北京:学习出版社,人民出版社,2021:406.

[2] 习近平. 在第七十五届联合国大会一般性辩论上的讲话[N]. 人民日报,2020-09-23(03).

实践，影响了全世界一代又一代人。"西方"被制造者和接受者演绎成一种精神支柱。然而，真实的西方近代史是建立在殖民和掠夺的基础之上，借助工业化而实现逆袭的，其发展逻辑不具备普遍性，只是人类社会发展进程中的局部形态，其建立的功业只可大而不可久。复旦大学中国研究院研究员文扬认为："'西方'这一神话，从西欧基督教诸国向东方的进军开始，在其征服全球的宏大历史中逐渐成形，又伴随着数百年来科学的发展，被一代又一代欧美知识分子东拼西补，逐渐成为一个完整的精神产品，服务于新老帝国主义的全球统治和霸权。"①

15世纪至16世纪，新航路开辟，西方大航海时代到来，伴随开启的是殖民地的建立和对世界资源的掠夺（此过程至今仍未结束）。17世纪，欧洲主要势力建立了威斯特伐利亚体系，结束了欧洲三十年战争，表面上确立了国家主权平等的原则。18世纪，人类开始第一次工业革命，人类社会迈入加速发展的轨道，科技革命和工业革命挖掘出了人类社会巨大的生产力，整个世界逐渐成为一个相互联系的整体。从19世纪初的维也纳体系，到20世纪第一次世界大战之后的凡尔赛—华盛顿体系，再到第二次世界大战之后的雅尔塔体系，世界重复着"矛盾引发战争、妥协建立体系、矛盾累积再引发战争、妥协再建新的体系"的循环。这种循环由西方根本性矛盾引发，并将世界逐次卷入，所建立的体系无非是欧洲各国在政治、宗教、资本扩张、资源掠夺和势力范围等方面暂时性地相互妥协的结果。

当前经济全球化引发的各类问题，亦是西方国家资本掌权、无序扩张、过度逐利、监管失守、政商勾结的必然结果，根源依然是

---

① 张维为，吴新文. 中国话语：建构与解构[M]. 上海：上海人民出版社，2021：131.

西方国家的根本性矛盾。面对这些问题，西方自然会捉襟见肘、束手无策，甚至成为很多问题的幕后推手。西方资本主义主导的国际体系和二元对立的思维模式只能将世界带入下一个"战争—妥协"循环，然而在世界存在核武器的现实中，人类根本经受不起一场核战争。西方发展模式在使现代性得到空前释放的同时，也将人类拖到了生存与毁灭的边缘。因此，唯有向东方具有"天下观"格局和"大一统"经验、承续了五千多年中华文明的智慧和力量的中国，寻求解决问题的出路。中国作为雅尔塔体系下联合国五大常任理事国之一，是一个可以破解西方"战争—妥协"循环的重要变量。

（三）"东方"的智慧和力量

苏联解体、东欧剧变，西方人迫不及待地宣称自由民主制度是"人类意识形态发展的终点"和"人类最后一种统治形式"。然而，中国特色社会主义的巨大成功成为"历史终结论"的终结者。中国开创的社会主义现代化道路，为人类实现现代化提供了新的选择。美国学者约瑟夫·奈提出了以西方的人权、民主、自由等价值观为内核的文化软实力概念，而中华优秀传统文化所包含的价值观则是对西方文化软实力概念的绝对超越。2013年，习近平总书记在全国宣传思想工作会议上深刻指出："中华优秀传统文化是中华民族的突出优势，是我们最深厚的文化软实力。"[1]2023年6月，习近平总书记在文化传承发展座谈会上发表重要讲话，对中华文化传承发展的一系列重大理论和现实问题作了全面深入阐述，特别强调坚持马克思主义基本原理同中华优秀传统文化相结合，并概括了中华文明

---

[1] 习近平. 胸怀大局把握大势着眼大事 努力把宣传思想工作做得更好[N]. 人民日报，2013-08-21（01）.

的五个突出特性：统一性、创新性、连续性、包容性、和平性。

中华文化具有非凡的世界意义。英国历史学家阿诺德·汤因比在20世纪70年代展望21世纪时指出："就中国人来说，几千年来，比世界任何民族都成功地把几亿民众，从政治、文化上团结起来。他们显示出这种在政治、文化上统一的本领，具有无与伦比的成功经验。这样的统一正是今天世界的绝对要求。"①"世界统一是避免人类集体自杀之路。在这点上，现在各民族中具有最充分准备的，是两千年来培育了独特思维方法的中华民族。"②习近平总书记在纪念孔子诞辰2565周年国际学术研讨会暨国际儒学联合会第五届会员大会开幕会上的讲话中强调："中华文明，不仅对中国发展产生了深刻影响，而且对人类文明进步作出了重大贡献。……世界上一些有识之士认为，包括儒家思想在内的中国优秀传统文化中蕴藏着解决当代人类面临的难题的重要启示……"③

当今世界，各国相互联系、相互依存的程度空前加深，人类生活在同一个地球村里，生活在历史和现实交汇的同一个时空中，越来越成为你中有我、我中有你的命运共同体。习近平总书记结合《中庸》中"万物并育而不相害，道并行而不相悖"的理念，强调"一枝独放不是春，百花齐放春满园""和羹之美，在于合异"，指出文明多样性是人类进步的不竭动力。"要树立平等、互鉴、对话、包容的文明观，以文明交流超越文明隔阂，以文明互鉴超越文明冲

---

① 池田大作，阿诺德·汤因比. 展望21世纪：汤因比与池田大作对话录[M]. 荀春生，等，译. 北京：国际文化出版公司，1997：283-284.

② 池田大作，阿诺德·汤因比. 展望21世纪：汤因比与池田大作对话录[M]. 荀春生，等，译. 北京：国际文化出版公司，1997：284.

③ 习近平. 在纪念孔子诞辰2565周年国际学术研讨会暨国际儒学联合会第五届会员大会开幕会上的讲话[N]. 人民日报，2014-09-25（02）.

突，以文明共存超越文明优越。"①"坚持美人之美、美美与共……我们既要让本国文明充满勃勃生机，又要为他国文明发展创造条件，让世界文明百花园群芳竞艳。"②

在当前经济全球化浪潮引发各种全球性问题的关键历史节点，中华民族在历史上形成的"多元一体格局"和中华文化"和而不同"的理念，可以为应对并化解危机、重建世界秩序提供重要的启示和借鉴。世界呈现多元文化的格局，只有从多元走向一体，也就是走上"美人之美、美美与共"的道路，世界才能有光明的未来。

培养"和而不同"的思维方式和世界眼光，要求每个国家从自身做起，坚持以和为贵，秉持平等对待、和睦相处、互相学习、互助合作的大局观，拒绝自私自利、短视封闭的狭隘观，构建和谐的地球大花园。民族与民族、国家与国家之间应互相尊重，彼此包容，求同存异，让世界文明这个大花园因百花齐放而姹紫嫣红、美不胜收，实现天下一家亲的理想。

世界好，中国才能好；中国好，世界才更好。中国共产党既是为中国人民谋幸福、为中华民族谋复兴的党，也是为人类谋进步、为世界谋大同的党。中国共产党始终把为人类作出新的更大贡献作为自己的使命。面对风云变幻的国际形势、冲突不断的国际社会，习近平总书记心怀"为世界谋大同"的诚意，以维护世界和平、促进共同发展为宗旨，提出并不断推进"构建人类命运共同体"倡议。这一理念已成为新时代中国特色大国外交的总目标，被写入

---

① 习近平. 弘扬"上海精神" 构建命运共同体——在上海合作组织成员国元首理事会第十八次会议上的讲话 [N]. 人民日报，2018-06-11（03）.

② 习近平. 深化文明交流互鉴 共建亚洲命运共同体——在亚洲文明对话大会开幕式上的主旨演讲 [N]. 人民日报，2019-05-16（02）.

《中国共产党章程》《中华人民共和国宪法》，成为中国共产党和全体中国人民的共同意志，集中体现了中国共产党在新时代坚持胸怀天下的历史责任与担当，为解决人类重大问题贡献了中国智慧、中国方案和中国力量。党的二十大报告中再次强调："中国始终坚持维护世界和平、促进共同发展的外交政策宗旨，致力于推动构建人类命运共同体。"[1]

（四）构建人类命运共同体，提倡全人类共同价值

构建人类命运共同体是习近平总书记站在世界历史和时代的高度，从中国和全人类的共同利益出发，结合中华优秀传统文化的智慧，审时度势提出的重大倡议。"人类命运共同体，顾名思义，就是每个民族、每个国家的前途命运都紧紧联系在一起，应该风雨同舟，荣辱与共，努力把我们生于斯、长于斯的这个星球建成一个和睦的大家庭，把世界各国人民对美好生活的向往变成现实。"[2]

构建人类命运共同体，就是要坚持对话协商、共建共享、合作共赢、交流互鉴、绿色低碳，建设一个持久和平、普遍安全、共同繁荣、开放包容、清洁美丽的世界。建设这样的美好世界反映了人类社会的共同价值追求，汇聚了世界各国人民对和平、发展、繁荣向往的最大公约数。

构建人类命运共同体已被多次写入联合国文件，国际社会高度评价中国推动构建人类命运共同体的实践，普遍认为构建人类命运

---

[1] 习近平. 高举中国特色社会主义伟大旗帜　为全面建设社会主义现代化国家而团结奋斗——在中国共产党第二十次全国代表大会上的报告[M]. 北京：人民出版社，2022：60.

[2] 习近平. 论坚持推动构建人类命运共同体[M]. 北京：中央文献出版社，2018：510.

共同体完全符合《联合国宪章》的基本原则，是对全球治理的重要贡献。正如第七十一届联合国大会主席彼得·汤姆森所说，构建人类命运共同体"是人类在这个星球上的唯一未来"。①

构建人类命运共同体是应对全球性问题的必由之路。世界各国只有携手应对全球性威胁和挑战，才能有效化解各种风险，维护人类共同家园，建设更加美好的世界。

在各国相互依存日益紧密的今天，全球供应链、产业链、价值链紧密联系，经济全球化是不可逆转的历史潮流。尽管单边主义、贸易保护主义、"去全球化"、"逆全球化"言行不断出现，但"地球村"的世界决定了各国利益日益交融、命运与共，合作共赢是大势所趋。

中国是推进经济全球化的坚定力量。习近平总书记指出："要秉持开放、融通、互利、共赢的合作观，拒绝自私自利、短视封闭的狭隘政策，维护世界贸易组织规则，支持多边贸易体制，构建开放型世界经济。"②中国与各国以及国际组织携手，努力形成更加包容的全球治理、更加有效的多边机制、更加积极的区域合作，开展全球行动、全球应对、全球合作。

在构建人类命运共同体思想的指引下，中国坚持互利共赢的外交政策，不断拓展同世界各国的合作，在更多领域、更高层面实现合作共赢、共同发展。中国推动共建"一带一路"高质量发展，推进一大批关系共建"一带一路"国家经济发展、民生改善的合作项目，建设和平之路、繁荣之路、开放之路、绿色之路、创新之路、文明之路，使共建"一带一路"成为当今世界深受欢迎的国际公共

---

① 中共中央宣传部. 习近平新时代中国特色社会主义思想学习问答 [M]. 北京：学习出版社，人民出版社，2021：407.

② 习近平. 弘扬"上海精神" 构建命运共同体——在上海合作组织成员国元首理事会第十八次会议上的讲话 [N]. 人民日报，2018-06-11（03）.

产品和国际合作平台。中国还通过举办进博会、服贸会、广交会、消博会等经贸盛会，主办二十国集团领导人杭州峰会、北京亚太经合组织领导人非正式会议、中非合作论坛北京峰会，同世界各国携手合作、共同抗疫，竭尽全力向国际社会提供物资支援、技术支持、智慧分享，不断扩大同各国的利益交汇点，积极参与全球治理体系改革和建设，提倡弘扬和平、发展、公平、正义、民主、自由的全人类共同价值，积极推动建设新型国际关系，以切实行动推动形成人类命运共同体和利益共同体。

总之，中国坚持开放、不搞封闭，坚持互利共赢、不搞零和博弈，坚持主持公道、伸张正义，站在历史正确的一边，站在人类进步的一边，以胸怀天下的气魄，始终坚持做世界和平的建设者、全球发展的贡献者、国际秩序的维护者、公共产品的提供者、共同价值的倡导者。正如党的二十大报告中所指出的，"中国积极参与全球治理体系改革和建设，践行共商共建共享的全球治理观，坚持真正的多边主义，推进国际关系民主化，推动全球治理朝着更加公正合理的方向发展"[①]。如今，构建人类命运共同体已成为引领时代潮流和人类前进方向的鲜明旗帜。全人类共同价值的提出，为构建人类命运共同体提供了坚实的理论基础和价值指引。正如习近平总书记所强调："各国历史、文化、制度、发展水平不尽相同，但各国人民都追求和平、发展、公平、正义、民主、自由的全人类共同价值。我们要本着对人类前途命运高度负责的态度，做全人类共同价值的倡导者，以宽广胸怀理解不同文明对价值内涵的认识，尊重不同国家人民对价值实现路径的探索，把全人类共同价值具体地、

---

① 习近平. 高举中国特色社会主义伟大旗帜　为全面建设社会主义现代化国家而团结奋斗——在中国共产党第二十次全国代表大会上的报告[M]. 北京：人民出版社，2022：62.

现实地体现到实现本国人民利益的实践中去。"①

中国将一如既往地坚持走和平发展道路，既通过维护世界和平发展自己，又通过自身发展维护世界和平，同世界上一切进步力量携手前进，不依附别人，不掠夺别人，永远不称霸，不断为人类文明进步贡献智慧和力量，同世界各国人民一道，推动历史车轮向着光明的前途前进。

三、全人类共同价值的中华优秀传统文化根基

"弘扬和平、发展、公平、正义、民主、自由的全人类共同价值"②是在充分汲取中华优秀传统文化的基础上提出来的，建立在古圣先贤对"道"的理解之上，因而实现了对西方"普世价值"的超越。

《论语》中讲的"志于道，据于德，依于仁，游于艺"可谓对中华传统文化精髓的纲领性概括。这里的"道"，与老子"道可道，非常道"中作为终极旨归意义的"道"的含义是相同的。中国古圣先贤所提出的道德观、价值观都以是否符合"道"为标准。因此，认识"道"就显得非常重要。

---

① 习近平. 加强政党合作 共谋人民幸福——在中国共产党与世界政党领导人峰会上的主旨讲话[N]. 人民日报，2021-07-07（02）.
② 习近平. 向拉美和加勒比国家共同体第七届峰会作视频致辞[N]. 人民日报，2023-01-26（01）.

（一）"志于道"的圣贤文化与"一体之仁"的思维方式

中华优秀传统文化是"志于道"的圣贤文化，提倡"一体之仁"的整体思维方式，追寻宇宙、人生的大道。这是中华文化相较于西方文化最鲜明的特点。

"道"是宇宙万有的本体，是自然而然、本来如是的规律。"德"是人用来体认"道"、成为"得道之人"（儒家称为"圣人"，道家称为"真人"）的品质状态。道为德之体，德为道之用。《说文解字》云："惪（即"德"），外得于人，内得于己也。"按照"道"即"一体"的宇宙观和"一体之仁"的整体思维方式来行动处事就是有德之人；有德之人是"得道者多助""顺天者昌"之人。《道德经》云："为学日益，为道日损，损之又损，以至于无为，无为而无不为。"可见，求道的方法与求知不同。求道是不断减损的过程，通过减损外在习性的浸染，不断彰明自性明德，从而"明明德"。古圣先贤正是通过"无为""无知"的方式，达到"无不为""无不知"的境界。这与求知的方法截然不同。求知要不断增长知识和技能，但在此过程中，即使知识再丰富，只要有知，就会有所不知，就不可能达到"全知"。圣人用心如镜，其"无不知"的心境犹如镜子一般，自身光明洁净，虽然没有任何图像，但可以呈现任何前来照镜者的相。镜子起作用所达到的状态就是"无不知"，寂而常照，照而恒寂。这就是中国古人所求的"智慧"与西方人所求的"知识"的不同。智慧是圣人去除思虑后达到的本自具足、本自清净、本来如是的境界；而知识则是通过人的思维想象逻辑分析得来的，这种得来的方式犹如在镜子上作画，画得越多，镜子就越难显现其本有的光洁，也就越发失去其"照见"的能力。唯有深刻体认古圣先贤"为道日损"的方法，才能对圣贤之道生起信心，并将圣贤之道运用到治理之中。

不仅如此，中国古人认为，自性是平等的，只因后天习性的影响而有了差别，此所谓"性"上平等而"相"上不平等。正因为人的本性是相同的，因此人人都具有成圣成贤的潜质，通过"为道"都可以开启智慧、成为圣贤，此所谓"人皆可以为尧舜""涂之人可以为禹"，"无不知"并非常人不可企及的目标。但是在西方文化中，能够达到"全知"境界的只有上帝一个。因此，用"为学"的方法来"为道"，不仅在方法论上存在相当的困难，而且用西方求知识的方法理解中国古圣先贤的智慧，也不能体悟古人所达到的境界。只有深刻认识中华文化与西方文化不同的思维方式，才能在国家治理和现代化的过程中处理好如何借鉴西方文化的问题。

《周易·系辞上》中讲："形而上者谓之道，形而下者谓之器。"刘向在《说苑》中说："万物得其本者生，百事得其道者成。"中华优秀传统文化之所以优秀，是因为它是"志于道"的圣贤文化，提倡"一体之仁"的整体思维方式，追寻宇宙、人生的大道，这是中华文化相对于西方文化而言最鲜明的特点，也是"中国之治"的形而上依据。中国古代的圣人早已通过"涤除玄览"等方式成为"得道之人"，达到了"天人合一"的境界，如《周易》所言"夫大人者，与天地合其德"，庄子提出"天地与我并生，而万物与我为一"，王阳明所说"大人者，以天地万物为一体者也"。可见，体悟并按照一体的宇宙观来行事的人就是圣人。在这种一体观的影响下，一家之内父与子、夫与妇，一个团体之内领导者与被领导者，乃至国家之间、人与自然之间，都是和谐一体的关系，一荣俱荣、一损俱损。这就是"一元和合"的思维方式。以此为指导，在中国历史漫长的发展过程中，人们总是追求人与人、人与国家、人与自然、国家与国家之间的和谐关系，使得中华文明成为历史上唯一一个没有中断的文明而得以延续至今。只有"一体"才能"和"，因而"一体之仁"的思维方式有助于化解冲突、促进和平；而西方文化以二元对立为思考问题的出发点，对立引发竞争，竞争升级为斗争，最终引发冲突与战争。

中西方在方法论（求道与求知）上的不同也导致了世界观和认识论上的分歧。西方人的世界观和认识论以"二元对立"为主要特征，这与中华传统文化"一体"的宇宙观存在根本差别。西方认为，主观与客观、主体与客体、自我与他人、人与自然等，都是对立的关系。这种"二元对立"的思维方式渗透到方方面面，所谓的竞争观、博弈论、"修昔底德陷阱"等概念和理论，都是这种"二元对立"思维的产物。用对立的思维方式来解读中华传统文化中的"父慈子孝""夫义妇德""兄友弟恭""朋友有信"等人伦关系，以及"天人合一""和而不同""互利双赢""协和万邦""世界大同"等人文理念，自然不可避免地会导致误读与误判。

中华民族在五千多年历史长河中创造了璀璨的中华文明。"天地与我并生，而万物与我为一"是具有鲜明中华传统文化特色的"以天地万物为一体"的世界观。这种"一体"的世界观，孕育出的是古圣先贤"天下一家"的远大眼光和开阔胸襟，表现为"大道之行也，天下为公"的理想、"以天下之财，利天下之人"的主张、"藏天下于天下"的境界、"四海之内皆兄弟"的情怀等。正是在这些理念的影响下，中华文明形成了天下一家、和而不同、协和万邦、世界大同的文化传统。

中华文明能够历久弥新的根本原因在于，中华民族在绝大多数的历史阶段都遵从了古圣先贤"志于道"的发展方向，遵循了"天人合一"的世界观和"一体之仁"的整体思维方式，坚持了"民胞物与"的道德观。这种世界观、道德观和思维方式渗透到国家治理和社会制度的方方面面，使得中国传统社会形成了不同于西方的独具中国特色的制度与政策，孕育了关于国家制度和国家治理的丰富思想，包括"大道之行也，天下为公"的大同理想，"六合同风，四海一家"的"大一统"传统，"德主刑辅，以德化人"的德治主张，"民贵君轻，政在养民"的民本思想，"等贵贱均贫富，损有余补不足"的平等观念，"法不阿贵，绳不挠曲"的正义追求，"孝悌忠信，礼义廉耻"的道德操守，"任人唯贤，选贤与能"的用人标准，"亲仁善邻，协和万邦"的外交之道，"以和为贵，好战必亡"的和平理念，等等。

中国共产党继承了中华优秀传统文化中蕴含的和平、发展、公平、正义、民主、自由等价值观，始终以世界眼光关注人类前途命运，从人类发展大潮流、世界变化大格局、中国发展大历史出发，正确认识和处理同外部世界的关系。党的二十大报告再次强调了中国在处理国际关系问题上的一贯主张："坚持胸怀天下"[1]，"推动构建人类命运共同体，坚定维护国际公平正义"[2]。此外，坚持开放、不搞封闭，坚持互利共赢、不搞零和博弈，坚持主持公道、伸张正义，站在历史正确的一边，站在人类进步的一边，等等，都是中国共产党在继承"一体之仁"等中华优秀传统文化的基础上，为应对世界百年未有之大变局，以维护世界和平、促进共同发展为宗

---

[1] 习近平. 高举中国特色社会主义伟大旗帜　为全面建设社会主义现代化国家而团结奋斗——在中国共产党第二十次全国代表大会上的报告 [M]. 北京：人民出版社，2022：21.

[2] 习近平. 高举中国特色社会主义伟大旗帜　为全面建设社会主义现代化国家而团结奋斗——在中国共产党第二十次全国代表大会上的报告 [M]. 北京：人民出版社，2022：12-13.

旨所提出的重大倡议。

（二）中华民族多元一体格局与"大一统"的政治架构

著名社会学家费孝通先生总结中华民族历史经验，提出了"中华民族多元一体格局"。中华民族的形成是一个历史过程，形成的民族实体不是56个民族的简单叠加，而是相互依存、不可分割的整体，高度认同统一，具有共休戚、共存亡、共荣辱、共命运的道德情感和道德责任，并在实践中形成了"大一统"的政治架构，实现了国家的安定强盛。"多元一体"达到的是"和而不同"的境界。"古代中国人的眼里，'中国'就是'天下'，也就是被看作是一个'世界'。所以中国人常说的'分久必合，合久必分'，并不是现代西方人所指的一个'民族国家'的'统一'或'分裂'……而是一种'世界'的分崩离析和重归'大一统'。纵观中国几千年的历史，分分合合，纷争不断，但是从'多元'走向'一体'的大趋势是整个历史发展的主线，而且即使是在'统一'的时期……仍然允许在某些地区、某一阶层、某种行业中保持它的特殊性。"[①] 这就是"和而不同"的中华文明所体现出的多样和统一的辩证关系。

中国古人通过不断的探索和实践，形成了成熟的政治架构和国家协调模式。秦朝建立了中国历史上第一个"大一统"的国家，这种成熟的国家模式出现的时间远早于其他任何文明所建立的政权。此后"百代都行秦政法"，不仅政治统一，而且思想统一、文化统一、经济统一、军事统一。纵观中国历史，"合"的时间占三分之

---

① 费孝通. 文化与文化自觉 [M]. 北京：群言出版社，2012：612.

二，"分"只占三分之一。中华民族以高度的政治智慧和深厚的文化底蕴开创了一个又一个"可久可大之功"。在整个世界历史上，其他任何一种文明、一个民族，在其他任何一个国家或一个地区，都未曾实现过这样的成就。中国历史上长期统一的历史经验为全人类共同价值的提出提供了深厚的文化底蕴。

（三）"和而不同"的文化逻辑与"美美与共"的文明互鉴

中国的哲学逻辑以"一元和合"为基础。中华传统文化强调阴阳之间的相互依存、相互制约、相互转化，阴阳和合而成太极。一体观和整体性思维使中华大地各处得以"不同"而"和"，也使中华文化能够始终保持生机和活力，历久弥新。

西方的哲学逻辑以二元对立为基础，由此催生了"文明的冲突"。美国学者亨廷顿认为，冲突是普遍的。全世界的人在更大程度上根据文化界限来区分自己和他人，意味着文化集团之间的冲突越来越显著；文明是最广泛的文化实体，因此不同文明集团之间的冲突就成为全球政治的中心。冲突的根源在于不同文明国家或集团对人民、领土、财富、资源和相对权力的控制，也就是将自己的价值、文化和体制强加于另一个国家或集团的能力。[①]然而，这些所谓的冲突，无非是西方对立的思维模式所导致的各种现实冲突，以及将西方内部冲突外溢，使之表现为貌似具有普遍性的冲突。真正的文明不会冲突，起冲突的并非文明。既文且明，乃合于道，内则和合一体，外则文明融合。"文明冲突论"实则是在西方话语逻辑

---

① 塞缪尔·亨廷顿. 文明的冲突与世界秩序的重建 [M]. 周琪，等，译. 北京：新华出版社，1998：133-135.

的掩盖下为维护西方中心主义而将非文明之间的冲突装入"文明的冲突"这一箩筐而形成的伪命题。

针对"文明冲突论",费孝通提出了十六字箴言:"各美其美,美人之美,美美与共,天下大同。"[①]进入现代社会之前,世界上各个群体大多自给自足,自我发展,这是"各美其美"的经济和社会基础。随着社会的发展,封闭的局面被打破。进入现代社会后,全世界各个地方的人群越来越成为休戚相关的整体,就必须从"各美其美"上升到"美人之美",摆脱本位中心主义,包容不同的价值观,求同存异、相互理解、日趋靠拢。以此为基础,进一步加强群体之间的接触、交流和融合,在实践中筛选出一系列能为各群体自愿接受的共同价值标准,实现"美美与共"。这样的社会也就是中国古人所说的理想社会,即所谓"天下大同"的美好世界。[②]

中华文化极大的包容性源自"和而不同"的理念,支撑"和而不同"理念的基础是高度的文化自信。这关键在于,中华文化是"志于道""合于道"的文化。在文明交流互鉴、文化不断融合的过程中,中华文化与其他文化中合于"道"的部分相互吸纳融合,有悖于"道"的部分则在历史的发展中逐渐被淘汰,这个过程是自然而然的。"志于道""合于道"的特点不仅使中华民族在文明互鉴、文化交融过程中始终保持高度自信,也使中华文明不会被其他文明反噬——即使在国家形态遭受局部入侵乃至发生朝代更迭时,中华文明也并未中断发展。"志于道""合于道"是全人类共同价值之所以成立的形而上基础。

---

① 费孝通. 人的研究在中国 [M]. 天津:天津人民出版社,1993:16.
② 费孝通. 文化与文化自觉 [M]. 北京:群言出版社,2012:232.

（四）"尚和合"的价值追求与"协和万邦"的国际观

中国"和"文化源远流长，蕴含着天人合一的宇宙观、协和万邦的国际观、和而不同的社会观、人心和善的道德观。[1]这四个方面既包含了世界观，也包含了方法论。尚"和"是中华民族的文化基因。五千多年文明史始终崇尚和平、和睦、和谐的价值追求。

"强不执弱，富不侮贫""己所不欲，勿施于人""仁者爱人""推己及人""老吾老以及人之老，幼吾幼以及人之幼""化干戈为玉帛""国虽大，好战必亡""远人不服，则修文德以来之""以和为贵""与人为善""和而不同""协和万邦"等理念在中国代代相传，深深植根于中国人的精神血脉中，处处体现在中国人的行为上。中国在历史上曾经是世界上最强大的国家之一，但从没有殖民和侵略他国。

习近平总书记指出："中国走和平发展道路，不是权宜之计，更不是外交辞令，而是从历史、现实、未来的客观判断中得出的结论，是思想自信和实践自觉的有机统一。和平发展道路对中国有利、对世界有利，我们想不出有任何理由不坚持这条被实践证明是走得通的道路。"[2]中国坚定不移走和平发展道路，始终是维护世界和平的坚定力量。中国以前是、现在是、以后也将永远是世界和平的建设者、全球发展的贡献者、国际秩序的维护者，中国以前不走、现在不走、以后也绝不走"国强必霸"的路子。党的二十大报告强调："中国坚定奉行独立自主的和平外交政策，始终根据事情

---

[1] 习近平. 在中国国际友好大会暨中国人民对外友好协会成立60周年纪念活动上的讲话[N]. 人民日报，2014-05-16（02）.

[2] 习近平. 在德国科尔伯基金会的演讲[N]. 人民日报，2014-03-30（02）.

本身的是非曲直决定自己的立场和政策，维护国际关系基本准则，维护国际公平正义。中国尊重各国主权和领土完整，坚持国家不分大小、强弱、贫富一律平等，尊重各国人民自主选择的发展道路和社会制度，坚决反对一切形式的霸权主义和强权政治，反对冷战思维，反对干涉别国内政，反对搞双重标准。中国奉行防御性的国防政策，中国的发展是世界和平力量的增长，无论发展到什么程度，中国永远不称霸、永远不搞扩张。"[1]2023年6月，习近平总书记在文化传承发展座谈会上再次强调："中华文明具有突出的和平性……中华文明的和平性，从根本上决定了中国始终是世界和平的建设者、全球发展的贡献者、国际秩序的维护者，决定了中国不断追求文明交流互鉴而不搞文化霸权，决定了中国不会把自己的价值观念与政治体制强加于人，决定了中国坚持合作、不搞对抗，决不搞'党同伐异'的小圈子。"[2]这是中国共产党对中华"和"文化和"协和万邦"国际观的传承。

中国共产党继承了"天下为公"的中华文化，发展出了"胸怀天下"的理念。天安门城楼悬挂的两行标语——"中华人民共和国万岁""世界人民大团结万岁"——正是这种胸怀和气魄的写照。试想，面对国家内部一穷二白，外部帝国列强又企图扼杀新中国于摇篮之中的境况，中国共产党喊出了"世界人民大团结万岁"的口号，是怎样一种"胸怀天下"的气魄和度量！因此，"坚持胸怀天下"，倡导和平、发展、公平、正义、民主、自由的全人类共同价值，不仅仅是中国共产党作为马克思主义政党将解放全人类作为价

---

[1] 习近平. 高举中国特色社会主义伟大旗帜　为全面建设社会主义现代化国家而团结奋斗——在中国共产党第二十次全国代表大会上的报告[M]. 北京：人民出版社，2022：60-61.

[2] 习近平. 在文化传承发展座谈会上的讲话[J]. 求是，2023（17）：6.

值追求的体现，也是作为中华优秀传统文化的忠实继承者和弘扬者对中华文化的守护和发扬。

和平、发展、公平、正义、民主、自由的全人类共同价值正是建立在古圣先贤对"道"的体悟以及"一体之仁"的思维方式之上，建立在古圣先贤体悟天地自然之道、历史发展规律和社会人伦大道的基础之上，而非抽象的人性论基础之上，也就是《周易》中所讲的："观乎天文，以察时变；观乎人文，以化成天下。"这就使得全人类共同价值具有了不同于西方"普世价值"的基本内涵，如以和为贵、好战必亡、亲仁善邻、协和万邦的和平之道，天道无私、天下大同的公平意识，重义轻利、义即是利的正义理念，经济上富民利民、政治上听民重民、文化上教民导民的民本思想，道德即自由的自由意志，等等，使得这些价值不仅适用于中国，而且适用于全人类。可见，全人类共同价值与西方"普世价值"所建立的基础不同，因此其内涵、要求也不同。全人类共同价值不仅是不同国家、民族、政党，不同宗教派别共同追求的价值，也是各个国家、不同文明之间处理好相互关系的价值准绳，为构建人类命运共同体奠定了坚实的理论基石，必将推动历史车轮向着光明的目标前进。

第二章

和　平

中华优秀传统文化充实了马克思主义的文化生命，推动马克思主义不断实现中国化时代化的新飞跃，显示出鲜明的中国风格与中国气派。和平是全人类的共同价值，也是人类发展进步的前提和保障。中华文明作为人类文明的源头之一，悠久辉煌、历久弥新，具有突出的和平性。中华优秀传统文化中的"和为贵""和而不同"等思想理念与价值旨归，是中华民族自古以来代代遵循的不变道统。深刻理解中华文明突出的和平性，对于建设中华民族现代文明，推动世界和平理念的凝聚，促进世界和平发展具有重要意义。

一、多样性文明中的和平与国际性战争后的和平

地理环境的差异，血脉传承的不同，铸就了文明中心的不同。以当下的眼光去审视世界范围内的文明中心，有以欧洲为发源地的西方文明和以中国为发源地的东方文明。不同的文明，自然有不同的文化，由此带来不同的行为方式。古往今来，东西方文明分别以自己独特的方式影响着世界。

（一）多样性文明中和平的基本内涵

"和平学之父"、挪威学者约翰·加尔通给出了关于和平的两个定义：第一，和平是所有形式的暴力的缺失或减少；第二，和平是非暴力和创造性的冲突转化。这两个定义有以下内涵：一是和平工作是通过和平方式减少暴力的工作；二是和平研究是对和平工作条件的研究。第一个定义是以暴力为导向的，和平是对暴力的否定，

我们要理解和平，就必须先了解暴力。第二个定义是以冲突为导向的，和平建立在非暴力和创造性地解决冲突的背景下，我们要理解和平，就必须先了解冲突以及如何转化冲突。显然，第二个定义比第一个定义更有活力。[1]

第二次世界大战之后，学术界开始重新思考和平的内涵，产生了"积极和平"的概念。这一概念包括四方面内涵：一是自然和平，指物种之间的合作而非斗争。二是直接的积极和平，包括言辞和物质上的仁爱，关心所有人的基本需求。三是结构性积极和平，以自由取代压制，以平等取代剥削；完成这种取代的方式，是对话而不是渗透，是整合而不是分割，是团结而不是孤立，是参与而不是边缘化。四是文化的积极和平，以和平的合法性代替暴力的合法性，在宗教、法律、意识形态、语言、艺术和科学中，在学校和媒体中，建立一种积极的和平文化。[2]

积极和平超越了"暴力的不在场"这一内涵，包括健康生活、人权维护、种族平等、性别赋权、生态保护等主题，意味着创建一个美好、安全的空间，人们可以在其中体面地生存和富足地生活。

1. 西方文明中的和平

在西方文明1500年以来的全球化过程中，具有世界范围影响力的西方思想逐步形成。其中关于人类和平思想的讨论，贯穿于西方和平思想的历史演化过程中。希伯来文、阿拉伯文，印度教、佛教，古希腊、古罗马，以及英语中都有相关词语表达和平。

shalom 和 sala'am 分别在希伯来文和阿拉伯文中指"平安"，是

---

[1] 约翰·加尔通. 和平论 [M]. 陈祖洲, 等, 译. 南京：南京出版社, 2006: 13.
[2] 刘成. 积极和平与冲突化解 [J]. 史学月刊, 2013 (12): 11.

人们口头问候的常用语。shanti在印度教中指人自身的内在和平，即人处在身体—思想—精神高度和谐统一的状态，人体自身没有内在冲突。①ahimsa在佛教中指"不害"，强调尊重生命、思想、言语、行为等。spondai在古希腊指代的和平往往是临时性的。Eirene是古希腊和平女神的名字。约公元前390年，安多基斯发表了题为"论和平"的演讲，第一次提到一个新术语——公共和平（koiné eirene），它逐渐演变成一种神圣化、永久化的理想追求，成为国际法的一个术语。但"公共和平"很快由于外部势力的入侵演变为帝国霸权的工具。从波斯到马其顿再到古罗马，"公共和平不仅成为外国干涉的明显标志，而且成为外国统治的一种法权形式"②。到这个时候，eirene开始发展为pax，在古罗马代表"罗马统治下的和平"。pax的两层含义发展出西方和平的两大传统：重视缔结和约，重视服从于统治秩序。加尔通曾言："主流西方人关于和平的思想在过去两千年变化不大。"③

来源于理想主义和平思想的西方和平学，继承了1815年纽约和平协会、1828年美国和平协会、1866年世界和平协会，以及1843年伦敦、1848年布鲁塞尔、1849年巴黎、1850年法兰克福等的和平会议的衣钵。第二次世界大战之后，现实主义色彩浓厚的和平学在欧洲正式形成。"全球范围内加强一体化机制，以阻止暴力和战争"，是早期和平学的主要研究内容。20世纪70年代末，美国和平学者肯尼思·博尔丁认为，战争与冲突的研究者应将其掌握的知识和信息运用于沟通与合作。加尔通开启了和平学的现代发展阶段，

---

① 约翰·加尔通. 和平论［M］. 陈祖洲，等，译. 南京：南京出版社，2006：329.
② 林国华，王恒. 古代世界的自由与和平［M］. 上海：世纪出版集团，上海人民出版社，2010：64.
③ 约翰·加尔通. 和平论［M］. 陈祖洲，等，译. 南京：南京出版社，2006：328.

将和平学研究从国家层面引入人类社会层面，提出了消极和平与积极和平的概念。澳大利亚学者约翰·伯顿强调一种社群主义而不是国家主义的安全观，认为个人、群体乃至国家的安全需求只有通过持续的接触和适度的沟通才能得到满足。按照加尔通的说法，"和平学是可教的、可调查的以及可行的实用科学"[①]。

2. 世界文明多极化中关于和平的共识与分歧

条约缔结、联盟体系、威胁理论、霸权国家间战争，是传统和平学研究的重点，对集体安全、外交、谈判、战略管理、军备控制等问题都有涉及。新的和平学研究则注重个人与国家内部集团之间的相互作用，超越了民族与国家的界限，强调个人、社区和非政府组织的作用。以下列举西方的六种主要和平理论，从中窥探世界文明多极化中关于和平的共识与分歧。

积极和平理论。这是涉及面广泛，且理想主义成分很大的一种理论。根本目的是普及和平文化，铲除暴力与战争，涉及政治、经济、军事、文化的各个方面。相较于当代中国的和平理论，铲除威胁和平的因素，推动世界向持久和平发展是两者的共识。积极和平理论涉及减少性别暴力、父权压力等领域，当代中国的和平理论则致力于建立公正合理的国际政治经济新秩序，这是两者的不同。当代中国的和平理论是国家主导的，主要针对安全、发展等宏观层面的和平；而积极和平理论认为国家不是和平的决定因素，由国家缔造的和平只能是消极和平，必须对现在的主权国家进行彻底改造才能实现积极和平。

非暴力思想。这是纯粹的、彻底的、理想主义色彩浓厚的和平

---

① 张肖雯. 和平学视野下的中国与西方：访和平学之父约翰·加尔通[N]. 中国社会科学报，2010-10-28（05）．

理论，也是西方意识形态输出的工具，在西方理论界产生过很大影响。在实践中，该理论具有明显的局限性：一是非暴力抵抗的效果主要见于国内范围，二是该理论易沦为意识形态输出与强制暴力的借口。非暴力的烙印深深刻在当代中国的和平理论中，但在具体实践中我们始终抱有审慎的警惕态度。

均势理论。均势主要指力量的平衡，具体来说就是经济实力、军事实力等力量的均衡之势，只要均衡态势能一直保持动态的稳定，那么和平的局面就能维持。均势理论意在缔造和平，因为和平会随着失衡状态的出现而消失。当代中国的和平理论对这一起源于欧洲且为西方国家长期沿用的概念持辩证的态度，一方面肯定其与和平的关联性，另一方面中国作为国际社会负责任的大国，致力于构建更加公正合理的国际政治经济新秩序。

霸权稳定理论。"罗马统治下的和平"的霸权稳定理论发展到今天是"美国统治下的和平"，所谓美国主导的"国际秩序"表面上看相对稳定，但却存在许多动荡因素。"均势—霸权"的和平理论一直未被中国所承认。在实践中，我们可以看到一国占据明显优势的国际秩序并不有利于和平。中国倡导的是国际关系民主化，希望推动国际秩序和国际体系朝着更加公正合理的方向发展。中国希望打破大国必然冲突对抗的所谓"历史宿命"，走出一条相互尊重、合作共赢的新型大国关系之路。[1]

民主和平理论。1795年，康德在《论永久和平》一文中首次提出"和平民主论"的概念。1976年，美国学者梅尔文·斯莫尔与戴维·辛格在《耶路撒冷国际关系杂志》上发表文章《民主政权的战争倾向，1816—1865年》，其核心理论是：民主国家无（很少有）战争。

---

[1] 第四轮中美战略与经济对话在京开幕[N]. 人民日报，2012-05-04（01）.

由此派生出"非民主国家"是战争的根源,扩大民主是维护和平的必然要求等观点。中国不承认民主制度与和平存在必然联系。中国认为,一个国家选择什么样的政治制度,是这个国家的内政,别国无权干涉,当然也不能打着"民主"的旗号加以干涉;同时,国际关系民主化有利于世界的和平稳定,各国应在国际关系准则的基础上加强磋商和对话,要合作不要对抗。

贸易和平理论。近代经济学者提出:如果贸易能够带来与战争相同的收益,那么跨国贸易会使国家之间互相依赖并实现和平。19世纪50年代,贸易和平理论被正式提出,英国学者理查德·科布顿认为:"自由贸易是上帝赐予人类的最好的外交手段,没有比自由贸易更好的方法能够让人类和平相处。"①1986年,美国学者理查德·罗斯克兰斯在其著作《贸易国家的兴起》中指出:二战以后人们发现,和平贸易战略比以往任何时候都更加有效……贸易会使国家内部产生一个反对战争的社会结构。当代中国和平理论既看到了这种理论的合理性,又对其抱有警惕性。新时代的中国在坚定维护世界和平与发展中谋求自身发展,又以自身发展更好地维护世界和平与发展,反对各种形式的贸易保护主义,坚持合作共赢,坚持交流互鉴,推动建设一个开放包容、共同繁荣的世界。

(二)国际性战争后对和平的现实思考

康德在《论永久和平》中讨论和平的价值,提出国际联盟与国际协议的解决办法,构建了世界和平的图景,这是在那个颇不平静的时空出现的理想之花。两次世界大战后,望着一片狼藉的家园,

---

① 王兰芳. 马克思恩格斯对早期贸易和平论的批判 [J]. 东岳论丛,2010,31 (6):166.

人类更加向往和平，于是建立联合国，并在《联合国宪章》中指出其宗旨：维持国际和平与安全。

1. 对战争的反思与对和平的呼声

战争是政治的继续，发动战争是为了达到一定的政治目的。当阶级、民族、国家在采取非暴力手段无法实现政治目的时，就有可能诉诸战争。马克思和恩格斯把每次战争都看作当时各有关国家（及其内部各阶级）的政治的继续。列宁在阅读克劳塞维茨《战争论》的笔记中，曾把论述"战争是政治的继续"的第八篇第六章称为整个《战争论》中"最重要的一章"，并指出：辩证法的基本原理运用在战争上就是"战争无非是政治通过另一种手段（即暴力）的继续"[①]。

战争的最终目的是获得经济利益。战争双方利用军事手段掠夺或保卫经济利益，以实现各自的经济目的。马克思曾在《1848年至1850年的法兰西阶级斗争》中，以大量事实说明经济利益怎样驱使法国资产阶级走上了对内镇压、对外侵略的战争道路。马克思在《资本论》第一卷的《所谓原始积累》中得出这样的结论："暴力是每一个孕育着新社会的旧社会的助产婆。暴力本身就是一种经济力。"[②]

战争最鲜明的特点是暴力对抗。战争的直接目的是消灭敌人，保存自己。战争的每一个要素都具有暴力的性质：战争双方都有一套暴力组织，都竭力使用各种暴力工具，都采取一套使用暴力的方法，暴力对抗贯穿战争始终，具有极大的破坏性。第二次世界大战中军队和民众伤亡人数超过1亿人，中国的伤亡人数就超过

---

① 列宁选集：第2卷 [M]. 北京：人民出版社，1972：626.
② 马克思恩格斯选集：第2卷 [M]. 北京：人民出版社，2012：296.

3500万。①

战争中没有赢家，和平是全世界人民共同的呼声。和睦、和谐、和平是中华民族崇高的价值理念，也是各国追求人类相处之道的最高目标。习近平总书记指出："中国人民对战争带来的苦难有着刻骨铭心的记忆，对和平有着孜孜不倦的追求，十分珍惜和平安定的生活。中国人民怕的就是动荡，求的就是稳定，盼的就是天下太平。"②坚持和平发展道路被写入了《中国共产党章程》和《中华人民共和国宪法》。

2. 和平是实现一切价值的前提

战争与和平问题事关人类社会盛衰安危。习近平总书记指出："历史告诉我们，战争好似魔鬼和梦魇，给人民带来深重灾难和痛苦，必须高度警惕；和平犹如空气和阳光，受益而不觉，失之则难存，必须精心维护。"③中国坚定不移地走和平发展道路，但我们也反对抽象的和平主义，不消极回避战争，因为战争从来不以任何单方面的善良愿望而消失。

20世纪70年代，汤因比与日本的和平运动推动者池田大作探讨21世纪世界发展趋势时提出：

> 我所预见的和平统一，一定是以地理和文化主轴为中心，不断结晶扩大起来的。我预感到这个主轴……在东亚……就中国人来说，几千年来，比世界任何民族都成功地把几亿民众，

---

① 白纯. 牢牢把握战争与和平的辩证法［J］. 历史评论，2022（2）：63.
② 习近平. 论坚持推动构建人类命运共同体［M］. 北京：中央文献出版社，2018：1—2.
③ 习近平. 论坚持推动构建人类命运共同体［M］. 北京：中央文献出版社，2018：108.

从政治、文化上团结起来。他们显示出这种在政治、文化上统一的本领，具有无与伦比的成功经验。这样的统一正是今天世界的绝对要求。[①]

的确，中国人自古以"和"为贵，小到个人心平气和、家人友顺和睦，大到国家保合太和，进而带动万邦睦邻协和，以"和而不同"的气度广包天下。中国人发现了如能被全世界采用就会使整个世界幸福的人类生活方式，并为此进行了长达几个世纪的实践。现在，中国正以全新的面貌屹立于世界东方，为这个挑战层出不穷、风险日益增多的大发展大变革大调整时期再造和平。

二、中华优秀传统文化中的和平

中华文明绵延数千年，有其独特的价值体系。习近平总书记指出："中华优秀传统文化中很多思想理念和道德规范，不论过去还是现在，都有其永不褪色的价值。"[②]中华优秀传统文化的形成和发展，呈现出"顺时而生""与时迁移"的长久生命力，其中"刚健有为""自强不息""厚德载物""兼容并蓄""天人合一""道法自然""以人为本""天人合德""和而不同""美美与共"等价值理念，体现出中华民族特有的文化基因。

[①] 池田大作，阿诺德·汤因比. 展望21世纪：汤因比与池田大作对话录[M]. 荀春生，等，译. 北京：国际文化出版公司，1997：283-284.
[②] 习近平. 在文艺工作座谈会上的讲话[M]. 北京：人民出版社，2015：26.

（一）中华优秀传统文化中和平的伦常道德

中华民族是一个古老的民族，有文字的历史记录可以追溯到五千多年前，而出土文物和其他形式的历史遗存可以追溯到数万年前，总的说来具有百万年的人类史、一万年的文化史、五千多年的文明史。同时，通过各种形式的融合发展，拥有了如今14亿多的巨大人口。在这样厚重的历史积淀过程中，中华民族始终信守天道公理，通过伦常道德，以家庭为单元，逐步实现万事万物和合共生。

1. "和"的内在机制是伦常秩序

"和"即"和合"，古人常单用一个"和"字来表示"和""合"之意，故"和合"哲学也是"和"的哲学。"和"与"合"二字联用最早出现在《国语·郑语》中："商契能和合五教，以保于百姓者也。"所谓"和合五教"，就是调和"义慈友恭孝"五种礼仪教化，使"父母兄弟子"之间的关系和谐而成为统一体，这是达到"保于百姓"这一目的的具体手段。"和"与"合"，从动与静、过程与结果等不同维度，揭示了天地万物和谐共生的机制。古人用"五伦""五常"描绘这一机制的具体内容。

《孟子》中所说"父子有亲，君臣有义，夫妇有别，长幼有序，朋友有信"是五伦，也就是恒常不变的人际关系。如果违背就会出现亲人反目成仇、上下分崩离析、朋友背信弃义的悲剧。为了防止出现这样的结果，古人以"五常"，也就是五种经常使用的德行，来维护正常的人际关系，即"仁义礼智信"。所谓"仁"，从字形上来看，两个人合而为一。一个"我"，一个他人，想到自己，就要同时想到他人，"推己及人"。"义"通"宜"，关爱他人不是将自己的方式直接推给别人，而要考虑他人的感受，用适宜的方式去爱。什么方式才适宜呢？一般来说就是遵循普遍接受的"礼"，所谓"礼多人不怪"。但"礼"不只是停留在行动上的规范，更重要的是心态上"毋不敬"，没有任何不恭敬的想法，才是行礼的真谛。但有时候行礼也行不通，人际关系还是无法调和，怎么办？这时候就需要"智"，即智慧，不是小聪明，而是大智慧，不仅要知识丰富，还需明辨是非、人情练达而不失赤子之心。孔子那种"从心所欲不逾矩"的状态，就是一种大智慧。以上德行都离不开"信"字，这是做人的底线，哪怕没办法照顾到他人，不懂得礼节，也缺少大智慧，起码要"凡出言，信为先"，说到就一定要做到，不能出尔反尔，这样才能维持起码的信任。

"不同"是"和"的前提和目标。"和"的前提不是"同"，目标也不是"同"，是"不同"。《左传》里有一个故事：齐景公打猎回来，晏子在旁陪侍。这时梁丘据骑马赶到，齐景公感叹："只有梁丘据与我相和啊！"可晏子却说："梁丘据是跟您相同，怎么是相和呢？"齐景公就问："相和与相同有什么区别？"晏子就用烹饪羹汤作比喻："和"就像烹煮食物，厨师要用各种材料调和，补充不足的方面，减少过量的方面，使营养相补、味道协调，吃了这样的食物，可以平和身心。接着，晏子引申出君臣之间的关系也是如此，国君认为可行的方案中如果有不可行的方面，臣下应该指出来，才能弥补不足；国君认为不可行的方案中如果包含可行的理由，臣下也应该指出来，才能维持平衡。这样政令才能通畅，不会违背情理，百姓就容易接受。但是梁丘据恰恰相反，总是附和齐景公，景公同意的他就同意，不同意的他也不同意，就像用清水去调和清水，琴瑟只弹奏同样的音符，没有任何帮助。通过晏子的比喻很容易理解，真正的"和"是建立在"不同"基础上的。发挥所有不同因素的特长和优势，形成相互支撑、相互弥补的局面，既促成更广大的共同体，又让每个因素都实现价值，才是和平的效果。

2. 家庭是培养"亲民"德能的基本单元

历史上凡是敦伦尽分、修养德行的人，都会受到人们尊崇，留名青史；推崇美德的民族和国家也往往稳定而长久。就像一提到尧、舜的名字，人们就会肃然起敬；而一谈到桀、纣，却会咬牙切齿。人们总是在意自己在别人眼里的样子，在意公众的评价，其实真正的口碑从来不是自吹自擂得来的，而是踏踏实实做人、老老实实做事，一点一滴积累起来的。

《史记》中记载，周朝的先祖弃在帝尧时为农师，教百姓稼穑而使"天下得其利"，解决了粮食问题，因出色的功绩，在尧舜禹时期被封号"后稷"。他的儿子不窋继承了父业，但因为夏朝末期不重视农耕而失官，后来逃亡到戎狄一带。直到不窋的孙子公刘重操先祖之业，周家政治德业由此兴起，公刘的儿子庆节在豳地建立了国都。国君之位传到古公亶父时，发生了一件事情。那时薰育戎狄攻打周国、抢夺财富，周国百姓不愿屈服，想跟戎狄开战，古公亶父认为战争势必两败俱伤，有悖天地生生之德，于是戎狄跟他要什么，他就让出什么，不与之正面冲突。直到戎狄跟他要地盘、要王位，百姓忍无可忍劝他开战，他仍说，大家让他当君王是为了平安的生活，而不是让父亲看到儿子打仗，让弟弟看到哥哥牺牲，如果这个君王换别人来做照样可以让大家平安地生活，对他来说有没有王位都一样。于是就带着家人离开豳地，一直到岐山脚下才停住脚步。可没想到，豳地的老百姓也都携老扶幼跟着他们来到岐山。结果，周家换了一个地方又发展起来，而且古公亶父的仁德更加远播，得到他国归附，于是他重新建制、设官理民，实现了天地清明的生活。这是周家家业的开端。由此可见，周家人心地善良、家人和睦，不然他们不会为保全百姓而退让，百姓也不会跟随古公亶父离开家园。

周家仁德之风代代相传，孝悌和睦。古公亶父夫妇二人十分和谐、夫义妇听，三个儿子太伯①、虞仲、季历耳濡目染父母的端正品行而相敬相亲。其中季历的妻子太任身心端正，不沾染恶色淫声，而且谦虚敛己。她生了一个儿子叫姬昌，古公亶父对这个孙子非常喜爱，而且寄予厚望。但是按照长幼之序，古公亶父不能传位给老三季历。太伯和虞仲体察到父亲的心思，于是二人"文身断发"跑到外地，把王位让给了季历。周家兄弟之间的礼让情谊，正是对父母孝心的展现，孝悌传家、家风远播。后来，季历的儿子姬昌继位，果然成为赫赫有名的周文王。当姬昌还是商朝西伯的时候，他的仁德善行就已闻名于诸侯。虞、芮两地百姓的争讼不能决断，要去姬昌那里评理，结果到了周地看到民俗尚礼让，马上惭愧地说："吾所争，周人所耻，何往为？只取辱耳。"矛盾双方还没有见到姬昌，就握手言和。姬昌秉承祖德，不仅妻贤子孝、民俗大化，还轻而易举地平息了邻国之间的争执，这正是"明明德"通过父子、夫妇、兄弟、朋友等人际关系形成的"亲民"效果。这也为周朝近八百载的发展奠定了基础。

虽然古代的"家"是家族的概念，与今天的家庭不同，但是现在仍旧可以通过建设家庭这一基本社会单元来培养"亲民"德能，这是实现"至善"的重要方式。

---

① 太伯，即泰伯。《论语·泰伯》有载："泰伯，其可谓至德也已矣！三以天下让，民无得而称焉。"

第二章 和 平

（二）中华优秀传统文化中和平的重要价值

和平是一种融洽的状态，也是人们追求的目标，而实现目标需要通过核心理念、内在机制、基本社会单元的构建和维护。和平以"仁"与"善"作为人生价值指向，培养和善心灵；通过恢复"明德"，推动国家和社会持久发展。

1. 人生价值指向："仁"与"善"

"积善之家必有余庆，积不善之家必有余殃。"（《群书治要·周易》）善恶、祸福，全在取舍之间。一个和睦的团体总会不断发展。中华民族选择"仁"与"善"的方向，以和合共生为子孙"计深远"（《战国策》）。

积善之家培育和善心灵。人心和善的道德观是中华传统文化的瑰宝，中国人热爱和平是天下闻名的。"天下之本在家"，是家庭孕育了拥有美好品德的个体，从而形成了具备五伦五常的家族，带动了九族宗亲的和睦。儒家经典《大学》开篇就说"大学之道，在明明德，在亲民，在止于至善"，这通常被认为是"大人之学"的理路，而这个道理正是人们成就道德事业的规律总结。这里的"学"通"觉"，也就是觉悟的学问。古人相信人的本性都具有"明德"，这是人性中的美善与能力，但是受后天社会影响，造成善恶美丑的参差表现，所以要恢复本具明德，也就是"明明德"。实现自身不断完善，通过"亲民"的方式带动越来越多的人恢复明德，最终实现所有人的全面完善，才是"至善"。

无论时代如何变迁，都有一个不变主体——人。人的本性自始至终没有变化，有变化的只是受习俗或环境影响的习气。《三字经》

开篇就讲:"人之初,性本善;性相近,习相远。"人们只是因为习惯不同,积累起不同的习气。但人们往往误以为习气就是本性,于是产生了分歧,进而导致冲突。

《大学》给出了实现和平的重要规律:

> 古之欲明明德于天下者,先治其国;欲治其国者,先齐其家;欲齐其家者,先修其身;欲修其身者,先正其心;欲正其心者,先诚其意;欲诚其意者,先致其知,致知在格物。物格而后知至,知至而后意诚,意诚而后心正,心正而后身修,身修而后家齐,家齐而后国治,国治而后天下平。自天子以至于庶人,壹是皆以修身为本。

"格至诚正修"虽属于个体修养"明明德"的过程,但时刻离不开家庭环境,所以将实现"和平"划为第一阶段"修身齐家",第二阶段"治国"和第三阶段"平天下"是顺理成章的。

人心和善的道德观是维系中华民族繁衍生息的精神力量,是构建中华民族精神家园的内在动力。人心和善的道德观对人的塑造和影响是潜移默化的,影响着人们的思维与行为习惯。

以仁者无敌达至和合共生。《尚书》中讲帝尧"克明俊德,以亲九族。九族既睦,平章百姓。百姓昭明,协和万邦"。这正是孟子所说的"仁者无敌"的效果。"仁者无敌",不仅仅是说有仁爱之心的人是强大的,更重要的是有仁爱之心的人不会去树立自己的对立面,有同情心、同理心,能够把握和合共生的局面。

"和"与"合"从动与静、过程与结果等不同维度揭示了天地万物存在的本质和机理:事物是由不同要素构成的动态和谐的整体。古人用字简洁,常用"和"字来表示"和合"之意。与"和"

第二章 和　平

或者说"和合"具有内在关联的另一个概念是"生","和生"即和合共生。"和合共生"思想起源很早。西周时期的史伯从万物生成的角度提出了"和实生物"的主张:"夫和实生物,同则不继。以他平他谓之和,故能丰长而物归之;若以同裨同,尽乃弃矣。故先王以土与金木水火杂,以成百物。"(《国语·郑语》)"他"是某一事物之外的"他者",史伯用"他"来定义"和",是强调生成物体必须依赖"他者"。史伯没有用表示事物自我存在的"我"来定义"和",因为孤独的"我"是不能生成物体的,"和"是发生在"他"与"他"之间的。除此之外,静止的"他"与"他"之间也不只是"和",还要有"平","平"是"他"与"他"之间经过冲突、调适而融合的结果。

春秋时期的晏子从社会政治运行的角度提出了"否可相济以政平"的政治和合论。他指出:"先王之济五味、和五声也,以平其心,成其政也。"(《晏子春秋·景公谓梁丘据与己和晏子谏》)老子从世界观的高度构建了和合共生的理论。《道德经》说:"道生一,一生二,二生三,三生万物。万物负阴而抱阳,冲气以为和。"老子认为"道"是生成天地万物的本原,也是天地万物运行的根本规律,"道"的根本特性是"生"。"道"是老子构想出的生成宇宙的纯粹均质的东西。所谓"道生一",就是"道"这一绝对均质的"元气"开始生出具有"气""形""质"但还没有分离的混沌的"一气",由这混沌的"一气"生出"二气","二气"即"阴阳"。"二生三"指"阴阳"能"生万物",万物虽多,形态各异,但根本上都是阴阳双方相互作用的结果。阴阳既分且合,这就是"冲气以为和"。可以说,道、气、阴阳无论有多么复杂的化生关系,其化生必须遵循"和"的法则,和则生,不和不生。这样,老子就从宇宙论和世界观的高度揭示了"和生"是天地万物生成的根本机制。

与道家重视天道自然不同，儒家的创始人更多关注的是社会人事，主要是在道德修养和社会人事方面论"和"。孔子说："君子和而不同，小人同而不和。"君子和小人是孔子区分人的道德品质时划定的重要范畴。君子是道德高尚的人，小人则在道德品质上存在欠缺。在孔子看来，君子与小人最根本的差异是君子追求与人"和"，而不是与人"同"；小人则追求与人"同"，而不是与人"和"。孔子认为政治上也应该追求"和"，"和"是为政的最高境界。所谓"和"，是"宽"和"猛"两极的相济："政宽则民慢，慢则纠之以猛。猛则民残，残则施之以宽。宽以济猛，猛以济宽，政是以和。"（《左传·昭公二十年》）

宋代张载的"太和"论，是古代和合哲学的最高成就。张载认为"和"是生成万物的本原，并称之为"太和"。所谓"和"有两层意思：一是宇宙本来就是"和"的，二是宇宙中的一切变化发展都是"和"作用的结果。张载用"一物两体"对"和"的特征作了概括，并指出"一物"与"两体"之间的相互依存关系。"两不立，则一不可见；一不可见，则两之用息。……不有两则无一。"（《正蒙·太和》）张载的"太和"论为传统和合思想提供了理论基础。

在传统和合思想中，"人与人的和谐"不仅体现在一个国家内部，而且体现在国与国的交往中。先秦时期，《周礼》说"以和邦国，以谐万民"，《论语》云"礼之用，和为贵""君子和而不同，小人同而不和"，等等，都提出了"和"的理念与价值。孟子继承儒家"仁""和"的思想精髓，提出"人之相识，贵在相知；人之相知，贵在知心"，主张以"和"的理念处理人际关系。墨子的兼爱思想蕴含着深刻的和合共生理念，他提出"天下之人皆相爱，强不执弱，众不劫寡，富不侮贫，贵不敖贱，诈不欺愚。凡天下祸篡怨恨，可使毋起者，以相爱生也"（《墨子·兼爱中》）。孙武《孙子兵法》

的开篇就是"兵者,国之大事,死生之地,存亡之道,不可不察也",从侧面劝诫后人慎战、不战。

近代以来,西方列强的入侵,使中华大地的平和与宁静被打破,中华民族陷入半殖民地半封建社会的泥潭。无数仁人志士为求民族独立自强,抛头颅洒热血,但都以失败告终。中国共产党成立后,以毛泽东同志为主要代表的中国共产党人带领全国人民浴血奋战,取得了革命的成功,建立了新中国,结束了一百多年来被侵略、被奴役的屈辱历史。重获平和与宁静的中华民族尤其珍视来之不易的和平与稳定。时至今日,在中国共产党的领导下,中华民族迎来了由站起来、富起来到强起来的历史性飞跃,依然崇尚和合,始终致力于和平发展,愿意与世界各国和谐共生。习近平总书记指出:"有着5000多年历史的中华文明,始终崇尚和平,和平、和睦、和谐的追求深深植根于中华民族的精神世界之中,深深溶化在中国人民的血脉之中。"[①]正是这种融入中国人民血脉中的和合理念,为全人类共同价值的提出奠定了坚实的理论基础。

2. 国家发展根脉:"道"与"德"

"道"并不仅仅是外在于人的自然法则,更是内化于心的人性本质,一旦充分发挥便有无穷力量,这便是"德"。古圣先贤发现每个人生来就具有"明德"的力量和万事万物本是一体的真相,进而引导人们修身合道、处世待人,最终实现至善的和平,这就是《大学》中所说:"大学之道,在明明德,在亲民,在止于至善。"

"明德"是完善的本性,人人都有光明的潜能,但是"明德"受到欲望的遮蔽就不再光明,比如贪财就会唯利是图,贪色就会放

---

① 习近平谈治国理政:第一卷[M]. 2版. 北京:外文出版社,2018:265.

纵伤身，贪名就会虚荣奢侈，最终结果是葬送自己、殃及他人。要避免这些恶果，就要去掉遮蔽物，恢复"明德"的光明，这个过程就是"明明德"，简单来说就是转欲望为愿望或志向，启动内在能量，进而实现"亲民"，达到"至善"。

以帝尧为例，《尚书》称他的言行为"典"，也就是典范。尧其实也是效法上古圣贤建功立业和开教化之道，凭借恭敬、明哲、文谋、睿思四种德行，安顿了天下寻求安宁的百姓；同时，他又能举贤任能、礼让贤才，美名远播四方。这是怎么做到的呢？首先就是"明明德"，恢复人性本有的光明，从自己做起。尧以智慧、德能和威望公平地任用百官，让每个贤才都能施展才干，所以各项事业蓬勃发展、惠及各地，这就是"亲民"。在圣贤的带动下，百姓的德行修养也不断提高，整个族群的美好生活吸引很多外族，继而带动了天下人共同创造美好的生活，达到共存共荣的状态。

亲仁善邻、协和万邦是处世之道。中华民族追求民族、国家之间和而不同、和平共处、和谐共生的理想状态。

所谓"天地交，泰"（《周易·泰》），天空总是在上方，而大地总是在下方，形体的次序不会改变，但是阴阳二气可以上下流动，当阳气降到下位，把阴气推到上位，这个时候就是泰和之象。这就是说，矛盾双方需要换位思考才能形成和平的局面。发起变化的一方往往可以争取主动，因为从德行的角度来看，主动变换的一方通常是谦虚礼让的一方，无形当中会赢得力量。

《尚书》记载了帝舜感化三苗的故事。帝舜派禹去征讨三苗部落，当时益辅佐禹，益对禹说：美好的德行能够感动上天，它的力量是不可限量的。"满招损，谦受益"，是自然的道理。禹听从了益的建议，班师回朝。后来，帝舜广布礼仪德行，向苗民提供粮食，教他们学习伦理道德，派人向他们展示德音雅乐，苗民大为感动，于是归顺帝舜。

《大学》讲:"尧、舜率天下以仁,而民从之;桀、纣率天下以暴,而民从之。"尧、舜是圣王,而桀、纣是暴君,为什么截然相反的"仁""暴"两种掌权方式,结果都是"民从之"呢?原因很简单。"仁"的力量很强大,百姓甘愿跟从,这是王道;而"暴"的力量也很强大,百姓被迫服从,这是霸道。两种权力施行的结果一样吗?答案显然是否定的。《尚书》记载,帝尧、帝舜去世的时候,百姓痛哭流涕,后人记录了圣王的美德善政;而桀、纣死后,人们欢天喜地,就像迎来了新生。

道法自然、天人合一是至善的和平。《周易》被称为"群经之首,诸子百家之源",集中体现了上古时代、文字发明之前的全部中华人文成果、祖先智慧。而"易"有三层含义,即"易""变易""不易",已然将中华先祖智慧和盘托出。

第一义"易",即世界万物是一个共同体,这是宇宙的本体。《周易·系辞上》这样描绘本体"易":"易无思也,无为也,寂然不动。感而遂通天下之故。"作为本体的"易"是"清净光明,四通无碍"的,虽然"无思也,无为也,寂然不动",但是"感而遂通天下之故"。认识到宇宙本体是共同体的中国人,在对待万事万物纷繁复杂的情况时,总有一种定力和包容,因为笃信我们都来自和合共同体,就像《庄子》说的"天地与我并生,而万物与我为一"。纵使有矛盾、冲突,也总有方法转化对立为和合。

第二义"变易",即本体发挥的变化作用,是古人通过经验积累发现的,并用阴爻和阳爻刻画出来。本体发挥作用最开始有积极和消极两个方面,进而形成一系列有形无形的演变,也就是对"一生二,二生三,三生万物"的复杂变化进行的高度抽象和细致描绘。其中消极的方面表现为将本体的形象分化成很多不同的具体的形器差异或矛盾，积极的方面在现象界表现为能量、信息的相互交流。差异客观存在，但会让人误以为只要形式不同，就没有任何联系。而积极方面如《乾凿度》所说："变易也者，其气也。天地不变，不能通气。""君臣不变，不能成朝。""夫妇不变，不能成家。"形体差异中的"气"，或者说信息和能量，是可以交流互换的。如"天道下济而光明，地道卑而上行"（《周易·谦》），就是天地变易而其气交感的情状，"天地交"则"泰"。再如"上下交而其志同也"（《周易·泰》），上传下达而沟通意愿，上行下效而形成良好风气，上下一心则国家安定、社会和谐，否则"上下不交而天下无邦也"（《周易·否》），此为君臣（上下级）的变易之道。"男女睽而其志通也"（《周易·睽》），心志相通而建立家庭，家事烦琐而能分工合作，"女正位乎内，男正位乎外"（《周易·家人》），则可成和睦家庭，这是夫妇的变易之道。由此，气息交流又能让人反思形式差异背后的本体联系。

第三义"不易"，即揭示现象界相对稳定的变化规则。《乾凿度》解释为："不易也者，其位也。天在上，地在下。君南面，臣北面。父坐，子伏。此其不易也。"这里的"位"指的是卦画的六位，卦象变化（象征万物变化）虽然有很多情况和结果，但是每爻的位置不会变，象征着不变的规律，在人事中表示天地人伦的不变之义。天地人伦必须各得其位，才能万变而不杂乱，多元而和谐。比如，家人之间发生矛盾，父母要想一想自己有没有做好表率，理解子女的处境，而子女要想一想父母的养育之恩，生发感恩之心；社会大众之间出现分歧，要树立是非曲直的公正准则，建立公序良俗；国家或民族之间产生冲突，则应冷静权衡当前与未来发展的利弊得失……

"道法自然"就是掌握并运用自然的规律，发挥人的主观能动性化解矛盾，最终将对立转化为和合。当万事万物都能顺应共同体的内在规律存在和发展，就实现了至善的和平。

3. 文化和合境界："异"与"一"

2017年，习近平主席在联合国日内瓦总部演讲时指出："坚持交流互鉴，建设一个开放包容的世界。'和羹之美，在于合异。'人类文明多样性是世界的基本特征，也是人类进步的源泉。世界上有200多个国家和地区、2500多个民族、多种宗教。不同历史和国情，不同民族和习俗，孕育了不同文明，使世界更加丰富多彩。文明没有高下、优劣之分，只有特色、地域之别。文明差异不应该成为世界冲突的根源，而应该成为人类文明进步的动力。"[①]自强厚德的文化传统使中华民族始终自信自立，这种自信自立在文化融合方面体现得最为充分，因为文化是一个民族的精神基因，只有足够强大才有勇气接纳其他文化，和异为一。

胸怀广阔的文化气度。北京故宫博物院收藏了明宪宗朱见深登基不久绘制的《一团和气图》。这幅画粗看似一笑面弥勒盘腿而坐，体态浑圆，细看却是三人合一。左为一着道冠的老者，右为一戴方巾的儒士，二人各执经卷一端，团膝相接，相对微笑，第三人则手搭在两人肩上，露出光光的头顶，手持佛珠，是佛教中人。作品构思巧妙，人物造型诙谐，揭示了儒、释、道"三教合一"的主题思想。

《庄子》中说"天地与我并生，而万物与我为一"，天地万物虽然有形体、形式上的差别，但从本体意义上讲是一样的，无二无别，所谓"一即一切，一切即一"（《华严经》）。如果能够透过现

[①] 习近平主席在出席世界经济论坛2017年年会和访问联合国日内瓦总部时的演讲[M]. 北京：人民出版社，2017：28-29.

象看到本体,"和以召和,明良其类",就会明白万物之间并没有不可以化解的矛盾,更何况同类,人同此心、心同此理,只要有明理之人促和,世界就能够长久太平。寥寥数笔,显示了明代国家层面对于不同文化的博大包容与和合认知。

嘉靖四十四年(1565年),在河南嵩山少林寺内的钟楼附近立起了一块《混元三教九流图赞》碑。碑上有一幅《混元三教九流图》,作者朱载堉,是明太祖朱元璋的第九世孙。他沿袭明宪宗"三教合一"思想,绘制了这幅画。画面由三个同心圆组成,寓意深刻。其中,最外围是一个大圆,表示太极,即宇宙的初始,万物的本体。中间是三教圣人组成的中圆,寓意三教一体。还有一个小圆,由三人手中捧着的卷轴中的九股清流组成,代表着九流学派。整幅画意味着宇宙大化、原始反终,三教九流、诸子百家本来浑然一体、圆融无二。

中华优秀传统文化之所以博大精深,就在于中华民族拥有天地般广阔的胸怀,在不同时期选取百家之长以应对不同时代问题。就像一棵千年古树,根基深深扎入土地,主干粗壮,枝叶花果能够随着时节因缘更替生长,充满生机活力。

和而不同的文明共存。"四方上下曰宇,往古来今曰宙"(《宋史·列传第一百九十三》),中国有世界上现存最早的星图、最古老的观象台、最完整的天象记录,从千百年前起,我们对星空和自我的探索从未停止。现藏于北京故宫博物院的金嵌珍珠天球仪,是流传至今唯一一件以黄金制成的天球仪模型,弥足珍贵。1990年2月14日"旅行者1号"探测器在距离地球约60亿千米之外拍摄了地球的照片,在这张照片里,人类家园只是一个模糊、微小的暗淡蓝点。天球仪的核心是地球,透过它,我们会发现天球仪的表面要比拍摄这张照片的位置远得多。这意味着在中国古人的观念中,地球

第二章 和 平

这颗小小星球在宇宙中就如尘埃一般，渺小而脆弱。所以，在重金打造的外形下，更为珍贵的是其中蕴含的万事万物同为一体的深刻哲思，告诉我们——所有人、所有民族、所有国家乃至万事万物都是一个共同体，激励着中华民族的后世子孙与天下万物相互守望、共存共荣、持续发展。

20世纪90年代发生了许多大事件，苏联解体、东欧剧变，经济全球化发展，东升西降的发展趋势慢慢显现，世界政治格局悄然变化。亨廷顿的《文明的冲突与世界秩序的重建》一书强调了文化在塑造全球政治中的重要作用，引发了人们对文化因素的关注。书中表达了对世界未来发展的忧虑，尤其是对西方文明未来发展的忧虑：一个崛起的东亚地带，一个崛起的中华民族，还有充满着矛盾与战争的伊斯兰国家——这是一幅具有西方思维特点的世界图景。[①]总的来说，"冲突"的思维与心态导致了西方在对待外部世界时处于一种持续冲突的状态之中。

而几乎同时，中国学者费孝通先生提出"各美其美，美人之美，美美与共，天下大同"，站在全人类的高度关注到文明的共存问题，贡献出中国答案。"各美其美"，各种文明首先能够自立地生存和发展，保留自己的传统和特征；"美人之美"，进而不同文明之间加强交流、对话和理解，看到彼此的优点，尊重和欣赏与自己不同的文化传统、社会制度、发展模式；"美美与共"，当我们知道不同文明的优点如同天上的繁星般数不胜数时，我们会共同珍惜这笔伟大的人类财富，相互补充形成更加壮丽的文明现象；"天下大同"，要以整个地球的文明力量打造全人类共同发展的美好家园。

习近平总书记指出："中华文明具有突出的和平性。和平、和

---

① 方李莉. 世界秩序的重建——从亨廷顿到费孝通[J]. 群言, 2012 (12): 27.

睦、和谐是中华文明五千多年来一直传承的理念，主张以道德秩序构造一个群己合一的世界，在人己关系中以他人为重。倡导交通成和，反对隔绝闭塞；倡导共生并进，反对强人从己；倡导保合太和，反对丛林法则。"①在文明多样的世界中，各国、各民族应以开放包容的态度正确理解差异、尊重区别，寻求不同文明之间的共性特征、相近追求，形成相互尊重、求同存异的价值共识。

三、和平的价值贡献与当代启示

中华文明具有突出的和平性，从根本上决定了中国始终是世界和平的建设者、全球发展的贡献者、国际秩序的维护者。中国提出的构建人类命运共同体理念，超越了"修昔底德陷阱"零和博弈思维范式，驳斥了"文明冲突论"和"历史终结论"的荒谬论调，让国际社会认识到中华民族的血脉中没有侵略他人、称王称霸的基因，中国始终秉持和合共生的和平发展理念，坚定不移维护世界和平。

（一）中国的和平道路

党的十八大以来，党中央从经济、政治、文化、社会、生态文明五个方面，制定了新时代统筹推进"五位一体"总体布局的战略目标，充分展现出和平发展的意蕴。

---

① 习近平. 在文化传承发展座谈会上的讲话［J］. 求是，2023（17）：6.

第二章 和　平

1. 经济：共创共享

治国之道，富民为始。历代先贤大哲都把富民利民视为治国平天下的根本。正如较早提出"富民"为"治国之道"的思想家管仲所说："凡治国之道，必先富民，民富则易治也，民贫则难治也……故治国常富，而乱国必贫。是以善为国者，必先富民，然后治之。"（《管子·治国》）善于治国的为政者认为要实现社会发展、国家稳定，就必须富民，所谓"仓廪实而知礼节，衣食足而知荣辱"，只有打好了民富的基础，才能在治国过程中避免舍本求末，否则就会出现《潜书·考功》中所说的"为治者不以富民为功，而欲幸致太平，是适燕而马首南指者也"的情况。

孟子提出"制民之产"的经济思想，认识到"有恒产者有恒心"，"是故明君制民之产，必使仰足以事父母，俯足以畜妻子，乐岁终身饱，凶年免于死亡"。（《孟子·梁惠王上》）"恒产"是百姓"有恒心"的前提。对于所谓的"产"，孟子也提出了具体标准："五亩之宅……百亩之田，匹夫耕之，八口之家足以无饥矣。"（《孟子·尽心上》）即"恒产"是以土地为主。同时发展农副业，"五亩之宅，树墙下以桑，匹妇蚕之，则老者足以衣帛矣。五母鸡，二母彘，无失其时，老者足以无失肉矣"（《孟子·尽心上》）。在经济建设中，要保证百姓拥有基本的物质生产资料。通过提供"恒产"，解决基本生活保障问题，使百姓的生活由温饱走向富裕，从而实现社会的繁荣稳定。墨子提出"兼相爱、交相利"，其富民思想的产生基于对"利"的态度，这种"利"是指广大劳苦大众的利益。墨子追求"万民和，国家富，财用足，百姓皆得暖衣饱食，便宁无忧"（《墨子·天志中》）的社会理想，主张一视同仁，不分亲疏、贵贱、贫富地爱所有人，提倡人们相互帮助共谋福利。魏晋时期思想家傅玄在其著作《傅子》中说道:"民富则安乡重家,敬上而从教。贫则危乡轻家,相聚而犯上。饥寒切身,而不行非者,寡矣。"其思想也体现在古代中国社会的治理实践中,如唐初租庸调制,明太祖轻赋税、薄徭役等政策。历朝历代圣君贤臣努力通过轻徭薄赋、与民休息让老百姓先富起来,由民富促国富,从而出现"文景之治""贞观之治""康乾盛世"等繁荣景象。

民之所盼,政之所向。党的十八大以来,以习近平同志为核心的党中央把以人民为中心的发展思想摆在治国理政的突出位置,把增进人民福祉、促进人的全面发展作为一切工作的出发点和落脚点。人民日益增长的美好生活需要和不平衡不充分的发展之间的矛盾是当前我国社会的主要矛盾。要解决这一关涉民生的矛盾,就要遵循共享发展的理念,让发展成果更多、更公平地惠及人民群众;增强发展动力,在共建共享的发展中增强广大人民群众的获得感;通过一系列改善民生的政策,保障广大人民群众得到看得见、摸得着的实惠。共享发展拓展了民生建设的内涵,不仅契合民生改善的现实诉求,也彰显了社会主义制度的优越性。

确保人民共享发展成果,要坚持惠及整体,保障社会边缘以及弱势群体的基本民生诉求。"安民之道,在于察其疾苦。"实施精准扶贫,贵在找准"贫根",对症下药,扶到点上、扶到根上。对此,习近平总书记多次强调扶贫"贵在精准、重在精准"。2016年,习近平总书记在重庆调研时强调:"扶贫开发成败系于精准……脱贫摘帽要坚持成熟一个摘一个,既防止不思进取、等靠要,又防止揠苗助长、图虚名。"[①]党的十九大报告指出,"要动员全党全国全社会

[①] 落实创新协调绿色开放共享发展理念 确保如期实现全面建设小康社会目标[N]. 人民日报, 2016-01-07 (01).

力量，坚持精准扶贫、精准脱贫"，"做到脱真贫、真脱贫"①。到2020年底，中国实现现行标准下农村贫困人口全部脱贫。中国脱贫攻坚的成功实践和宝贵经验，有助于广大发展中国家早日消除贫困，为世界减贫和发展事业作出了重要贡献。

2. 政治：共存共治

"文王既没，文不在兹乎？天之将丧斯文也，后死者不得与于斯文也；天之未丧斯文也，匡人其如予何？"（《论语·子罕》）这是孔子对自身使命的认知。"天下之无道也久矣，天将以夫子为木铎。"（《论语·八佾》）这是孔子对"天""天道"的敬畏。在礼崩乐坏、诸侯混战的时代，古圣先贤依旧追寻实现"大同之治"。《礼记·礼运》中就记载了孔子对上古时代大同之治的向往，描绘了社会和谐、外交和顺、天下和平的景象。

"郁郁乎文哉，吾从周"（《论语·八佾》），"周之德，其可谓至德也已矣"（《论语·泰伯》），这些都表明，早在孔子的时代就有对人类命运共同体的勾画，那是以文化和道德为基础的共同体，是在利益、武力和强权之外的价值共同体或文化共同体。历史记载，唐朝统一全国后历"贞观之治"和"开元盛世"，不仅国力强盛，政通人和，而且与周边多个国家建立了友好关系。唐太宗曾说："自古皆贵中华，贱夷狄，朕独爱之如一。"（《资治通鉴》）正是这种远见卓识，开创了唐朝"四海咸服，万国来朝"的昌盛局面。宋朝和元朝继之，分别成就了对外贸易的黄金时代与多元文化交流发展的盛大辉煌。中华民族是热爱和平的民族。千百年来，和

---

① 习近平. 决胜全面建成小康社会 夺取新时代中国特色社会主义伟大胜利——在中国共产党第十九次全国代表大会上的报告[M]. 北京：人民出版社，2017：47-48.

平发展的理念和追求深深扎根于中华民族的精神世界之中。

2005年和2011年，中国发布了两份关于和平发展道路的白皮书——《中国的和平发展道路》（2005年）、《中国的和平发展》（2011年），宣示了中国走和平发展道路的坚定决心。既通过维护世界和平发展自己，又通过自身发展维护世界和平；在强调依靠自身力量和改革创新实现发展的同时，坚持对外开放，学习借鉴别国长处；顺应经济全球化发展潮流，寻求与各国互利共赢和共同发展；同国际社会一道努力，推动建设持久和平、共同繁荣的和谐世界。[①]

我们是这么说的，也是这么做的。2018年8月，由中国援建的马尔代夫中马友谊大桥建成通车。这座双向四车道大桥，全长约2000米，实现了马累岛、机场岛和胡鲁马累岛的连接。旅客从机场岛到首都马累无须乘坐渡轮，省时又省力，还不受天气影响。中马友谊大桥的通车，改善了当地人民的生活。从中马友谊大桥到机场航站楼，中国的帮助给马尔代夫带来了极大变化。中国践行真正的多边主义，为解决国际热点问题努力劝和促谈，马尔代夫前总统加尧姆对此赞许有加。"中国成功促成沙特与伊朗恢复外交关系，这对实现中东和平安宁意义非凡。中国倡导政治解决乌克兰危机，展示了中国人民爱好和平、寻求合作的良好形象。"加尧姆说，"真正的多边主义，意味着国家不分大小强弱，应该有事一起商量着办，这对未来的世界格局非常重要。"[②]2021年10月25日，习近平主席在北京出席中华人民共和国恢复联合国合法席位50周年纪念会议并发表重要讲话，为世界走向更加美好的明天指引前行的方向："让我们携起手来，站在历史正确的一边，站在人类进步的一边，为实

[①]《中国的和平发展》白皮书[N]. 人民日报, 2011-09-07（14）.

[②] 章念生. "中国的和平与发展事业将取得更大成就"（大道之行）[N]. 人民日报, 2023-07-14（03）.

现世界永续和平发展，为推动构建人类命运共同体而不懈奋斗！"[1]

3. 文化：共同繁荣

习近平总书记指出："不同国家、民族的思想文化各有千秋，只有姹紫嫣红之别，而无高低优劣之分。每个国家、每个民族不分强弱、不分大小，其思想文化都应该得到承认和尊重。"[2]人类文明源远流长，各个国家、民族的文化各有优长，不可定于一尊，正是多种多样的文化各美其美，共同构成了丰富多彩的人类文明。"中华文明是亚洲文明的重要组成部分"，"中华文明是在同其他文明不断交流互鉴中形成的开放体系"。[3]中华文明走出去，积极参与世界文明对话与交流，进一步丰富了人类文明的色彩。中华文明秉承"贵和尚中"理念，形成了善解能容、厚德载物、和而不同的包容品格，在历史发展的长河中，与其他文明互相尊重、平等交流、互惠互鉴，超越地域、时代、种族的界限，不仅哺育了一代又一代中华儿女，增强了中华民族的凝聚力和创造力，也在国际社会中倡导多元文化立场，尊重世界文明的多样性，推动人类社会的进步。

文化能否传承下去、影响开来，关键在于背后的思想和理念。近代以来，西方文化盛行于世，英美等西方国家成为世界不少国家发展道路、社会制度、文化理念的主导者。在历史上，中华文化对世界产生过极其深刻的影响，对人类文明作出过重大贡献，但近代以来逐渐式微。新中国成立后，中国共产党领导中国人民进行社

---

[1] 习近平. 在中华人民共和国恢复联合国合法席位50周年纪念会议上的讲话[M]. 北京：人民出版社，2021：9.

[2] 习近平. 在纪念孔子诞辰2565周年国际学术研讨会暨国际儒学联合会第五届会员大会开幕会上的讲话[N]. 人民日报，2014-09-25（02）.

[3] 习近平. 深化文明交流互鉴 共建亚洲命运共同体——在亚洲文明对话大会开幕式上的主旨演讲[N]. 人民日报，2019-05-16（02）.

主义革命、建设和改革的伟大实践，积淀形成了许多具有世界意义的思想、理念。中国特色社会主义文化不仅传承了中华优秀传统文化，继承了红色革命文化，而且赋予了中华文化新的时代内涵。现在，中华文化正走向世界，一系列带有中国特色社会主义色彩的新概念、新表述、新论断，日益成为国际话语场中的核心议题和基本共识，彰显出中华文化对世界的影响力。

拥有五千多年悠久历史的中华文明，蕴藏着解决当代人类所面临难题的重要智慧。中华优秀传统文化蕴含的哲学思想、人文精神、教化思想、道德理念等，不仅是中华民族生生不息、发展壮大的丰厚滋养，也向世界提供了修身、齐家、治国、平天下的思想密码。从构建相互尊重、公平正义、合作共赢的新型国际关系，到推动构建人类命运共同体，建设持久和平、普遍安全、共同繁荣、开放包容、清洁美丽的世界；从举办亚洲文明对话大会，到高质量共建"一带一路"，日益走近世界舞台中央的中国，以启迪人心的理念和实实在在的行动，不断为世界发展注入动力，为世界和平贡献力量。中华民族自古以来就追求天下太平、天下大同。"君子和而不同"，这种博大的包容性，对推动当今的全球良治，推动世界减少冲突、迈向和平具有深远意义。习近平总书记在亚洲文明对话大会开幕式上发表主旨演讲时强调，坚持相互尊重、平等相待，坚持美人之美、美美与共，坚持开放包容、互学互鉴，坚持与时俱进、创新发展，我们才能夯实共建亚洲命运共同体、人类命运共同体的人文基础，各国人民才能享受更富内涵的精神生活、开创更有选择的未来。[1]

"和羹之美，在于合异。"亲仁善邻、协和万邦是中华文明一贯

---

[1] 习近平. 深化文明交流互鉴　共建亚洲命运共同体——在亚洲文明对话大会开幕式上的主旨演讲[N]. 人民日报，2019-05-16（02）.

的处世之道，惠民利民、安民富民是中华文明鲜明的价值导向，革故鼎新、与时俱进是中华文明永恒的精神气质，道法自然、天人合一是中华文明内在的生存理念。回溯历史，中国的造纸术、火药、印刷术、指南针、天文历法、哲学思想等在世界上影响深远，有力推动了人类文明发展进程。展望未来，中华文明有能力也有责任为亚洲文明和世界文明作出新的更大贡献。

4. 社会：共同发展

《淮南子·缪称训》中说："老子学商容，见舌而知守柔矣。""大道无形，道在口中。"中国是明白舌头与牙齿间的刚柔之道的国家，中华民族是富有温情的民族，始终与世界各国一道共谋发展。

公元7至8世纪，那是带有傲气的西方正在与世界分割的时代，那也是中华的大唐盛世。在丝绸之路的起点，迎面是"春城无处不飞花"的瑰丽，遍地有"稻米流脂粟米白"的繁荣，车来人往，国内外商人与货贩云集于此。当年的盛唐之所以是盛唐，在于它有雅量、胸襟和力量，让所有的一切都可以与自己携手。

中国一直以来践行着仁与义的理念，秉持着"天下兴亡，匹夫有责"的价值观念来谋求发展。"一带一路"倡议，坚持共商共建共享的基本原则，推动中国和其他国家以合作共赢的方式共同发展。截至2023年6月底，中国已经同152个国家和32个国际组织签署200余份共建"一带一路"合作文件，一系列重大项目落地开花，促进了各国发展。我们不在意肤色，不在意文化，不在意宗教，我们只在意最基本的人情伦理，能处理好这个问题我们就是朋友。

中国的和平发展道路强调发展的和平性，通过自身的发展为世界和平作贡献，实现和平与发展的有机统一。中国的和平发展是主张合作的发展，主张合作共赢，在国际大家庭中实现利益共享、责任共担。中国主张将本国利益与全人类共同利益联系在一起，促进世界各国共同发展、共同繁荣。

大道之行，天下为公。中国始终坚持胸怀天下，以世界眼光关注人类前途命运，坚持开放、不搞封闭，坚持互利共赢、不搞零和博弈，坚持主持公道、伸张正义，站在历史正确的一边，站在人类进步的一边。

5. 生态文明：共同保护

中国古人"天人合一"的生态理念把天地万物视为不可分割的整体，把人与自然、人与天道看作是浑然一体的。中国古人这种朴素、整体的哲学观为后世正确处理人与人、人与社会、人与自然等关系提供了认识论原则与方法论指导。中华文化中的自然观念一脉相承，进入中国特色社会主义新时代，习近平总书记深刻把握中华优秀传统文化中的整体性哲学观，借鉴"天人合一"生态理念的思想精髓，立足于当前中国乃至世界面临的生态危机，作出了加强生态文明建设、建设美丽中国的战略决策。

美丽中国建设的提出，有着深刻的时代背景和迫切的现实需要。一方面，传统粗放型经济发展方式破坏了自然生态平衡，导致了环境污染、资源短缺的后果，影响了社会的可持续发展和人民群众的生活健康；另一方面，我国社会的主要矛盾已经转化为人民日益增长的美好生活需要和不平衡不充分的发展之间的矛盾。人民在逐步满足自身基本物质需要后产生了对美好生活的多元化需求，既需要物质的富足，也需要精神世界的丰富和生态环境的美丽，解决人民的多元化需求和不平衡不充分的发展之间的矛盾刻不容缓。从国际层面看，自然生态危机的恶果已经跨越地域与国界而具有世界蔓延性，任何国家和人民都无法逃避，这是当前人类社会发展面临的时代课题，只有团结一致、共同应对才能有效缓解生态危机。美丽中国建设是中国积极主动承担国际责任、彰显大国形象、为保护人类家园贡献力量的表现。

党的二十大报告指出："推动绿色发展，促进人与自然和谐共生。大自然是人类赖以生存发展的基本条件。尊重自然、顺应自然、保护自然，是全面建设社会主义现代化国家的内在要求。必须牢固树立和践行绿水青山就是金山银山的理念，站在人与自然和谐共生的高度谋划发展。"①建设美丽中国是全面建设社会主义现代化国家的重要目标。党的二十大报告深刻阐明了人与自然和谐共生是中国式现代化的重要特征，对新时代新征程推动绿色发展、促进人与自然和谐共生作出重大战略部署，充分彰显了以习近平同志为核心的党中央推进美丽中国建设的坚定决心。

美丽中国建设为全球生态治理树立了榜样，作出了中国贡献。《中美气候变化联合声明》《中美元首气候变化联合声明》《中法元首气候变化联合声明》等都是在中国的积极推动下取得的可喜成果。中国积极倡导国际生态文明建设，与其他国家一起共同应对全球生态危机，彰显了大国的责任与担当。

（二）中国和平道路对世界的启示

在百年未有之大变局面前，没有一个国家可以独善其身，唯有以和平理念凝聚人心，以和平心态、和平方式包容差异、化解分

---

① 习近平. 高举中国特色社会主义伟大旗帜　为全面建设社会主义现代化国家而团结奋斗——在中国共产党第二十次全国代表大会上的报告[M]. 北京：人民出版社，2022：49-50.

歧，形成逐步扩大的共同体，才能共创人类美好未来。

1. 凝聚共识，化解分歧

随着世界百年未有之大变局加速演进，逆全球化思潮抬头，单边主义、保护主义明显上升，局部冲突和动荡频发，全球性问题加剧，世界进入新的动荡变革期。经济危机、环境污染、恐怖主义等以往被认为只是单个国家自己的问题，如今已成为全球性问题，威胁到了全人类和平发展，国家间的理解与协作成为解决问题的重要途径。与此同时，全球化进程中问题的相似性、解决办法的多样性、协作的高效性为国际社会间的合作创造了机会。凝聚共识，化解分歧，就要倡导树立人类整体利益至上的观念。人类整体利益高于所有组织和个人的利益，人类整体利益就是人类永续健康地生存和发展。

中国从不排斥自由与人权，主张两者体现在和谐与正义之中，建立在和谐与正义的基础之上；而西方国家则往往以"自由""人权"的名义，侵犯更多人的自由与人权，形成了霸权与利己主义。在中西方交往中，中国文化更凸显深沉广博的厚德载物精神，也更能体现刚健自强的创造精神。中国文化强调的"己所不欲，勿施于人""己欲立而立人，己欲达而达人"以及"民胞物与，推己及人"的谦和精神，是人类建设和平发展、互利合作、共同繁荣的和谐世界所应遵循的共同价值。

党的二十大报告指出："和平、发展、合作、共赢的历史潮流不可阻挡，人心所向、大势所趋决定了人类前途终归光明。"[①] "和

---

① 习近平. 高举中国特色社会主义伟大旗帜　为全面建设社会主义现代化国家而团结奋斗——在中国共产党第二十次全国代表大会上的报告[M]. 北京：人民出版社，2022：60.

平、发展、合作、共赢""互利共赢的开放战略""互利合作""互信、互利、平等、协作的新安全观""相互依存、利益交融""同舟共济、合作共赢""相互尊重、平等协商""民主、和睦、协作、共赢"等用词在不同场合多次出现,从不同的方面、不同的侧重点表达了中国反对零和博弈,寻找国与国之间关系共同点的诚意。在当今世界,各国相互依存、休戚与共,只有加强文明的对话与交流,在多样中寻求共识与互鉴,在差异中寻求理解与包容,在交流中寻求尊重与发展,才能建设一个持久和平的世界。

2. 和平的经典范例

在发展道路上,中国充分认识到,没有和平就没有发展,没有发展就难保和平,因此,中国一贯坚持"既通过维护世界和平发展自己,又通过自身发展维护世界和平"[1]。中国追求的和平是持久和平,追求的发展是共同繁荣。

和平共处五项原则。这是由中国首先倡导、已被全世界普遍认同的国际关系准则,即:互相尊重主权和领土完整、互不侵犯、互不干涉内政、平等互利、和平共处。1953年12月,周恩来在中印两国就西藏地方的关系问题谈判会上说:"新中国成立后就确立了处理中印两国关系的原则,那就是互相尊重领土主权、互不侵犯、互不干涉内政、平等互惠和和平共处的原则。"[2]1954年,和平共处五项原则被正式写入文件。同年,在中方与印度、缅甸的联合公报中均强调了和平共处五项原则这一共识,其中"平等互惠"改为"平等互利"。1954年12月,毛泽东指出:"五项原则是一个长期方针。"

---

[1]《中国的和平发展》白皮书[N].人民日报,2011-09-07(14).
[2] 周恩来选集:下卷[M].北京:人民出版社,1984:118.

"这五项原则是适合我国的情况的，我国需要长期的和平环境。"[1]和平共处五项原则成为以和平方式发展国与国之间关系的基本准则，具有广泛适用性，从最基本的层面上解决了国与国之间相处在主权、安全、独立、平等及互利方面的诉求。后来，这五项原则被写进包括联合国在内的许多国际组织和国际会议通过的宣言和决议等文件中。

和平统一的两岸政策。20世纪50年代，中国共产党就提出了用和平方式实现海峡两岸统一的设想和主张。1954年12月，周恩来会见缅甸总理吴努时提出"和平解放台湾"[2]。1956年1月，周恩来在全国政协会议的报告中强调要"争取用和平的方式解放台湾"[3]。1979年1月发布的《告台湾同胞书》，正式开启了和平统一解决台湾问题的大门。1981年9月，叶剑英以全国人大常委会委员长的身份，提出了关于台湾回归祖国、实行和平统一的九条方针，史称"叶九条"。后来，邓小平说，"九条"是以叶剑英委员长名义提出来的，实际上就是"一个国家，两种制度"。[4]1995年1月，江泽民提出了促进统一大业完成的"八项政治主张"，再次向世界郑重宣示了实现国家和平统一的倡议与诚意。2008年12月，胡锦涛在纪念《告台湾同胞书》发表30周年座谈会上，阐述了两岸关系和平发展的重要思想，提出了推动两岸关系和平发展的六点意见。2013年2月，习近平总书记在北京人民大会堂会见中国国民党荣誉主席连战及随访的台湾各界人士时强调，继续推动两岸关系和平发展、促进两岸和

---

[1] 毛泽东外交文选 [M]. 北京：中央文献出版社，世界知识出版社，1994：186-187.
[2] 周恩来年谱（1949—1976）[M]. 北京：中央文献出版社，1997：428.
[3] 金冲及，主编. 周恩来传 [M]. 北京：中央文献出版社，1998：1435.
[4] 中共中央文献研究室，中央电视台. 邓小平 [M]. 北京：中央文献出版社，1997：237.

平统一，是新一届中共中央领导集体的责任。

在对和平主张一再宣示的同时，中国没有忘记在统一问题上运用法律武器。2005年3月，十届全国人大三次会议通过了《反分裂国家法》，除了强调"以和平方式实现祖国统一，最符合台湾海峡两岸同胞的根本利益。国家以最大的诚意，尽最大的努力，实现和平统一"外，还在第八条中明确划出了采用非和平方式及其他必要措施捍卫国家主权和领土完整的"红线"。党的二十大报告指出：解决台湾问题，"我们坚持以最大诚意、尽最大努力争取和平统一的前景，但决不承诺放弃使用武力，保留采取一切必要措施的选项"[1]。

联合国框架下的中国担当。中国作为联合国创始会员国、安理会常任理事国，坚定不移维护世界和平与安全，促进人类和平事业的发展。自1971年恢复联合国合法席位以来，中国一直维护并践行《联合国宪章》的宗旨和原则，截至2020年，中国先后参加25项联合国维和行动，累计派出维和官兵4万余人次，忠实履行维和使命，为维护世界和平、推动构建人类命运共同体作出积极贡献。[2]中国还积极推动联合国在国际、裁军和防扩散领域发挥重要作用，参加了《禁止化学武器公约》《全面禁止核试验条约》等多边谈判。为应对全球安全面临的新挑战，中国积极主张在联合国框架下开展有关国际经济新秩序、可持续发展、气候变化等问题的讨论与合作，有效巩固国际社会的共同安全。中国将继续践行真正的多边主义，为破解全球和平赤字、应对全球性挑战贡献智慧和力量。

改革开放以来，随着中国的和平崛起，国际上"中国威胁论"

---

[1] 习近平. 高举中国特色社会主义伟大旗帜　为全面建设社会主义现代化国家而团结奋斗——在中国共产党第二十次全国代表大会上的报告[M]. 北京：人民出版社，2022：59.

[2] 中华人民共和国国务院新闻办公室. 中国军队参加联合国维和行动30年[N]. 人民日报，2020-09-19（05）.

"中国霸权论"等论调甚嚣尘上。一些西方国家出于维护其霸权地位的需要，对中国的崛起表现出极大的恐慌与担忧，戴着有色眼镜看待中国。中国提出的构建人类命运共同体理念，超越了"修昔底德陷阱"零和博弈思维范式，驳斥了"文明冲突论"和"历史终结论"的荒谬论调，让世界人民认识到中华民族的血脉中没有侵略他人、称王称霸的基因，相反却有着丰富的"和为贵""和而不同""己所不欲，勿施于人""己欲立而立人，己欲达而达人"的和合共生基因。中国在历史上曾是世界上最强大的国家之一，有过很长时期的繁荣昌盛，但从没有殖民和侵略他国。今天的中国依然秉持和合共生的和平发展理念，坚定不移走和平发展道路，坚定不移维护世界和平，这是中国对世界的庄严承诺。

第三章

发　展

发展是人类社会永恒的主题。当前全球正面临治理赤字、信任赤字、和平赤字、发展赤字四大挑战。如何推动社会发展朝着更平等、更和谐、更光明的方向前进，是摆在全人类面前的重大课题。中华文明拥有五千多年的历史，蕴含着丰富的发展智慧和经验。中华优秀传统文化中的发展理念，可以为破解当今世界发展难题提供启示。进入中国特色社会主义新时代，以习近平同志为核心的党中央统筹中华民族伟大复兴战略全局和世界百年未有之大变局，作出了"把握新发展阶段、贯彻新发展理念、构建新发展格局"重大战略判断和战略抉择。中国共产党在扎根积淀千年的优秀传统文化、考察改革发展实践得失的基础上，立足时代特点，带领中国人民走出了一条具有中国特色、中国气派，展示中国力量、中国精神的发展之路。

一、中华优秀传统文化中的发展理念

中华文明是世界"四大文明"中唯一没有中断发展并传承至今的文明，具有突出的连续性。在中华文明传承和发展的过程中，中华民族形成了朴素而丰富的发展理念。

（一）"生生"是发展的核心要义

在中华文化中，"生生"是中国传统哲学的初心所在，是古圣先贤对天地万物绵延不息、和谐共生的深切关怀和哲理沉思，奠定了中华传统文化向德、向善、向和、向生的基本价值取向。

"生生"一词最早出自《尚书·盘庚》，其思想在《周易·系辞》中得到阐发。《周易·系辞上》有言："一阴一阳之谓道。"生生之道通过阴阳转易相生，使得生物开通、顺理养物，其中的变易转化符合天地大道、至善之德，从而实现天地万物的生生不绝与绵延发展。其中，阴阳虽有分际殊异，但乾有自强不息之德，坤有厚德载物之德，阴阳之间转化和合，统一太极，反而能够一贯融通，以成生生之道。《周易·系辞下》又曰："天地之大德曰生。""生生"是天地本有之德，道的运行所彰显的正是天地大生、广生之德。世间万物之所以能在天地之间存续不绝，社会文明之所以能在岁月之中发展绵延，其根本就在日新又新的"生生"之中。但"生生"并不是不谈死，而是通过将死纳入"生生"的过程中，来强调事物的发展性。"生死"则不然，只强调事物的线性发展，容易使人急功近利，局限了人的视野。相较而言，"生生"以辩证的、长久的、变化的眼光来看待死，将死亡、消亡视为生之所始，从而实现周而复始、生生不息。

自强不息之德是万物发展、实现"生生"的推动力。《周易》云："天行健，君子以自强不息。""天行健"，乃指天（自然）的运动刚强劲健，无有止息，如日月更迭、寒暑交替，使万物化育、生生不息。自强不息的"自"，并非简单指"我"，而是指自我的本性。自强不息是人之本性，追求自强不息，是依循本性而为。这种自我的本性也是万物的本性，哲学谓之"本体"，即《周易》中的"易"。"生生之谓易。"因此，"生生"是本性的根本特征。

人是自强不息的践行者，是"生生"的主体。习近平总书记指出："中华文化历来强调对人的尊重和关怀，孔子的'古之为政，爱人为大'，孟子的'为天下得人者谓之仁'，荀子的人'最为天下贵'，墨子的'兼相爱'，都强调人的自身价值。"[1]中国传统哲学认

---

[1] 习近平. 坚定不移走中国人权发展道路　更好推动我国人权事业发展[J]. 求是，2022（12）：4.

为，"万物之中，以人为贵"。这是因为人可以具有崇德向善的高尚追求和道德修养，可以通过修身来涵养自己宽广深厚、化育万物的仁爱之德，进而齐家、治国、平天下，最终实现天地万物的生生不绝与绵延发展。"人"之所以受到古代先哲的高度重视，是因为社会发展必须由人来推动，发展的目的、理念与路径也必须由人来确定。正如马克思所说："正像社会本身生产作为人的人一样，社会也是由人生产的。"①发展理念是社会实践的重要指引。只有当"人"这一主体能够进德修业，以自强不息的精神砥砺前行，以"天地万物一体之仁"来追求"万物并育而不相害，道并行而不相悖"的淑世情怀，才能实现生生不息、文明不绝、斯文不坠的可持续发展。同时，"人"作为推动发展的主体，也是发展成果的受益者。正所谓"民富国强，众安道泰"。民富国强是"众安道泰"的必要前提，"众安道泰"是民富国强的自然结果，二者相辅相成。生生之道，之所以能一贯融通、周而复始地发展，正是因为人作为主体在推进社会发展的同时，实现了自己精神上的升华。人的自身发展与社会的持续和谐发展，共同构成了互相支持的动态发展系统。

　　自强不息不仅是人自性之德的内在要求，也是恢复人之本性、开启智慧明德的必由之路。古人认为，虽然人人皆可为尧舜，但由于天赋气质不等，习性浸染有差，圣人恐不能人人依道而行，因此应示范以教民。尧舜忧劳百姓，日理万机；周文王勤于政事，忙碌到日已偏西仍无暇吃饭；孔子好学乐思，废寝忘食；颜回学习夫子的教诲，欲罢不能。正因有古圣先贤率先垂范，后世才有了效法的榜样。古圣先贤通过"亲民"以教民，使众人皆能"明明德"。在

---

① 马克思恩格斯文集：第1卷[M]．北京：人民出版社，2009：187．

自强不息的奋斗精神的支撑下,"明明德""亲民"都达到"止于至善"的境界,这正是起于修身、齐家,达于治国、平天下。

因此,自强不息不仅是人生成长之必然要求,也是社会发展之必然要求。自强不息是中华民族不断创造历史的精神动力,五千多年灿烂文明是中华民族集体奋斗的智慧结晶。

(二)生生之道蕴含丰富发展理念

生生之道中蕴含着丰富的发展理念,如"革故鼎新""允执厥中""天人合一""海纳百川""和合共生"等。这些理念涉及发展动力、发展平衡、发展公平等多个方面。

1. 革故鼎新(创新)

革故鼎新即除旧布新,是打破"生死"线性发展,实现日新又新之"生生"的内在力量。《周易》中所说的"穷则变,变则通,通则久",体现的正是以革新作为发展的动力。

革卦和鼎卦是《周易》中具有变革精神的卦,阐述了革故鼎新的变革精神。《周易·革》曰:"己日乃孚,元亨,利贞,悔亡。"据《周易全解》,卦辞说明了变革的成功前景和必备条件。变革旧事物并非轻而易举之事,需要长期的努力,必须持之以恒,而且必须坚持正道,只有这样,即使旷日持久,艰难险阻,变革也终将会成功。革卦《彖》云:"'己日乃孚',革而信之。文明以说,大'亨'以正,革而当,其'悔'乃'亡'。天地革而四时成,汤武革命,顺乎天而应乎人。"天地之道,阴阳升降,温暑凉寒,迭相变革,然后四时之序皆有成。从天道以明人事。夏桀殷纣,凶狂无度,天既震怒,人亦叛亡。商汤周武,聪明睿智,上顺天命,下应人心，放桀鸣条，诛纣牧野，革其王命，改其恶俗，因此是顺乎天而应乎人。又据《诚斋易传》，"革而不信"，革而"有悔"，则如勿革。如何能"革而信""革而当"？未革而民愿之，将革而民从之，相庆其举于既革之后，这样就能达成"革而信""革而当"。天地得此理，故革而四时成；汤武得此理，故革而天人说。[①]任何变革，都必须顺天应人，行于正道，才能成功。

革为去故，鼎为取新。鼎卦《彖》曰："鼎，象也。以木巽火，亨饪也。圣人亨以享上帝，而大亨以养圣贤。"木上有火，这是烹饪之象，鼎是烹饪调和的器具。把生的食物烹熟，这就是形成新的东西。木火相因，金在其间，调和五味，所以养人。除旧布新，人人用之。圣人用鼎烹饪食物，其意义在于享神和养人。郊天（祭天）用特牲，用鼎烹饪之，故曰亨不曰大亨；而养贤之礼贵丰，曰大亨。[②]郊天之礼与养贤之礼的区别，其含义也深。礼主敬，祭祀要尽至诚恭敬之心，外在的形式是仪，关键是要通过仪引发内心之敬。而养贤则不同，养贤的最终目的是养民。任人唯贤、选贤举能是中华民族一以贯之的政治传统。只有尊重贤才，才能获得贤才的支持和辅佐，养贤之礼贵丰，也就是昭示天下以求贤。

自然界是一个不断变革的有机体，人类社会处在不断变革之中。革故鼎新的变革精神是历史不断向前发展的助推器，它不仅促进社会发展，推动国家治理不断完善，也使中华文明在绵延赓续中不断进步。

[①] 杨万里. 诚斋易传 [M]. 北京：九州出版社，2019：167.
[②] 金景芳，吕绍纲. 周易全解（修订本）[M]. 上海：上海古籍出版社，2017：452.

2. 允执厥中（协调）

中道思想自古以来就是中华民族求索生存与发展之道的重要观念，包含了公平公正、执守中庸的丰富内涵。《道德经》曰："天之道，损有余而补不足。"如果放任有余而不损，放任不足而不补，有余和不足只会愈演愈烈。损有余使其不至于太过，补不足使其不至于太不及，才能得其平，这是天之道。《道德经》又曰："人之道则不然，损不足以奉有余。"人道之不平，皆由人心之私而起，如果任由其发展，必定会导致冲突。因此，人当效法天道而行，效法天道则应损其当损者，补其当补者。

益卦《彖》曰："损上益下，民说无疆，自上下下，其道大光；'利有攸往'，中正有庆。"抑损于上、增益于下，民众就会无限欣喜；尊贵者礼贤下士、增益民众，其道义必能大放光芒。利益有所往，以中正之道让天下人受益，就能实现天下吉祥。由此可见，在追求平等的道路上，必须依循中正之道。

中庸不是庸俗世故，不是模棱两可，而是独具中华民族思维特点的哲学智慧。北宋二程云："不偏之谓中，不易之谓庸。中者，天下之正道；庸者，天下之定理。"[1]中庸是不偏不倚、恒常不变的道理。发展也要遵循中庸之道，不能变成对人欲望的纵容，而是要在依循"道"的方向上前行。《中庸》曰："中也者，天下之大本也。和也者，天下之达道也。致中和，天地位焉，万物育焉。"汉代思想家董仲舒将"中""和"作为调节社会运行的基本尺度，摆在治国理政方略的重要位置，认为"能以中和理天下者，其德大

---

[1] 朱熹. 四书章句集注［M］. 北京：中华书局，2016：17.

盛",最终达到天下大治。①

此处,以勤俭和奢侈为例说明中庸理念的运用。《礼记·檀弓》云:"国奢则示之以俭,国俭则示之以礼。"如果一个国家奢侈之风盛行,就要教导人们崇尚节俭;如果太俭朴,就要让人懂得符合礼的节度,即不能过分节俭以致变成了吝啬。孔子亦云:"礼,与其奢也,宁俭。"(《论语·八佾》)礼节与其搞得太奢华,毋宁节俭。礼要有节度,所谓有礼有节,当然不能过分地节制。《周易·节》云:"苦节不可,贞。"这是因为节制过度,则物不堪受;不堪受也就不可恢复中正。因此,节卦《彖》曰:"说以行险,当位以节,中正以通。天地节而四时成。节以制度,不伤财,不害民。"和悦地度过艰险,处在九五的尊位而推行节制,执中守正就能亨通节制之道。天地有节制,四季才能形成。国家应以符合中正礼度的典章制度作为节制准则,不浪费财物,不伤害百姓。

3.天人合一(绿色)

"天人合一"是中华先民仰观天文、俯察地理、中观人世而发展出的重要思想。《周易》云:"夫大人者,与天地合其德。"《庄子》云:"天地与我并生,而万物与我为一。"董仲舒则明确提出"天人之际,合而为一"。"天人合一"的境界被表述为"与天地参""民胞物与""以天地万物为一体"等。②《中庸》云:"唯天下至诚,为能尽其性;能尽其性,则能尽人之性;能尽人之性,则能尽物之性;能尽物之性,则可以赞天地之化育;可以赞天地之化育,则可以与天地参矣。"《张载集》云:"乾称父,坤称母;予兹藐焉,

---

① 陈旭东.从中华优秀传统文化汲取中国特色社会主义政治经济学的养分[N].光明日报,2022-09-20(11).

② 乔清举.天人合一论的生态哲学进路[J].哲学动态,2011(8):73.

乃混然中处。故天地之塞，吾其体；天地之帅，吾其性。民，吾同胞；物，吾与也。"王阳明在《大学问》中对"天人合一"理念有深刻阐述，并引申出了一体之仁："大人者，以天地万物为一体者也，其视天下犹一家，中国犹一人焉。……大人之能以天地万物为一体也，非意之也，其心之仁本若是，其与天地万物而为一也。"[①]正是由于树立起了人与天地自然为一个和谐有机整体的观念，中国古人才能实现人与自然和谐共生。

人与自然和谐共生的一个重要表现，是古人具有浓厚的敬畏自然的观念。祭天是敬畏自然的体现。天道是自然而然、本来如是的秩序、规律和道理，如春生、夏长、秋收、冬藏；种瓜得瓜，种豆得豆；积善之家必有余庆，积不善之家必有余殃。《孔子家语·郊问》记载，鲁定公问孔子："古之帝王，必郊祀其祖以配天，何也?"孔子回答说："万物本乎天，人本乎祖。郊之祭也，大报本反始也，故以配上帝。天垂象，圣人则之，郊所以明天道也。"古人通过祭天教民明天理，明了自然之理。古人把有功于国家的过世之人奉为"神"。《礼记·祭法》中记载了圣王制定的祭祀原则："法施于民则祀之，以死勤事则祀之，以劳定国则祀之，能御大灾则祀之，能捍大患则祀之。"祭祀的对象是有功于国家、有功于百姓的人。通过追念缅怀功臣来表达感恩之心，教会人们饮水思源、知恩图报。此外，《礼记·祭法》亦云：日月星辰，被人们所瞻仰；山林川谷丘陵等，人们从这里获得生存所需，享受它们的恩赐，因此也在祭祀之列。这就是所谓的"有天下者祭百神"。百是虚数，百神是众神，众神就是万事万物。这种称呼旨在教人尊重、敬爱万事万物。这也是古人敬畏自然、天人合一思想的体现。

[①] 王阳明集：下 [M]. 北京：中华书局，2016：823.

4. 海纳百川（开放）

中华民族有着开放发展的悠久历史。在中国传统观念中，"天下"的范围极为广阔，"天之所覆，地之所载"。正是这种极富开阔性的"天下"概念，让中华文明天然地具有极大的包容性，形成了"海纳百川""协和万邦"的宽广胸怀与"四海一家""天下大同"的理想图景。国学大师钱穆先生曾将秦汉统一政府与罗马帝国进行比较，认为："罗马乃以一中心而伸展其势力于四围。……秦、汉统一政府，并不以一中心地点之势力，征服四围，实乃由四围之优秀力量，共同参加，以造成一中央……罗马如于一室中悬巨灯，光耀四壁；秦、汉则室之四周，遍悬诸灯，交射互映；故罗马碎其巨灯，全室即暗，秦、汉则灯不俱坏光不全绝。因此罗马民族震铄于一时，而中国文化则辉映于千古。我中国此种立国规模，乃经我先民数百年惨淡经营，艰难缔构，仅而得之。"[1]传统天下观对于形塑中国精神世界之"号召力和普遍可分享性"有重要作用。

中国传统天下观蕴含的民胞物与、一体之仁等哲学思想，使得中华民族不断在开放中探索发展，在探索发展中走向强大。历史经验证明，开放交流打开了不同国家和民族友好交往的新窗口，谱写了人类发展进步的新篇章。中国在不同历史时期陆续开展了与域外民族的文化与经济交流，促进了不同民族、国家之间的和平合作、互学互鉴与互利共赢。陆上古丝绸之路"使者相望于道，商旅不绝于途"，海上丝绸之路"舶交海中，不知其数"[2]，盛唐时期"万国

---

[1] 钱穆. 国史大纲（全两册）[M]. 北京：商务印书馆，1996：13-14.
[2] 习近平. 论把握新发展阶段、贯彻新发展理念、构建新发展格局[M]. 北京：中央文献出版社，2021：168.

衣冠会长安",宋元之际"梯航万国海相通"。经验告诉我们,文明在开放中发展,经济在合作中繁荣。进入中国特色社会主义新时代,中国的对外开放也进入新阶段,"一带一路"建设以及制度型开放的推进等,都可以从中国古代开放史中获得启迪。

5. 和合共生（共享）

中国的哲学逻辑以一元和合为基础。和合一体是独具中国特色的形而上理念,与西方以二元对立为基础的思维模式完全不同。中国先哲在追求生生之道时,便已经认识到世间万物并不是完全同质的,而是互有差别的。在中国传统哲学中,阴与阳这对概念涵盖了世上万物的一切状态,所有的对立和差别都可以被容纳其中。但中国先贤并不止于认识万物的阴阳之别,更没有落入二元对立的思维,而是于这些差别分际之中寻求融通,发展出和合统一的一体观,在尊重差异和个性的基础上讲究协调与和合,追求多样性的有机统一,使得天地万物相异而和合,并行而不害。

中国"和"文化源远流长,尚"和"是中华民族的文化基因。"人心和善""和而不同""协和万邦""天人合一"等理念在中国代代相传,深深植根于中国人的精神血脉中,并处处体现在中国人的行为上。中国在历史上曾经是世界上最强大的国家之一,但并没有走上侵略和殖民他国的道路。中华五千多年文明史始终崇尚和平、和睦、和谐的价值追求,倡导仁者爱人,推己及人,"己所不欲,勿施于人"（《论语·颜渊》）,"老吾老以及人之老,幼吾幼以及人之幼"（《孟子·梁惠王上》）。中国的历史经验是以和为贵,化干戈为玉帛。"以力假仁者霸""以德行仁者王"（《孟子·公孙丑上》）,"强不执弱,众不劫寡,富不侮贫,贵不敖贱,诈不欺愚"（《墨子·兼爱中》）,"国虽大,好战必亡"（《司马法·仁本》），"远人不服，则修文德以来之"（《论语·季氏》），都是中国古代"慎战贵和"思想的生动体现。

（三）备豫不虞保障生生不息

发展的道路总是伴随荆棘和坎坷，因此必须时刻保持战兢惕厉，做好充分准备，防患于未然，而且要能够以小见大，睹始知终，这样才能在发展道路上行稳致远。

一是要有居安思危的忧患意识。和平越久，就越容易产生消极懈怠的享乐情绪，越容易放松警惕。《群书治要·崔寔政论》曰："凡天下之所以不治者，常由人主承平日久，俗渐弊而不寤，政浸衰而不改，习乱安危，逸不自睹。"这是警示为政者莫入"死于安乐"之途。中华民族自古有着强烈的忧患意识。古人饱读经史，深明前人成功之经验、失败之教训。《群书治要·魏志下》云："是以亡国之主自谓不亡，然后至于亡；贤圣之君自谓将亡，然后至于不亡。"只有在安定时不忘危亡，在治世时不忘乱世，才能安身保家，安民保社稷。《周易·系辞下》云："君子安而不忘危，存而不忘亡，治而不忘乱；是以身安而国家可保也。"《周易·乾》云："君子终日乾乾，夕惕若，厉，无咎。"古之明王治理天下，都是常怀戒慎恐惧之心。

二是要有未雨绸缪的前瞻思维。有备才能无患。首先是物资储备。常言道，民以食为天，食以粮为本。《礼记·王制》云："国无九年之蓄曰不足，无六年之蓄曰急，无三年之蓄曰国非其国也。"在现代社会，凡是涉及民生的重要资源，都需要有足够储备。其次是人员储备。《荀子·王制》云："君者，舟也；庶人者，水也。水则载舟，水则覆舟。"民众为邦国之根本。一方面，足够的人口基础和稳定的人口结构，是国家稳定发展的必要条件。另一方面，得民心者得天下，为政者赢得百姓的拥护，人心安定，是国家稳定发展的前提条件。为政者要考虑能否得到人才、是否人尽其才、有否黜退小人。最后，也是最重要的，是道义的储备。得道者多助，失道者寡助。《管子·牧民》云："城郭沟渠不足以固守，兵甲强力不足以应敌，博地多财不足以有众。唯有道者能备患于未形也，故祸不萌。"

三是要有见微知著的洞察能力。凡事必有征兆。《中庸》云："国家将兴，必有祯祥。国家将亡，必有妖孽。"君子明兴衰之理，知存亡之机，故见微可知著、睹始可知终。兴废存亡征兆的记录，遍诸典籍。《后汉书》曰："秦之将亡，正谏者诛，谀进者赏，嘉言结于忠舌，国命出于谗口。"《群书治要·尹文子》列出了国家存亡之六种征兆，并曰，凡有衰国、乱国、亡国之征者，"不待凶虐残暴而后弱也"，虽存必亡；凡有昌国、强国、治国之征者，"不待威力仁义而后强"，虽弱必存。《群书治要·申鉴》列出了治、衰、弱、乖、乱、荒、叛、危、亡九种国风分别如何。参考兴的征兆，察以今世，就可知事情的发展，乃至将来的结果。

领导者要能在事物萌发之际洞见其发展，甚至在未发生之时做出预见，对可能的突发情况做出准确预判，对未来的发展趋势做出全面预估。这要求领导者不仅具有战术能力，还要有战略眼光。做决定时以发展的眼光来看待问题，"风物长宜放眼量"，做出既符合当下时局又符合长远利益的决策。

由此可见，居安思危的忧患意识、未雨绸缪的前瞻思维以及见微知著的洞察能力，都是为了能够实现备豫不虞，而备豫不虞是实现可持续发展的有力保障。

二、中国式发展的继承与实践

中华文明源远流长，中华文化博大精深，其中蕴含的发展理念不仅为中华民族生生不息、发展壮大提供了丰厚滋养，也为当代中国的发展之路奠定了文化根基。中华优秀传统文化蕴含的"革故鼎新""允执厥中""天人合一""海纳百川""和合共生"等发展理念，不是静态孤立、只在某个领域起作用，而是相互贯通，渗透在国家治理与社会生活的各个方面。

（一）政治：革新开放

时代不断变化、社会不断发展，推陈出新、与时俱进是必然之路。当然，并非一谈到变革就是排斥否定原有事物、全盘照搬新生事物，维系人类社会发展的大道至理是变革背后不变的东西。变革要有立场、有原则，要坚持正确的方向。

1. 反省改革

中国人自古有着强烈的改革精神，不断进行改革探索。在古代中国，从中央政务体制和运行机制，到地方行政体制和运行机制，以及国家制度的各个方面，都不断地推陈出新。每当遇到发展瓶颈，就会有时杰发起改革，从先秦时期的管仲改革、商鞅变法、李悝变法等，到宋代的王安石变法、明代的张居正改革，再到清末的洋务运动。改革贯穿于整个中国历史发展过程。

历史上表示改革的词有"改良""变革""变法"，也有"革新""维新""革命"等。但是，无论外在形式怎样变化，最关键的是要在把握文化根脉、立足道统本源的基础上不断日新其德，也就是从自省开始，不断修正有违于道的思想和言行，使道德修养不断提升。商朝开国君王成汤将"苟日新，日日新，又日新"刻于盘上以自警，这里的"新"不仅指洗沐更新，还指道德日新月新，成汤的这种自警意识可以说达到极致。《诗经·大雅·文王》曰："周虽旧邦，其命维新。"周自后稷建国传至文王已经十余世，虽是旧邦故国，到了文王的时候，仍能日新其德，以明德而受天命，变诸侯而作天子，维为新国。为政者不仅要革新自己的德行，也要使民众的道德日新又新。《礼记·学记》云："建国君民，教学为先。"建设国家，管理民众，教育是最优先、最重要的事情。《尚书·康诰》之"作新民"，是教导鼓励民众，使之振作，不可因循苟且，要日日改过自新。为政者能日日自新，即自身能"明明德"，民众自然会受到感召。

改革不仅有体制机制上的改革，也有官德和作风方面的自我革新。以戒奢崇俭为例，历史上的明君之所以能够治理好天下，就是因为即使物质富足了，依然提倡节制欲望、遏制奢靡之风。在当今时代也不例外，要实现中华民族伟大复兴的中国梦，就必须杜绝奢靡之风。习近平总书记指出："享乐主义的实质是革命意志衰退、奋斗精神消减，根源是世界观、人生观、价值观不正确，拈轻怕重，贪图安逸，追求感官享受。奢靡之风的实质是剥削阶级思想和腐朽生活方式的反映，根源是思想堕落、物欲膨胀，灯红酒绿，纸醉金迷。"[①]党的十八大之后，党中央制定和落实"八项规定"，加强党风廉政建设，坚决反对形式主义、官僚主义、享乐主义和奢靡之风。

---

① 中共中央宣传部. 中国特色社会主义学习读本 [M]. 北京：学习出版社，2013：156.

为政者带头节俭，会起到上行下效、立竿见影的教育效果。唐朝杨绾为官清廉，崇尚节俭。他被封为中书侍郎同平章事的命令下达之日，郭子仪正要宴客，听说后立即把坐中的声乐减了五分之四；京兆尹黎干的随从本来人数众多，也于当天减少；中丞崔宽把房屋建造得豪华奢侈，结果马上下令把它拆毁。可见，上行而下效的效果如"影之随行、响之应声"一样迅速。对于这方面，习近平总书记说："'善禁者，先禁其身而后人。'各级领导干部要以身作则、率先垂范，说到的就要做到，承诺的就要兑现，中央政治局同志从我本人做起。"①

2. 开放纳新

中国古代的国家治理体系并不是封闭的，在很多方面都秉持着开放纳新的理念，如广开言路、广纳贤才。开放的体系能够激发活力和动力，使社会不断发展。

广开言路的主要方式是纳谏。纳谏兴邦、拒谏丧邦是古代治理实践的总结，明智的君主都会重视听取谏言和呼声，以明察秋毫、拾遗补阙。只有上令下达，下情上达，才能政通人和。《管子·桓公问》记载，黄帝设立了明台听取贤臣对国事的议论，尧设立衢室主动向人民求取谏言，舜在朝门外设立了奖励人们进谏的旌旗使君主不受蒙蔽，禹在朝廷上设立了进谏的鼓使人们得以上告，汤王设立了庭堂汇总民众的非议，武王建立了灵台使贤者得以进言，这些都是古圣先贤治理天下的良策。中国自商代起就出现了以进谏为主的官职，西周设置"司谏""保氏"之职"掌谏王恶"，之后历代都有谏议之官。唐在隋的基础上完善谏议制度和官制设置，忠贞敢谏

---

① 中共中央文献研究室. 习近平关于全面从严治党论述摘编 [M]. 北京：中央文献出版社, 2016：149.

之士辈出，开创了谏议制度发展史上的黄金时代。[①]魏徵就是著名的"千古谏臣"，唐太宗这位"千古一帝"从谏如流，在君臣的共同努力下，成就了历史上著名的"贞观之治"。

在广开言路的同时，广纳贤才也是国家治理体系不断纳新的重要方式。《群书治要·傅子》云："欲王则王佐至，欲霸则霸臣出，欲富国强兵，则富国强兵之人往。求无不得，唱无不和。是以天下之不乏贤也，顾求与不求耳。何忧天下之无人乎？"这段话说明了求取贤才关键在"求"，也就是要广纳贤才。

任人唯贤、选贤举能是中国古代重要的选人用人原则。从汉代开始，中国历史上先后出现了三种重要的选拔制度，即察举制、九品中正制和科举制。察举制包含自下而上的举荐和自上而下的考察，在乡党之间观察德行，在官职之上考察能力，有政绩者再察选至中央，作进一步考试和任用。九品中正制实际上是察举制的发展，其积极意义是对察举制所注重的德行实行量化，并对基层人才进行普筛和梳理，建立了类似于今天的人才档案库。这两种选拔制度都有着打破单一世卿世禄制，注重基层人才选拔的积极意义，但论起突破阶层固化，推动社会机会平等，最成功的还数科举制。科举制的优势在于：第一，相比之前的人才选拔制度，科举制通过考试进行客观评判，使选人用人流程更为公正和公开。第二，科举制打破了固化的社会阶层，真正为寒门拓开了仕途，不断向官僚机构注入新鲜血液，在一定程度上维护了社会的公平与稳定。第三，科举考试的内容以儒家经典为主，而经典所记载的是古圣先贤的修齐治平之道。因此，科举制选出的人才一般具有良好的素养。第四，以文取人的方式形成了全社会重视文化教育的风气，

[①] 齐惠.《群书治要》中的谏议思想 [J]. 中国领导科学, 2020 (6): 114-118.

无形中推动了中华文化的传承和延续。第五，在这样的学习和考试氛围中，中国古代士人形成了特有的精神品质，历史上涌现了一大批优秀人才。科举制在中国实行了一千多年，对中国乃至世界历史都产生了深远的影响。

（二）经济：农本富民

中国古代独具特色的发展逻辑，不是依靠征服和掠夺，而是依靠德行的感召。《大学》云："有德此有人，有人此有土，有土此有财，有财此有用。"在"有德"的基础上实现经济的繁荣，即人口、土地、财富的积累。在重德贵德的影响下，古代中国逐渐形成了士农工商四民社会，这源于中华文化中重义轻利的价值取向，也是以农为本的定居型文明自然而然的发展结果。古代重农抑商、德本财末的经济模式，在保障人们生活所需的前提下，既发展了经济，又避免了资本过度积累带来的垄断，在道德的约束下实现了持续发展。

1. 以农为本

衣食是最基本的民生需求，因此农桑是立国之本。《群书治要·吴志下》云："'一夫不耕，或受其饥；一女不织，或受其寒。'是以先王治国，唯农是务。"在天之时、地之利、人之和的共同作用下，中华民族顺天时、量地利、植五谷、养六畜，农桑并举，耕织结合，逐渐形成了土地精耕细作、生活勤俭节约、经济富国足民、文化天地人和的优良传统，创造了灿烂辉煌的农耕文明，留下了弥足珍贵的农业文化遗产。中国是农业大国，也是农业古国。传说神农氏便以耒耜之利教民稼穑。在农耕文明形态里，"农"

第三章 发 展

不仅体现在农业生产上，还渗透在百姓生活与国家政治的方方面面：天子有郊祀之礼，国家以"社稷"（本义为土地神和谷神）代指，读书人耕读传家，男耕女织为主要经济形态，军事国防则寓兵于农，等等。[①]

从生产力的角度讲，中国古代农耕文明所创造的成就，在数千年的时间里，无论是在人的因素方面还是在物的因素方面，都长期领先于世界。生产力的进步离不开生产关系的发展。在人与自然的关系方面，古人认识到，人是大自然的组成部分，因此强调天人合一、人与自然和谐共处，因时制宜、因地制宜、因物制宜，按自然规律开展各种农事及生产活动。在人与人的关系方面，中国农耕文明的特点是定居，定居就必然需要和谐稳定的人伦关系，因此，在农耕文明之下形成了伦理型文化。伦理型文化的核心是伦理道德。中国人重视道德仁义，以德行的厚薄而非财富的多少作为判断一个人社会价值高低的标准。"四民分业，士农工商。"士人重义轻利，能够带动社会形成崇尚伦理道德的正气。清寒之士虽然没有权力和财富，但是能读圣贤之书、行圣贤之道、传圣贤之教，堪为大众师表，因此成为社会中受尊重的对象。士人有耕读传家的传统，农人与士人最为接近。商在四民分业中属于末业，这是因为商人逐利，如果重商抑农，就会在百姓中生起重利轻义的风气。邵雍《观物吟》云："利轻则义重，利重则义轻。利不能胜义，自然多至诚。义不能胜利，自然多忿争。"忿争加剧就会引发冲突甚至战争，换言之，重商不利于社会的稳定和国家的长久发展。可以说，农耕文化是中国古代可持续发展的最好例证。

[①] 刘余莉，等. 平治天下——《群书治要》治国理政思想研究［M］. 北京：人民出版社，2019：143.

2. 繁荣经济

《管子·治国》曰："凡治国之道，必先富民，民富则易治也，民贫则难治也。"这里的"富民"，包含个人财富的增长以及对社会共同富裕的追求。在孔子看来，个人通过正当方式实现财富增长是值得提倡的事。但若只追求个人财富，忽略发展的公平性和协调性，就会引发社会问题。孔子主张"不患寡而患不均，不患贫而患不安"的财富分配理论，提出"独贵独富，君子耻之"，要有博大的胸怀，追求共同福祉。汉代为调节粮价而设置常平仓的举措就充分体现了中国传统平等发展观。《汉书》记载，常平仓是汉宣帝时由大司农中丞耿寿昌建议在边境郡县设置的，粮价低时加价买入粮食，粮价高时则降价售出，以此照顾贫苦的百姓。此外，经济政策中的轻徭薄赋、制民之产、防止兼并等也是中国传统平等发展观的生动体现。

中国早在夏商周时期就有社会福利思想的萌芽。《管子》记载，商汤时期便开始施行一些社会福利措施，"饥者食之，寒者衣之，不资者振之"。春秋时期，社会福利制度更为成熟，比如管子提出了"九惠之教"，包含"老老""慈幼""恤孤""养疾""合独""问疾""通穷""振困""接绝"。到了后世，社会保障制度愈加完善，除了官方主导的养老恤孤福利机构外，还出现了民间慈善组织，这对于实现社会的稳定和谐、繁荣发展起到了重要的作用。魏晋南北朝时期，佛教中慈悲、福田、布施和因果等观念深入人心，推动了慈善事业的发展，南朝萧梁时期出现了历史上已知最早的官方慈善机构——孤独园。此外，上自王公贵族、下到隐士平民的个人慈善行为层出不穷。例如，南齐文惠太子萧长懋与竟陵王萧子良设立了中国历史上已知最早的私立慈善机构——六疾馆；梁昭明太子萧统广行阴骘，慈善行为涉及施粮、施衣、施棺、济贫等诸多方面。

商业在古代尽管被称为末业，却依然是国家经济运行中不可缺少的组成部分。传统中国对于商业发展有着自己独特的理念。古人并不讳言经商的目的是取利。《论语·里仁》记载了孔子的言论，"富与贵，是人之所欲也"，承认追求财富是人之本性。孔子说"富而可求也，虽执鞭之士，吾亦为之"，进一步肯定了追求财富的正当性。古人还指出，不是任何"利"都可以追求的。中国传统商业观提倡"君子爱财，取之有道""临财毋苟得""见利思义""见得思义"，重义轻利，反对见利忘义。越大夫范蠡有"商人的鼻祖"之称，他"富好行其德"，"十九年之中三致千金，再分散与贫交疏昆弟"（《史记·货殖列传》），成为先义后利之典范。《士商类要》等关于为商之道的书籍，要求商人"商亦有道，敦信义，重然诺，习勤劳，尚节俭"。一大批儒商凭借"诚信经商、童叟无欺"的经营理念而久负盛名。比如有"江南药王"之称的著名老字号"胡庆余堂"，店里挂有两块匾：一块向外面朝顾客，上面写着"真不二价"；一块向内面朝店员，上面写着"戒欺"。著名徽商吴鹏翔曾在汉阳做粮食生意，当汉阳发生饥荒时，他为了救饥民于水火之中，"悉减值平粜，民赖以安"，帮助百姓应对灾害，深受大家的敬重。中国传统商业观以"义以生利"和"以义制利"为核心，商人须将其贯彻到商业活动的全过程中。"教之"始终引导商业在"合于道"的方向上有序地发展。

总之，"庶之""富之""教之"这三个层面之间并不是机械的递进关系，而是彼此构成了互为表里、互相支持的动态和谐发展系统。[①]这三者将人类自然生命的生长和道德生命的生发融为一体，

---

① 徐惠. 孔子"庶、富、教"思想与和谐社会的构建[J]. 中华文化论坛, 2007（4）：145-148.

推动社会不断发展，形成平衡和谐、生生不息的社会体系。

（三）文化：包容载道

中华文化具有海纳百川的包容性，这是其区别于世界其他文化的突出特征。能够做到"海纳百川"，首先是因为中华文化是"志于道""合于道"的文化，其次是因为中国有文以载道、以文化人的传统。这是中华文明绵延不息、中华民族永续发展的关键。

1. 文以载道

古圣先贤在观察天地自然、社会人文之道的基础上，提出了促进身心和乐、家庭和睦、社会和谐、天下和平的常道。贲卦《彖》曰："天文也。文明以止，人文也。观乎天文，以察时变；观乎人文，以化成天下。"天文是日月星辰交错排列、阴阳寒暑四季变化，圣人观天象运行，察四季变换。人文是人道之伦理秩序，圣人观察人文，用诗、书、礼、乐等教化天下，天下则能成其礼俗。这就是圣人用天道所对应的人道之礼教化民众。自然而然的规律就是"道"，天道、地道、人道、自然之道，这些都是"道"的表现。诗、书、礼、乐等都属于"文"，皆是承载"道"的方式。因此，文以载道，学习文字、典籍、礼乐、艺术等皆以"志于道"为目的。文化的本质是以文化人，是在民众之中传递大道，使人复行人道之正。

汉字作为当今世界最古老的文字之一，集形音义于一体，是一种智慧的符号。声音言出即逝，汉字则经久不衰。汉字从甲骨文、金文、简帛文，到小篆、隶书、楷书，可谓一脉相承；虽然形音义多少有所变化，但汉字作为语言文化载体的功用亘古不变。陈寅恪先生云："依照今日训诂学之标准，凡解释一字即是作一部文化史。"①汉字是铸牢中华民族共同体意识的基石，是维系中华民族团结统一的纽带，是中华文明得以传承至今的关键因素。

如果说汉字是工具，那么典籍就是百宝箱，其中蕴藏了古圣先贤"明明德""亲民""止于至善"的智慧和方法，以及修身、齐家、治国、平天下的经验和教训。魏徵《群书治要·序》云："载籍之兴，其来尚矣。左史右史记事记言，皆所以昭德塞违，劝善惩恶。故作而可纪，薰风扬乎百代；动而不法，炯戒垂乎千祀。"中国古代史是一部不间断的有文字记载的信史。在典籍的熏陶下，中国古代士人形成了特有的精神品质："先天下之忧而忧，后天下之乐而乐"的政治抱负，"位卑未敢忘忧国""苟利国家生死以，岂因祸福避趋之"的爱国情怀，"富贵不能淫，贫贱不能移，威武不能屈"的浩然正气，"人生自古谁无死，留取丹心照汗青""鞠躬尽瘁，死而后已"的献身精神，等等。典籍传递大道，教化人心，是坚定国人文化自信、增强国人文化自觉的源泉。

礼是古圣先贤顺承天道以治人情的具体形式。礼出于人之自性，古圣先贤依循本性自然，作训垂范，制礼作乐，教导民众，民众循礼修道，返其自性。礼是内在美德与外在规则的统一。《礼记·乐记》云："先王之制礼乐也，非以极口腹耳目之欲也，将以教民平好恶而反人道之正也。"这点明了礼的本质在教化。民懂礼则易教。《孝经》云："导之以礼乐，而民和睦；示之以好恶，而民知禁。"昔周公制礼作乐，使成康二代，德教普化，民皆亲爱，祸乱不起，灾害不生，囹圄空虚，刑措不用，达四十余年。民众受到礼乐的教化而返人道之正，则社会安、天下平。因此历代多以礼治

---

① 陈寅恪. 陈寅恪集·书信集 [M]. 北京：生活·读书·新知三联书店，2015：172.

国，中国古代文化又被称为礼乐文化。

中国古代的艺术形式多种多样，如文学、戏曲、书法、绘画、音乐、舞蹈、雕塑、建筑、工艺、园林等。艺术创作秉持的是"思无邪"的理念。历史上对"思无邪"的注解有"不虚""真情流露""无有邪曲不正之念"等。无论是哪种形式的艺术，都应当引导人们向善好德，明了人伦大道，做到孝悌忠信礼义廉耻。传统社会中没有机会读书的人，往往通过这些艺术形式受到教育。"礼者，履也。"礼就是人的当行之道，是顺应天地自然规律而设定的行为规范。"礼"有防患于未然的作用，古人把礼比作堤坝，如果废除堤坝，就会导致洪水泛滥，造成危害。

2. 交流互鉴

习近平总书记在文化传承发展座谈会上指出："中华文明具有突出的包容性。……中华文明的包容性，从根本上决定了中华民族交往交流交融的历史取向，决定了中国各宗教信仰多元并存的和谐格局，决定了中华文化对世界文明兼收并蓄的开放胸怀。"①中国古人秉持着"万物并育而不相害，道并行而不相悖""和羹之美，在于合异""海纳百川，有容乃大"的理念，始终与四方民族保持着广泛的交流。早在周武王时期，蚕种就被引入朝鲜。②在周穆王时期，丝绸、青铜等精致的中国商品就开始流入葱岭以西。③回顾中国历史可以发现，盛世时期也是文化对外传播、文明交流互鉴的重要时期。汉武帝时期，张骞两次出使西域，丝绸之路的畅通和巩固

---

① 习近平. 在文化传承发展座谈会上的讲话［J］. 求是，2023（17）：6.
② 王爱虎. 从海上丝绸之路的发展史和文献研究看新海上丝绸之路建设的价值和意义［J］. 华南理工大学学报（社会科学版），2015（1）：1.
③ 孙占鳌. 丝绸之路的历史演变（上）［J］. 发展，2014（14）：39.

不仅促进了汉朝经济的繁荣，也使西域和中原的文化交流空前繁荣。汉武帝时期还开通了"海上丝绸之路"。在唐朝，与中国通使交好的国家达70多个，唐朝的首都长安汇聚了各国的使臣、商人和留学生。明朝著名航海家郑和七下西洋，沿途留下了同各国人民友好交往的佳话。

中华文化的对外交流是开放包容、兼收并蓄的，不仅有"走出去"的对外文化传播，也有"请进来"的文化吸纳。沿着古丝绸之路，阿拉伯世界的伊斯兰文明如天文、历法、医药、人文等方面的重要成果传入中国，而中国的四大发明，农耕、养蚕、陶瓷技术等，也伴随着悠扬的驼铃声走向世界。通过联通亚欧非的"陆上丝绸之路"与连接东西方的"海上丝绸之路"，各民族文化交流的成果汇聚在中华大地上，形成了璀璨的结晶。其中的关键在于，中华文化具有极大的包容性，这种包容性源自"和合一体""和而不同"的理念，以及更深层次的对于"生生"的追求。

中华文化是"志于道""合于道"的文化，以海纳百川的包容态度，同其他文明不断交流互鉴。在文明交流互鉴的过程中，中华文化与其他文化中合于"道"的部分相互吸纳融合，有悖于"道"的部分则在历史的发展中逐渐被淘汰，这个过程是自然而然的。"志于道""合于道"的特点不仅使中华民族在文明互鉴、文化交融过程中始终保持高度自信，也避免了中华文明被其他文明反噬——即使在国家形态遭受局部入侵乃至发生朝代更迭时，中华文明也并未中断发展。

习近平总书记指出："中华文化之所以如此精彩纷呈、博大精深，就在于它兼收并蓄的包容特性。展开历史长卷，从赵武灵王胡服骑射，到北魏孝文帝汉化改革；从'洛阳家家学胡乐'到'万里羌人尽汉歌'；从边疆民族习用'上衣下裳''雅歌儒服'，到中原盛行'上衣下裤'、胡衣胡帽，以及今天随处可见的舞狮、胡琴、旗袍等，展现了各民族文化的互鉴融通。各民族文化交相辉映，中华文化历久弥新，这是今天我们强大文化自信的根源。"①文明因交流而多彩，文明因互鉴而丰富。文明交流互鉴，是推动人类文明进步和世界和平发展的重要动力。今日之中国正在以更加开放的姿态拥抱世界，以更有活力的文明成就贡献世界。

（四）社会：贵德重和

中国古代重视对民众的伦理道德教育，以道德教化维系社会安宁和谐；同时，秉持慎战贵和、以德服人、亲仁善邻、协和万邦等理念处理国家之间的关系。

1. 德教为先

农耕需要稳定的劳动力。为适应农耕文明的这一特点，中华先民发展出了以和谐的人伦关系为基础的伦理型文化，形成了定居型文明。安宁和谐的社会是经济发展的基础，也是百姓安居乐业的前提。而要实现安宁和谐，最重要的是对民众进行伦理道德教育。

中国古人很早就开始进行人伦教育。夏商周时期乡学与大学的目标都是阐明人伦。西周"成康盛世"，就是由于注重伦理道德教化，人皆为善，社会实现大治。据《贞观政要》记载，贞观之初，唐朝大乱之伤未愈，太宗君臣讨论自古理政得失。魏徵向太宗谏言："行帝道则帝，行王道则王。"他认为，倘若民风日渐奸薄而不

---

① 习近平. 在全国民族团结进步表彰大会上的讲话 [M]. 北京：人民出版社，2019：5-6.

可教，那么自五帝至贞观，百姓岂不是像鬼魅一样了吗？但事实并不是这样。施行帝道就成为帝，施行王道就成为王，关键在于秉持什么样的道理，民众就会被教化成什么样子。唐太宗依魏徵之见，偃武修文，普施德政，广行教化，果然再现盛世，河清海晏。太宗感慨说，听从魏徵谏言，乱世转盛不过数载，如今华夏安宁，异族归附，"使我遂至于此，皆魏徵之力也"。

教育并不局限在学校，而是由家庭教育、学校教育、社会教育组成。在古代，家庭教育更是重要。家庭教育是奠定人生根基的教育，一个人根基稳固才能茁壮成长。家庭教育从胎教开始。《列女传》记载，周文王的母亲太任在孕育文王时注重胎教，做到了"目不视恶色，耳不听淫声，口不出敖言，能以胎教"，后来生了文王，"文王生而明圣，太任教之，以一而识百。君子谓太任为能胎教"。周朝三位开国先君的夫人合称"三太"，即文王祖母太姜、文王之母太任、文王之妻太姒，三位有文化的太太培养了三代明君，奠定了周朝八百年的江山。《列女传》赞曰："周室三母，太姜任姒。文武之兴，盖由斯起。太姒最贤，号曰文母。三姑之德，亦甚大矣。"

祭祖是家庭教育的重要内容。祭祀不仅是齐家大事，也是国之大事。《论语·学而》曰："慎终追远，民德归厚矣。"孔安国注曰："慎终者，丧尽其哀。追远者，祭尽其敬。君能行此二者，民化其德，皆归于厚也。"如果为政者能够率先垂范，那么民众自然会效法，最终实现社会安定，国家太平。祭祀是联系历史与未来、天地自然与社会人生的重要纽带。因此，古代君王都谨慎制定祭祀之礼，作为国典。绍述祖德是祭祀的环节，能使后世子孙对先祖生出恭敬和感恩之心，并且在言行举止中效法先祖，传承家风。同样，在国家公祭时，追思先辈对国家、民族的贡献，不仅是诚敬之心、感恩之心的表现，还能激励后人继承前人的志向和事业。这是对后继人才的培养，是对家风、家道、家业的传承，也是对民族精神血脉的传承，涓涓细流汇成江海，最终是对文化、文明的传承。世界四大文明古国中只有中华文明传承至今，就是因为中华民族有着代代传承的精神。

学校教育是教育的主体，也是家庭教育的延续。学校有小大之分。人生八岁入小学，学习洒扫、应对、进退之节，礼乐、射御、书数之文；十五岁入大学，教之以穷理、正心、修己、治人之道。①修己、治人之道，即《大学》开篇所讲的"大学之道"。大学是教人觉悟的学问，是圣人之学，是明德亲民、止于至善的圣贤教育。学校通过圣贤教育，培养德才兼备的圣贤人才，进而通过选贤举能，使圣贤人才参与国家治理。

社会教育是家庭教育的扩展，丰富多彩的艺术形式也属于社会教育的范畴，因此从艺者也是社会教育工作者。这是对没有机会接受学校教育的人进行伦理道德教育的方式，而对于经历过学校教育的人而言，这便是再教育。《论语·述而》云："志于道，据于德，依于仁，游于艺。"通过"游于艺"可以最终"志于道"。当任何一种技艺被冠以"道"时，例如琴道、棋道、武道、茶道、香道、花道等，就不再是简单的"术"了，而能使人修身养性，进而涵养性德，最后归于"道"的境界。

中国古代社会十分重视伦理道德教育。正是共同的孝悌忠信、礼义廉耻、仁爱和平的伦理道德观念，把不同民族、不同信仰、不同文化背景的人紧密团结在一起。

---

① 朱熹. 四书章句集注 [M]. 北京：中华书局，2016：1.

2. 以和为贵

在生生、和合等理念影响下，中国人自古谨慎用兵。《孙子兵法》开篇即云："兵者，国之大事，死生之地，存亡之道，不可不察也。"用兵是不得已而为之。《群书治要·政要论》云："圣人之用兵也，将以利物，不以害物也；将以救亡，非以危存也。"

商纣暴虐，武王吊民伐罪，一举而天下定，随后便偃武修文。周公制礼作乐，德教浃洽，为"成康盛世"奠定基础。之后昭王南北征战，致使国力消耗。穆王前期励精图治，但晚期西征犬戎，虽然获胜，却加剧了对立局势。宣王连年对外用兵，晚年接连遭遇失败，"宣王中兴"成为昙花一现。可以说，不义的征战为西周灭亡埋下了祸根。

汉朝建立后，长期饱受匈奴的困扰。汉初由于国力衰弱，只得实行和亲政策。经历"文景之治"，国力逐渐强盛。武帝"外事四夷，内兴功利"，出兵击退了匈奴，汉朝声威远扬。然而，连年征战导致农业废弛、私营工商业者破产，社会问题频发。武帝晚期已是"海内虚耗，户口减半"。幸好武帝幡然醒悟，于征和四年（公元前89年）发布了《轮台罪己诏》，禁绝官吏苛暴，停止擅增赋税，大力发展农业，休养生息，才挽救汉朝于危厄。

在与邦国交往方面，中国古人一直奉行亲仁善邻、协和万邦的理念，崇尚通过德行感召，化敌为友。《史记》记载，当周文王为西伯时，有虞、芮两国的国君互相争夺田地。他们听说西伯有德行，就相约到周家评理。进入周国境内，一路所见的农人、行人、士大夫，无不相让。两国国君自惭而退，把所争之田让为闲田。《新序》记载，梁国大夫宋就曾任边境县令，此县与楚国相邻。当时梁、楚两国都在各自边亭处种瓜。梁人勤劳，瓜长势很好；而楚人懒散，瓜长势不好。楚国的边境县令因此而心生怒气，边亭种瓜的人也心生嫉妒，于是趁夜色越境，毁坏梁国的瓜苗。梁国士兵发现后，本想以牙还牙，但宋就坚决反对，认为这会结下仇怨，加剧矛盾。他提出"报怨以德"，让本国士兵在夜间悄悄浇灌楚国边亭处的瓜。在梁人的帮助下，楚国的瓜越长越好。楚国士兵留心观察，知晓原因后，上报给边境县令，县令又将此事报给楚王。楚王大为震撼，也非常惭愧，请求与梁王结好，并备厚礼以表歉意。可以说，梁、楚两国的友好关系，始于宋就报怨以德之行。《史记》和《新序》记载的上述两个例子都是以德为基础实现和解的史证。

（五）生态：天人合一

在中国漫长的历史中，自然从来没有被看作人类征服、主宰的对象。在"天人合一""道法自然""和合共生"等思想理念的影响下，中国古人通过不断探索，走出了一条人与自然和谐共生的道路。

1. 依时而动

"依时而动"是中国古人在人与自然和谐共生方面的重要实践。《礼记·月令》记载了一年十二个月分别要做的政事。"月"即天文，"令"即政事。古代圣王"上察天时，下授民事，承天以治人"，制定了一套依据天文、阴阳五行来施行政事的纲领，按照天道、天时来治国。

例如孟春之月，即春季第一个月，在立春之日，天子率领三公九卿诸侯大夫，到东郊举行迎春之礼，命令三公颁布德教，宣布时下的禁令，褒扬善行，周济贫困不足之人，将恩德普及于广大民众。迎春之礼后祭祀上天，并选择吉日，天子率领三公九卿诸侯大夫，在籍田耕种，率先垂范重视农业这个本业。

又如孟夏之月，即夏季第一个月，此时正是农忙之时，随顺天时的一个重要方面就是不误农时。夏季的第二个月阳气盛而且经常干旱，要举行祈雨的祭礼。

秋天的第一个月，命令将帅挑选武士，磨砺兵器；命令治狱官慎重判刑；命令百官修缮堤坝，以防止水涝灾害。秋天的第二个月则要注意养护衰老之人，授给他们手杖；命令司农之官敦促民众储藏谷物，积蓄干菜粮食，为过冬做准备，并劝勉民众种麦子，避免错过农时。

冬天的第一个月，加赏以身殉国者的后代，抚恤他们的妻子儿女。命令百官谨慎保管府库财物和谷仓粮食，巩固封疆，防备边境，完善要塞，紧守关口、桥梁，举行大饮烝之礼。大饮烝礼后来演变成燕礼和乡饮酒礼，这是尊老敬老之礼。提倡尊老敬老，是为了营造知恩图报、饮水思源的社会风气，维护长幼有序的社会秩序。到了季冬之月，即冬天的最后一个月，大寒节气已过，农事即将开始，则命令田官告诉民众取出五谷的种子，计划耕种事宜，修理翻土的耒耜，备办耕田的农具。天子与公卿大夫按照四季时令，修订完善国家法典，以确定哪些适合来年使用。

《礼记·月令》不仅关注农业生产，还涉及国家祭祀、徭役、军事、社会保障、生态保护、文化教育等各个领域，体现了中国古人随顺天时、依时而动的理念。

2. 环境保护

中华文明是以农耕文明为主要形态的文明，人与自然是一个生命共同体。生态兴，则文明兴；文明兴，中华民族才能持续发展。

中华文明能够成为世界上唯一一个不间断传承发展的文明，与中国古人对环境保护的重视密不可分。

《礼记·月令》中的很多规定体现了环境保护的理念。例如，春天是万物萌发的季节，因此规定，在孟春之月，禁止砍伐树木，不能毁鸟巢，不能伤害已怀胎的母畜、刚出生的小兽、刚会飞的小鸟，不能伤害小兽及各种鸟蛋。在仲春之月，不能将河泽中的水放完，不能让蓄水池干涸，不能焚烧山林。在季春之月，捕兽、捕鸟的网和射猎用的工具以及针对野兽的毒药，一概不能出城门。夏季是万物生长的季节。在孟夏之月，要促进草木茁壮生长，不能毁坏和糟蹋，不能大兴土木，不能砍伐大树。在季夏之月，树木刚开始变得茂盛，这时让掌管山泽苑囿的官员进入山林巡查树木，不许砍伐，不许兴土工。秋天是收获的季节。到了季秋之月，草木开始变得枯黄，这时才可以伐薪烧炭。

更可贵的是，《礼记·月令》不仅规定了什么季节应怎样做，还指出不这么做将会导致的后果。例如，在仲春之月行夏令，"则国乃大旱，暖气早来，虫螟为害"；在仲夏之月行秋令，"则草木零落，果实早成，民殃于疫"；在仲秋之月行冬令，"则风灾数起，收雷先行，草木蚤死"；在仲冬之月行春令，"则蝗虫为败，水泉咸竭，民多疥疠"。

古人不仅从制度上对环境保护作出规定，还以此来教导民众，培养人的仁心、仁德。《淮南子》记载，巫马期前往单父察访宓子贱教化百姓的成效。巫马期见到有人在夜间捕鱼，捕得之后又将鱼放了，便询问渔夫原因。渔夫说："宓子贱不愿让人捕捞正在生长的小鱼。我刚捕到的是小鱼，就把它们放了。"巫马期便感叹："子贱实行德政的效果，简直是好到了极点！百姓不管任何时候都能自觉地做事，就像严刑峻法在身边一样。"不捕捞尚在生长的小鱼，不仅是环保的规定，更是仁心的体现。子贱治下的百姓哪怕在夜里也不忍心欺骗长官，不忘长官对他们的教诲。《史记》称赞子贱所达到的是"不忍欺"的治理境界，是最高的治理境界。这种治理是通过涵养仁心、仁德来激发人们对大自然的敬畏之心，以此达到天人和谐的治理效果。唯有如此（即不依赖严刑峻法）才能真正保护环境。

生态环境保护是功在当代、利在千秋的事业。党的十八大以来，以习近平同志为核心的党中央站在全局和战略的高度，对生态文明建设提出一系列新思想、新论断、新要求，形成了习近平生态文明思想。习近平生态文明思想是习近平新时代中国特色社会主义思想的重要组成部分，为推进美丽中国建设、实现人与自然和谐共生的现代化提供了根本遵循。

三、中国发展之路的世界意义

中国始终坚定不移地走和平发展之路。中国共产党始终以世界眼光关注人类前途命运，从人类发展大潮流、世界变化大格局、中国发展大历史出发正确认识和处理同外部世界的关系。坚持开放、不搞封闭，坚持互利共赢、不搞零和博弈，坚持主持公道、伸张正义，站在历史正确的一边，站在人类进步的一边。

（一）中国式发展的根本特征

根据中国传统的发展理念与实践，可以总结出中国古代发展道路的三个突出特征：道法自然、守正创新、可久可大。

《道德经》云："道生一，一生二，二生三，三生万物。""道"是宇宙万有的本体，是自然而然的规律，万物皆由"道"而生。中华文化是"志于道"的文化，"志于道"即坚守正道，无偏离。圣人是彰明自性明德的达道之人，他们仰观天文、俯察地理，效法天地之德，依循本性自然，教导百姓。孔老夫子祖述尧舜，宪章文武，删诗书，定礼乐，赞周易，作《春秋》，成为中华文化承上启下的人物。"自孔子以前数千年之文化，赖孔子而传；自孔子以后数千年之文化，赖孔子而开。"[1]在圣人既隐之时，古人则依照经典中记载的圣人的教诲，修身、齐家、治国、平天下。

中国在历史上走的是循"道"而行的发展道路，这也是中华文化"志于道"的发展道路。在"志于道"的发展道路上，古人并非不讲创新，而是遵循"合于道"的创新，也就是守正创新。"守正"守的是"道"，发展不能偏离"道"的方向，更不能向有悖于"道"的方向发展，否则发展越快，离"道"越远；离"道"越远，也就离没落不远了。

在守正创新的发展道路上，中华民族创造了光辉灿烂的中华文明。《周易·系辞上》云："生生之谓易。"生生不息，循环往复，革故鼎新是万事万物产生的本源。在"易"的三重含义中，不易的是"道"，变易的是形式，而简易就是指"易简之德"。《周易·系辞上》曰："乾以易知，坤以简能。易则易知，简则易从。易知则有亲，易从则有功。有亲则可久，有功则可大。可久则贤人之德，可大则贤人之业。易简而天下之理得矣。天下之理得，而成位乎其中矣。"中华民族在发展道路上开创了一个又一个"可久可大之功"。

---

[1] 柳诒徵. 中国文化史 [M]. 北京：中国和平出版社，2014：391.

第三章 发 展

（二）超越性价值：从"以人民为中心"到全人类共同价值

发展是人类社会的永恒主题。党的十八大以来，以习近平同志为核心的党中央准确把握中国特色社会主义的历史新方位、时代新变化、实践新要求，创造性地提出一系列关于发展的新思想新理念新方法，构建了新时代的发展哲学。这一发展哲学以人民为中心，超越了资本至上的发展逻辑、狭隘的民族主义，跨越了"文明冲突论"的发展陷阱，彰显了对于人类命运的普遍关怀，为人类共同发展、共同繁荣贡献了中国智慧、中国方案。

党的二十大报告指出："构建人类命运共同体是世界各国人民前途所在。万物并育而不相害，道并行而不相悖。只有各国行天下之大道，和睦相处、合作共赢，繁荣才能持久，安全才有保障。"[1] 新时代的发展哲学致力于走出一条共建、共享、共赢的发展之路，将世界各国人民对美好生活的向往变成现实，彰显了博大的文明胸襟和对于人类命运的普遍关怀。

古人说："民富国强，众安道泰。""民惟邦本，本固邦宁"是中国传统治国之道。纵观中国数千年的发展史，"河清海晏，时和岁丰"的时期无一不是安民富民的结果，远如西汉初年的"文景之治"，中如唐朝初年的"贞观之治"，近如明朝初年的"仁宣之治"和清朝前期的"康乾盛世"，都通过安民富民实现了国强，进而实现了社会的和谐稳定。安民富民是"众安道泰"的前提和基础，

---

[1] 习近平. 高举中国特色社会主义伟大旗帜 为全面建设社会主义现代化国家而团结奋斗——在中国共产党第二十次全国代表大会上的报告[M]. 北京：人民出版社，2022：62.

"众安道泰"是安民富民的积极呈现，二者相辅相成。中华传统文化中的民本思想，为中华民族生生不息、发展壮大提供了丰厚滋养。中国共产党在诞生之际，就深深意识到要始终与人民同呼吸、共命运、心连心，始终保持党同人民的血肉联系。进入中国特色社会主义新时代，我们党依旧如此，坚持以人民为中心的发展思想。"人民是我们党执政的最深厚基础和最大底气。为人民谋幸福、为民族谋复兴，这既是我们党领导现代化建设的出发点和落脚点，也是新发展理念的'根'和'魂'。"[①]我们党对新发展阶段、新历史方位的明确，对创新、协调、绿色、开放、共享的新发展理念的重视，以及对"实现什么样的发展、怎样实现发展、为了谁发展"的追问，都紧紧围绕"人民"二字。反观西方式现代化，为了追求资本的不断增长，颠倒了物的增长与人的发展之间的关系，偏离了实现人的现代化这一方向。

习近平总书记对人民的关切，并不局限于中国人民，还包括对世界各国人民前途命运的深切关怀。在马克思主义学说中，"真正的共同体"实现了无产阶级利益和全人类利益的统一，是人类社会最终的发展目标。在中华文明中，有把孝亲尊兄的小爱向外延伸，生发出超越血缘、地域局限性的普遍之爱的传统。正是这一无外延边界、极富包容性的仁爱观念，形塑了中国人对"万物并育而不相害，道并行而不相悖"发展之道的追求，形成了天下大同、四海一家的全人类视野与协和万邦、民胞物与的淑世情怀。

自古以来，中华民族就以"天下大同""协和万邦"的宽广胸

---

① 习近平. 论把握新发展阶段、贯彻新发展理念、构建新发展格局[M]. 北京：中央文献出版社，2021：479.

怀，自信而又大度地开展同域外民族交往和文化交流。[①]"天下大同"的思想理念，蕴含"和而不同""允执厥中"的中道思维，彰显"以和为贵，有容乃大"的共存格局，追求"万邦和谐，万国咸宁"的共赢理念。梁漱溟先生曾说："历史上与中国文化若后若先之古代文化，如埃及、巴比伦、印度、波斯、希腊等，或已夭折，或已转易，或失其独立自主之民族生命。惟中国能以其自创之文化绵永其独立之民族生命，至于今日岿然独存。"[②]究其根源，中华民族在"以天地万物为一体"的一体之仁思想的熏陶下，形成了"四海之内皆兄弟"的天下情怀，构建了"亲亲而仁民，仁民而爱物"的文化内核。

中华文明中"万物一体"的情怀熔铸了中国共产党"天下一家""协和万邦"的广博胸襟以及对于人类命运的普遍关怀，使得中国共产党的发展理念并不局限于自己的国家和人民，而是具有超越国家、民族、意识形态的意义。习近平总书记2013年在莫斯科国际关系学院的演讲中指出："人类生活在同一个地球村里，生活在历史和现实交汇的同一个时空里，越来越成为你中有我、我中有你的命运共同体。"[③]这一重要思想蕴含着中华优秀传统文化中的和谐理念，表达了对全人类命运何去何从的深切关怀。历史经验反复证明，和则强，孤则弱。任何以邻为壑的做法、单打独斗的思路、零和博弈的理念以及孤芳自赏的傲慢，最终必然归于失败。"协和万邦""世界大同"是人类互助共荣的理想社会形态，也是构建人类命运共同体的必然选择。

[①] 习近平. 在庆祝改革开放40周年大会上的讲话[N]. 人民日报，2018-03-24（02）.

[②] 梁漱溟. 中国文化要义[M]. 北京：商务印书馆，2021：10-11.

[③] 习近平. 顺应时代前进潮流 促进世界和平发展——在莫斯科国际关系学院的演讲[N]. 人民日报，2013-03-24（02）.

新时代发展哲学立足人类发展大潮流、世界变化大格局、中国发展大历史的高度，根植于中华优秀传统文化沃土，致力于构建全新的现代化发展模式，展现了中国共产党人深刻的文明自觉。这一发展哲学以人民为中心，蕴含着人类文明新形态的未来向度，是对资本至上的发展逻辑、狭隘的民族主义的超越，跨越了"文明冲突论"的发展陷阱，体现了中华文明海纳百川、厚德载物的胸襟气度，体现了新时代的中国自信自强、开放包容的文明情怀。

（三）中国式现代化为世界永续发展提供新范式

当前世界百年未有之大变局加速演进，世界局势正在发生深刻且复杂的变化，各国人民正面临着前所未有的机遇和挑战。如何发展以及如何走向现代化，已成为急需解答的时代之问。植根于中华传统发展哲学的中国式现代化道路，创造了人类文明新形态，展现了不同于西方现代化的新图景，为世界永续发展贡献了中国智慧、中国方案。

在当前全球化浪潮引发各种全球性问题的关键历史节点，中华民族在历史上形成的"多元一体格局"和中华文化"和而不同"的理念可以为应对并化解危机、重建世界秩序提供重要的启示和借鉴。费孝通先生提出的十六字箴言"各美其美，美人之美，美美与共，天下大同"，不仅是对"文明冲突论"的回应，也是对中华民族在广袤的大地上建立"可久可大之功"的经验总结，更是对人类迈入21世纪后寻求永续和平发展的方向指引。当今世界正处于百年未有之大变局，只有从对立走向和合，从本位主义走向"美人之美"，从零和博弈走向"美美与共"，世界才有光明的未来。只有坚持"和而不同、美美与共"，才能丰富世界文明百花园，不断推动人类文明进步、世界和平发展。

党的十八大以来，以习近平同志为核心的党中央统筹国内国际两个大局，为中华民族伟大复兴指明了道路——中国式现代化道路。党的二十大报告对中国式现代化作了深刻阐释，明确指出中国式现代化的五个重要特征，即人口规模巨大的现代化、全体人民共同富裕的现代化、物质文明和精神文明相协调的现代化、人与自然和谐共生的现代化、走和平发展道路的现代化。习近平总书记在文化传承发展座谈会上指出："中国式现代化赋予中华文明以现代力量，中华文明赋予中国式现代化以深厚底蕴。"[①]中国式现代化深刻体现了中华文明"生生不息""天人合一""和合共生"等理念，是立足中华民族发展哲学的现代化，有着深厚的历史文化底蕴。

中国特色社会主义的巨大成功宣告了"历史终结论"的终结，中国式现代化为人类实现现代化提供了新的选择，展现出一种新的人类文明形态。中国式现代化不仅推动中华民族永续发展，也将推动人类文明永续发展，为世界永续发展提供新范式。

---

① 习近平. 在文化传承发展座谈会上的讲话 [J]. 求是，2023（17）：9.

第四章

公　平

中华优秀传统文化有着悠久的历史和丰富的内涵，是中华民族几千年来的精神财富，为中华民族的发展提供了坚实支撑。习近平总书记指出："包括儒家思想在内的中国优秀传统文化中蕴藏着解决当代人类面临的难题的重要启示，比如……关于天下为公、大同世界的思想……"[①]以"天下为公、大同世界"为代表的公平思想在中华优秀传统文化中占据重要地位，既体现了对人类平等的尊重，也体现了对社会公正和平等理念的支持。中华优秀传统文化蕴含的公平观，主要包括"天下为公"的大同理想、"天道无私"的平等思想、"协和万邦"的公正理念等。挖掘与提炼中华优秀传统文化中的公平观，对弘扬全人类共同价值具有重要的意义。

一、公平观的基本内涵与历史发展

公平的本义是公正而不偏袒，主要包括权利公平、机会公平、规则公平和救济公平等。公平理念的核心是人人平等，体现的是一种平等和公正的态度，是对人类尊严的尊重和关怀。公平也是国际交往中应遵循的价值原则，是各国共同追求的价值理念。但是在不同的时代、不同的国家和地区，对于公平的理解却各有不同。

（一）公平的概念

《说文解字》对"公""平"二字的解释，分别为"公，平分也"，"平，语平舒也"。"公"字最初用来形容五官居中对称，进而

[①] 习近平. 在纪念孔子诞辰2565周年国际学术研讨会暨国际儒学联合会第五届会员大会开幕会上的讲话 [N]. 人民日报, 2014-09-25（02）.

表达"公平、公正、不偏不倚"的意思。在古汉语中,"公平"的"公"解释为"公正无私","平"解释为"均等"。从词义来看,"公"多指在公共利益方面的无私,"平"侧重于不偏袒任何一方,也就是一视同仁,处理事情合情合理。在现代汉语中,"公平"还含有制度层面的公正不偏之义,表示基于法律法规等对公共产品和利益进行合理分配。公平作为社会规则制度的核心理念,有助于社会的和谐发展。

在古代中国社会,通常讲求建立道德水平上的社会公平。《礼记·礼运》云:"大道之行也,天下为公……老有所终,壮有所用,幼有所长,矜寡孤独废疾者皆有所养……故外户而不闭,是谓大同。"这段话描绘的就是中国传统社会对公平的向往。荀子认为:"公生明,偏生暗。"(《荀子·不苟》)意即公平公正就能明断是非,偏私自私必然断事昏庸。《吕氏春秋·贵公》记载:"昔先圣王之治天下也,必先公。公则天下平矣。平得于公。尝试观于上志,有得天下者众矣,其得之以公,其失之必以偏。凡主之立也,生于公。故《鸿范》曰:'无偏无党,王道荡荡。无偏无颇,遵王之义。无或作好,遵王之道。无或作恶,遵王之路。'"文中总结了古圣先贤治理天下的办法,把公正无私放在首位,做到公正无私,天下就安定。公平成为为政者治理好国家不能不遵循的基本原则,也就是对待公共利益要摒弃私心,表达了百姓的普遍愿望。韩愈的《进学解》说:"行患不能成,无患有司之不公。"意思是说只需担心品行修养不到家,而不必担忧主管部门的官吏处事不公平、不公正。从伦理学范畴理解,公平含有从公正的角度出发平等地对待每一个与之相关的对象的意义。在经济伦理学中,公平指社会成员的财富分配相对均衡化。美国哲学家约翰·罗尔斯认为,在正义的概念中,公平是最基本、最重要的概念,即"作为公平的正义"。

（二）公平观的基本内涵

公平观有着丰富的内涵，包括无私、公正、平等、尊重等。"公平"一词在中国古代由来已久。"公"依于天或天子，"平"则在万物或百姓，两者之间存在一定的关系，即由"公"而达至"平"。①

《尚书》中提出了"公"的概念。周成王曰："凡我有官君子，钦乃攸司，慎乃出令。令出惟行，弗惟反。以公灭私，民其允怀。"（《尚书·周官》）周成王告诫担任官职的君子要从公平的角度出发，谨慎地对待负责的事务和发布的命令。命令发布了一定要执行，不要违反。其中"以公灭私，民其允怀"指的是以公心来消除私情，百姓就会信服。《礼记》进一步提出了"大道之行也，天下为公"的论断，从"大道"的本质角度提出在社会治理中要坚持公平，认为天下是人们所共有的，描绘的是一种大同的理想社会。

《管子·形势解》记载："天公平而无私，故美恶莫不覆；地公平而无私，故小大莫不载。"显然，《管子》将"公平"理解为无私。上天是公平而无私的，所以无论美好邪恶，万物没有不在苍天覆盖之下的；大地是公平而无私的，所以不论大小，万物没有大地不能承载的。管子认为，对天地之间的各种事物应持相同的公允态度，将公平理想视作美德。在古代，"公"有两层意思：在事物发展方面，坚持正确的方向，不能偏私；在范围上，更多地考虑公共利益，而不是个人利益。在现代社会，"公平"一词更多地被解释

---

① 向世陵. 从"天下为公"到"民胞物与"——传统公平与博爱观的旨趣和走向[J]. 中国人民大学学报, 2015, 29 (02): 73.

第四章 公 平

为处事要合乎情理，不偏袒任何一方，使"公平"成为社会交往中的一种规范和准则。"公平"二字出现了分裂，即"公"是"平"的前提，"平"是"公"的目标。可见，中国古代对"公平"的理解更侧重于"公"，更关注与"公平"相对应的群体利益。

公正是公平观的基石，它要求人们在处理事物的过程中保持平等、公平，不偏不倚，不为利益所驱使。公正是建立在法律和伦理道德基础之上的，是保障社会正义的重要手段。"公平、平等的意思相近，公平意味着公共认同的平等。"[①]在汉语中，公正表示人与人、人与社会之间关系的恰当性和相称性。"公正""正义""平等""公平"这四个词意思相近，但又有着细微区别。公正倾向于诚实、合理地做事，符合道德规范，强调其合法性；正义一般指一种理想状态和信念，表达对美和善的认识；平等的内涵是一致性，主张平等而无差异；而公平本身包含着合理的差异，它承认最终结果有一定的差异，具有相对性的特征。

公平是衡量社会规则制定和发展是否合理的标尺，其内涵随着社会现实中经济、政治、文化等条件及各种社会角色之间关系的变化而变化。公平的基本概念最早可以追溯至古埃及。古埃及神话中有一位公平神，它会根据死者生前的行为表现来判断其善恶。在古希腊，人们用直线来代表公平；在古埃及，则是用半尺长的木杆表示公平。公平具有一定的工具性，用同样的衡量标准可以使社会正义的实现过程更加清晰明确，符合人类社会的发展要求。公平是一种超越国界的价值理念，也是各国共同的价值追求。

---

① 李大华. 论先秦儒家和道家的公平观念[J]. 哲学研究, 2011 (07): 75.

(三) 公平观的历史发展

作为动态的价值理念，公平观的内涵随着人类社会的发展而不断演变。社会形态的发展以及历史上各阶级利益所产生的复杂关系，使人们对公平产生了不同的理解。考察各历史时期公平观的发展过程，有助于理解公平观的深刻内涵。

公平观拥有漫长的发展演变历史。原始社会便已经出现公平的问题，面对恶劣的自然地理环境和贫乏的生产生活资源，实行共有财产、平分食物的制度被各部落群体视作公平的方式，甚至攻击与还击也被认为是公平的表现。在奴隶社会中，奴隶与奴隶主阶级之间的不平等关系决定了二者之间的公平是不可能实现的。奴隶主拥有土地，控制着奴隶，掌握着话语权与决定权。所以在奴隶主阶级看来，交易和奴役奴隶是他们的自由公平行为。但是对于奴隶阶级而言，被当作商品和工具是一种不公平。只要奴隶与奴隶主的关系仍然存在，二者之间的对立便无法消除，也就不存在真正意义上的公平。在等级观念森严的封建社会，社会底层与统治者之间的鸿沟使阶级间的不公平问题依然存在。在近代中国，民众对公平社会的渴望日益强烈，于是出现了一系列空想社会主义思潮，例如太平天国的农业社会主义空想、资产阶级维新派的大同社会主义空想和资产阶级革命派的民主主义空想。资产阶级所认为的公平，是在资本价值视野下基于不平等阶级关系的等价交换原则而实现价值交换的平等关系。资产阶级社会的公平更重视公平在社会经济上的价值取向，其背后隐藏的是各利益集团，因此并不是真正意义上的公平。从诞生之日起，消灭不平等的阶级和剥削，建立实质公平，就成为无产阶级的使命。马克思认为："共产主义，作为完成了的自然主义,等于人道主义,而作为完成了的人道主义,等于自然主义,它是人和自然界之间、人和人之间的矛盾的真正解决,是存在和本质、对象化和自我确证、自由和必然、个体和类之间的斗争的真正解决。"①马克思主义追求的共产主义社会与中华传统文化追求的大同世界具有高度的契合性,都反映了对公平、公正的价值追求。公平的实现建立在消除不平等的基础上,这就意味着这一过程必定是曲折的。各个历史时期对公平的不断探索和实践,反映了人们对理想社会的美好追求。

在古希腊、古罗马时期,公平已经上升为社会的重要价值准则。例如,古希腊梭伦对公平的认识侧重于分配层面,他希望通过调整公民的经济条件或政治权力,来摆脱统治阶级的不平等对待。柏拉图和亚里士多德都曾对公平表达了自己的观点。柏拉图认为公平是根据分工进行有序的工作,并能够获取劳动酬劳,其中的过程公平是柏拉图所重视的。亚里士多德则提出:"公正是一切德性的总汇。"罗马人在奴隶社会时就制定了一套典型、完善的法典来维持社会公平。罗尔斯在《正义论》中强调了"作为公平的正义",他认为正义的实现来源于公平的契约,公平便成为正义的基础和先决条件。诺贝尔经济学奖得主阿马蒂亚·森认为,公平最重要的是避免评估中可能出现的偏见。在评估中,应考虑到他人的利益和关切,特别是要认识到一个人在评估中可能会受到自身既得利益和偏好的干扰,以便秉持中立的原则,做出客观的评估。长期以来,学者们更多关注的是相对公平,对公平的定义并没有明确的定论。

公平概念的发展演变受到不同历史阶段生产力、生产方式的制

---

① 马克思. 1844年经济学哲学手稿[M]. 北京:人民出版社,2018:78.

约。随着社会发展进步，公平的内涵逐渐由"个人德性"转向"政治制度"的价值取向。人们对公平的认识并非一成不变，而是立足于不同的时代背景，形成符合经济发展水平的公平观，说明公平概念的发展是历史和社会共同作用的结果。

全人类共同价值中的公平观，是在全球化的时代背景下，以马克思主义价值观与中华优秀传统文化为哲学基础，以人类社会公平公正为价值导向的共同价值观，也是公平概念在新的历史条件下的创新发展。习近平总书记强调，要"坚持以公平正义为理念引领全球治理体系改革"[①]。推动构建更加公正合理的全球治理体系，需要我们深入挖掘并阐发中华优秀传统文化中公平观的思想内涵和时代价值。

二、中华优秀传统文化中的公平观

中华优秀传统文化中蕴含着丰富的公平思想，形成了内涵深刻、价值突出、影响深远的公平观。在历史发展过程中，中华传统公平观吸收了各个时期公平观的合理因素，虽然囿于各种原因，其中某些理念和设想难以完全实现，但客观上反映了百姓对公平社会的美好向往，对后世产生了深远影响。

（一）先秦时期的大同理想

中华传统公平观是一个古老而深刻的概念，它在中国历史上扮演着重要的角色。孔子认为，治理国家的首要原则是做到仁义和公

---

① 习近平谈治国理政：第三卷[M]．北京：外文出版社，2020：427．

正。他强调仁爱和礼仪的重要性，主张用仁爱和信仰来影响和约束人们的行为，达到社会的和谐与稳定。孟子认为，公正是一个人内心的自然本性，每个人都应该遵循自己内心的公正和道德。荀子则认为，公平是对社会道德的正当追求，可以通过正义、法律和制度来实现。中华传统公平观还表现在对人际关系和社会关系的看法上。孔子认为，人与人之间应该有情感上的理解和关爱，同时也强调社会的等级和秩序。而老子、庄子则更强调人与自然的和谐，认为人应该自觉遵循自然的规律和平衡。"敬天保民""民惟邦本""民贵君轻""立君为民"等民本思想，也是公平观的具体表现。古代中国的民本思想为中华传统公平观的传承和发展奠定了重要基础。

中华传统公平观可以追溯至"天下为公"的大同理想。中华民族自古以来就崇尚公平，"天下为公"的大同理想是中华优秀传统文化中关于公平观的最高理想追求和重要价值取向。《礼记》中将大同世界描述为："大道之行也，天下为公……是故谋闭而不兴，盗窃乱贼而不作，故外户而不闭，是谓大同。"所以，"大同"是指人类最终可实现的理想世界，代表着人类对未来社会的美好憧憬，其基本特征即人人友爱互助，家家安居乐业，没有差异，没有战争。这种状态称为"世界大同"，此种社会又称为"大同世界"。要实现大同，则要遵循"天下为公"的大道。中国古代思想家主张将"天下为公"作为治国安邦的施政理念，实际上"天下为公"也是对大同世界的理想秩序的超越设计。"天下为公"的"公"反映了公平、公正、公义的公平观内涵。"天下为公"指国家是属于公共的、属于人民的，体现了一种天下为所有人之天下，而不是只属于少数人的政治理念。放到当今时代背景下，就是指地球是属于全人类的，每个国家都拥有公平参与国际治理的权利。

春秋战国时期，各学派将"天下为公"的大同世界看作一种美好的公平理想。孔子对公平的看法始终贯穿于他的思想言论之中。第一，财富公平。孔子在《论语》中指出："丘也闻有国有家者，不患寡而患不均，不患贫而患不安。"无论是有国的诸侯还是有家的卿大夫，不担心财富不多，只担心财富分配不均匀；不担忧百姓贫穷，只担忧境内不安定。第二，人格公平。孔子强调"己所不欲，勿施于人"，这句话暗含着儒家思想中的"仁"道，也就是不要对别人做出自己不愿意别人对自己做的事情。这种行为准则也体现了基于人类自身的尊严和价值的公平原则。"君子喻于义，小人喻于利"（《论语·里仁》），这句话表达的是儒家思想中"仁"的另一面，即"义"。孔子还说"政者，正也"，认为如果君主缺少公平、公正的德行，就无法治理好国家。第三，教育公平。在教育方面，孔子主张"有教无类"，即教育不分阶级类别、不分高低贵贱，对所有人一视同仁。只要有向学之心，人人都可以入学受教，都应当享有公正的教育机会。在孔子看来，公平是人类普遍遵循、不被个人利益所影响的道德原则。

孟子的公平观体现在对民本的重视上，他强调"义"的重要性，提倡"王道"与"仁政"，并提出了"民为贵，社稷次之，君为轻"（《孟子·尽心下》）的观点。这种观点反映了人类价值的核心和社会秩序的本质。孟子倡导井田制，认为其是一种公平的土地制度，"方里而井，井九百亩，其中为公田。八家皆私百亩，同养公田。公事毕，然后敢治私事"（《孟子·滕文公上》），这样就能公平地解决百姓的经济生活与公共税收问题。在孟子看来，社会秩序的维护必须以民为本，否则公平就失去了支撑。可以说，孟子的公平观表现为社会关系的平等。

荀子的公平观具有一定的系统性。他认为治理国家首先要维持社会公平，"上公正，则下易直矣"（《荀子·正论》）。君主处事公正无私，那么臣民就坦荡正直。荀子认为天下本无公平，公平是由人类自己创造的。在荀子看来，人的本性是自私的，没有人天生就具有公正的品德。因此，他主张通过教育来塑造人的品德，从而实现公平。任何一个社会都必须有一个公正的制度，才能保证公平的实现。荀子提出了正名的思想，认为事物的名称要与实际相符，应该根据名称和制度来行事，而不是根据个人的私心和偏见来判定是非。荀子还强调了个人责任和义务的重要性。他认为，每个人都应该履行自己的责任和义务，而不是只关注自己的权利和利益。只有在这样的前提下，社会才能实现公平。荀子说"正利而为谓之事，正义而为谓之行"（《荀子·正名》），提倡人们在日常生活中恪守公平正义的道德。

在儒家视野下，公平观追求在伦理社会中建立公正、平等的价值体系，以促进个人和社会的发展，主要包括以下五个方面：一是仁爱平等。儒家思想中的"仁"是指对他人的关爱和关怀，认为所有人都应该被平等对待，不应因出身、地位或财富等差异而受到区别对待。二是社会正义。儒家思想中的"义"是指社会上的公平和正义，指的是合理分配资源、权力和荣誉的原则。社会正义应该是全社会的共同追求，而不仅仅是权力机构的责任。三是教育平等。儒家强调教育的重要性，认为每个人都有平等地接受教育的机会，即"有教无类"。儒家思想中的"教育"不仅包括传授知识，也包括品德和行为规范的教育。四是公正廉洁。儒家思想强调公正和廉洁的价值观，认为人们应该诚实正直、公正无私地行事，避免利用权力谋取个人私利。五是社会和谐。儒家思想认为，社会和谐应建立在公平基础之上，因此强调通过彼此尊重、互相合作和互惠互利，实现社会和谐。总的来看，儒家视野下的公平观强调人与人之间的平等和互惠互利，以建立一个公正、和谐、稳定的社会。

在老子的哲学中，公平是达到"无为而治"的关键。如果一个社会过分追求权力和利益，那么就会失去平衡。相反，如果一个社会尊重自然，不追求权力和利益，那么就会达到平衡。老子提出了"人法地，地法天，天法道，道法自然"（《道德经·第二十五章》）的思想，认为自然之道是最重要的，因为它是最平衡、最公平的。如果人们能够尊重自然之道，不过分干预，就可以实现平衡和公平。在老子看来，公平是基于自然之道的平衡，而不是基于人为的干预。因此，要实现公平，就要尊重自然的道或本性。

在庄子的哲学中，从道的角度看，世上的万事万物都是齐一的。庄子继承和发展了老子"无为而无不为"的思想，认为如果一个人或一个社会不过分追求权力和利益，就可以达到自由和平衡。他认为，自由和平衡是基于自然之道的，而不是基于人为的。因此，要实现公平，就要尊重和顺应自然之道。在庄子看来，人类社会中一切问题的矛盾和对立，包括生与死、寿与夭、贵与贱、荣与辱、成与毁等，都是齐一的、没有差别的，因此也就不存在不公平的情况。如果万事万物是绝对齐同的，那么关于万事万物的言论也必然是绝对齐同的，诸子百家的争论乃至世间的一切不公平也随之失去了存在的条件而泯灭，这是庄子公平观的一大贡献。

列子对于公平也有相近的思想，"公天下之身，公天下之物，其唯至人矣"（《列子·杨朱》），他认为把天下之身视为己身，把天下之物看作己物，只有至人才能做到。鹖冠子提出了"唯道之法，公政以明"（《鹖冠子·环流》）的观点，认为符合道之法则，是公正显明的。这是因为大道含有公平的特质，只有公平之人才能通晓。同时，忠臣更需要做到"贞谦之功，废私立公"（《鹖冠子·道端》），摒弃一己之私，才能回归大道。

第四章 公 平

墨子提出"兼相爱",描绘了一个"爱无差等"的公平社会。"兼爱",指同时爱不同的人或事物,提倡无差别地爱一切人。墨子认为,"以兼相爱、交相利之法易之……视人之国若视其国,视人之家若视其家,视人之身若视其身"(《墨子·兼爱中》),即用相互关爱、互相谋利的方法可以改变社会,对待其他国家、家族、生命,要像对待自己的国家、家族、生命一样。国与国之间和平共处、睦邻友善,人与人之间相亲相爱、互相援助,凸显互利互助的公平精神。墨子说:"举公义,辟私怨。"(《墨子·尚贤上》)推举贤才要公正、符合道义,即使是与自己有怨仇之人也要推举,这里的"公"指的就是公正无私。墨子指出公平是上天定的法则,所以从天子至百姓都要以公平之道作为准则,使之成为维护社会秩序的方式。总的来看,墨家思想具有鲜明的平民意识,追求的是君主贤明、官员清廉、社会公平、爱无差等的美好社会。

法家主张通过法治维护社会公平稳定。法家强调法律面前人人平等,在执法中要"不别亲疏,不殊贵贱,一断于法"(《史记·太史公自序》)。商鞅认为,公与私的关系会影响到国家的生死存亡:"公私之交,存亡之本也。"(《商君书·修权》)他提出:"所谓壹刑者,刑无等级,自卿相、将军以至大夫、庶人,有不从王令、犯国禁、乱上制者,罪死不赦。"(《商君书·赏刑》)在法律面前,不能因为身份、地位、等级而受到区别对待,人人平等,使社会秩序井然。韩非子的公平思想以法治为核心,认为法度是治国之要。他提倡"法不阿贵,绳不挠曲"(《韩非子·有度》)的公平观以维护社会公平,他认为法的基本特征是公平性和适用性,法律不偏不倚,法律面前人人平等。他强调"刑过不辟大臣,赏善不遗匹夫"(《韩非子·有度》)的惩赏制度,严厉打击奸臣的破坏行为,帮助平民通过为国效力来获取地位。"能去私曲就公法者,民安而国治；能去私行行公法者，则兵强而敌弱""矫上之失""一民之轨"（《韩非子·有度》）等理念，强调从法律层面维护公平，如此国家才能强盛，社会才能大治。

从先秦思想家的观点中可以看出，他们对公平的思考十分深刻，并且普遍认同公平的重要价值。先秦思想家在当时就已认识到实现公平会对社会产生积极的影响，将公平社会形象地表述为"大同世界"，以期推动社会关系的良性发展。"大道之行也，天下为公"，当作为政治上最高理想的"大道"能够在世间广泛施行的时候，世人已经拥有公心，天下也就成了天下人所共有的。先秦思想家从各自的立场构思了一幅幅理想社会图景，以大道至简的方式诠释了中华传统公平观的丰富内涵。

（二）先秦时期的平等理念

中华传统公平观的独特性表现为"天道无私"的平等思想。中华传统公平观所倡导的平等，不是形式上的平等，而是实实在在的平等，是要让人人都能公平行使社会权利、履行社会义务、分享社会成果，真正做到"无偏无党，王道荡荡"。

在道家看来，"天道"无私无亲，万事万物与人类是平等的，所以"天道"是公平的价值源泉。老子认为"天道无亲，常与善人"（《道德经·第七十九章》），意思是上天不偏向任何人，只是经常降福于遵循"天道"的善人，因此"天道"对任何人而言都是公平的。老子极力反对当时社会中违反"天道"的行为："天之道，损有余而补不足。人之道则不然，损不足以奉有余。孰能有余以奉天下？唯有道者。"（《道德经·第七十七章》）"天道"与"人道"不同，"天道"无私公平，"人道"自私贪婪。"天道"提倡减少多

第四章 公 平

余的来弥补不足的,"人道"则奉行减少不足的以供养有余的,最终造成有余与不足的巨大差距。所以,老子主张通过遵循"天道"来实现真正的平等。

公平是"道"的基本属性,"道"是化生万物、规定万物的存在。道家认为万物由"道"化生,如果从"道"的角度来看天地万物,就没有高低贵贱之分,因为万物都是源自"道"、平等的,也就达到了"天道"公平。"故道生之,德畜之;长之育之,亭之毒之,养之覆之。"(《道德经·第五十一章》)"道"生长万物而不加以干涉,"德"蓄养万物而不加以主宰,顺其自然。"天地不仁,以万物为刍狗;圣人不仁,以百姓为刍狗。"(《道德经·第五章》)在这里,老子想表达的是天地和圣人遵循自然之道,没有私心,所以他们讲求一切顺其自然、不加干预。老子以"天道无私"为基础的思想展现了万物平等的理念,反映了希望世间维持平衡和谐状态的愿景。庄子试图从"天均"的概念出发来解释"天道"的规律:"万物皆种也,以不同形相禅,始卒若环,莫得其伦,是谓天均。天均者,天倪也。"(《庄子·寓言》)他认为万物都是种类的延续,以不同的形体相承接、转化,首尾如环,永远看不到端倪,这就叫作自然的均衡。自然的均衡,又叫"天倪",也就是自然的分际。如"天地与我并生,而万物与我为一"(《庄子·齐物论》),"天无私覆,地无私载,天地岂私贫我哉?求其为之者而不得也"(《庄子·大宗师》),均指向"天道无私"之下的万物平等思想。"天道"使得天地万物与人同为一体,平等相待。庄子从"天道"的角度出发,反对等级制度的差别,认为万物没有绝对意义上的差别,一切事物从"道"的本质来看都是平等的,希望由平等达到自由,进而创造万物平等的理想世界。这种平等思想所体现的"天道"无私公正,弥合和消除了人为导致的分裂与对立,跨越自私自利、小我小利，而以公平的心态对待世间万物和天地百姓。老子和庄子描绘的公平世界及其蕴含的公平思想，为后世公平观的发展奠定了坚实的理论基础。

在道家视野下，公平是指追求在人与人、人与自然之间建立平衡、和谐的关系，以实现个体和整体的共同繁荣。其内涵包括以下五个方面：第一，无为而治。道家思想中的"无为"并非不作为，而是指不妄为，从事符合自然节律和秩序的活动。因此，道家认为，国家和个人都应以无为而治的方式，尽可能减少干预自然秩序的行为，维持社会的平衡。第二，自然平衡。在道家思想中，人与自然是一个一体的系统，相互作用、相互影响。因此，道家的公平观包含保护动物等的生存权、维持自然生态平衡等内容。第三，和平不争。道家认为，冲突和战争只会带来破坏和损失，因此提倡用和平不争的方式来解决问题。国家和个人应该以和平合作的方式来处理矛盾，不采取暴力手段。第四，少私寡欲。道家思想强调追求内心的平静和无欲无求。在道家的世界观中，世间万物皆为虚幻，而真正重要的是个人与自然的和谐关系。因此，个人应该少受私欲的驱动，以求得内心的平静。第五，同仁共济。道家思想认为，每个人都有责任为社会的和谐发展作出贡献，而非单纯追求个人利益。道家强调慈俭互爱，相互支持，以建立一个和谐平等、互惠互利的社会；提倡通过去除私欲、和平合作、互相支持的方式，实现个体、社会乃至自然和宇宙的公平。

儒家对于"天道"也有丰富的论述。"皇天无亲，惟德是辅"，上天是公正无私的，总是帮助品德高尚的人。通过上天的无私无亲，展现了无私无欲、人人平等的公平意识。"天无私覆，地无私载，日月无私照"（《礼记·孔子闲居》），天地、日月都是大公无私的，所以它们平等、公平地覆盖着大地、承载着万物、照耀着世间,公平的社会秩序就此形成。《礼记》中还强调"礼本于天"的道理,就是说礼的本源来自天地,从而使公平有了形而上的哲学依据。到了宋代,理学家认为公平是"天理",例如"理者,天下之公,不可私有也"(《二程集》),"天理无私。一入于私,虽欲善其言行,皆非礼"(《二程集》),"义者,天理之所宜"(《四书章句集注》)。这些都从"天理"的层面对"天下之公"进行了阐释,于是文中的"无私"和"公"便上升到"天理"的高度,在"天理"的作用下将社会导向公平。

早在上古时期,平等思想就被纳入治国理念。周武王曾向箕子请教如何治理国家,箕子说,"无偏无陂,遵王之义"(《尚书·洪范》),意思是君主治理国家,关键是不要偏斜,而要遵守先王的法令。箕子说,要汲取古代圣王以公平原则治理国家的经验。这里的"无偏无陂"就体现了公平的含义。孔子说:"不患寡而患不均,不患贫而患不安。"如果一个国家只追求财富的多少,而不考虑财富的公平,那么就会导致社会的不和谐和动荡。老子将公平、公正看作治国之道,提出"以正治国,以奇用兵,以无事取天下"(《道德经·第五十七章》)的政治理念,"以正治国"既有无为、清静之道的含义,也有公平、公正的意蕴。

墨子则认为,"古者圣王甚尊尚贤而任使能,不党父兄,不偏贵富,不嬖颜色"(《墨子·尚贤中》)。古时的圣王尊崇贤人并任用能人,不偏私父兄,不偏护富贵,不爱宠美色。这里讲了选贤任能的问题,也强调了治理国家要依据公平理念。关于公平的实现,一方面要设计好公平制度,另一方面要以制度维护公平。《慎子·威德》说:"故蓍龟,所以立公识也;权衡,所以立公正也;书契,所以立公信也;度量,所以立公审也;法制礼籍,所以立公义也。凡立公,所以弃私也。"意思是用蓍龟占卜吉凶祸福来确立公正的认识，用秤称量物体轻重来确立公正的标准，用文书契约来确立公正的信誉，用度量测定物体来确立公正的审查准则，用法令制度、礼仪典章来确立公正的道义。凡是确立公正的准则，都是为了摒弃私心。这实际上就是在说明制度的制定要大公无私、公平公正，只有摒弃私心，才能让社会实现公平。而《礼记》所设计的"故人不独亲其亲，不独子其子，使老有所终，壮有所用，幼有所长，矜寡孤独废疾者皆有所养。男有分，女有归"的"大同世界"，毫无疑问是世人所向往的平等公正的理想世界。

中华传统公平观把公平归为天道、天理，进而应用于现实社会制度中，这实际上是将"天道无私"的平等思想付诸实践。"均贫富"的分配原则、"有教无类"的教育主张、"行公法"的制度保障、"万物一体"的平等理念、"天下为公"的公正思想等，都是公平观的体现。

在先秦时期思想家看来，公平对社会和国家的价值和意义重大，因此他们分别从各自的学派视角发表了不同的观点，为促进社会的公平进步作出了贡献。

（三）秦汉以后的公平观念

秦汉以后的学者从各个领域强调公平对治国安邦的重要意义。"中国传统社会是典型的'大一统'社会，政治与社会合为一体，道德生活同质化，'天下为一家'。"[1]中国传统的"大一统""天下国家"观念深入人心，自秦以来尤为突出，这种仁、礼、政统一为一体的政治传统，不断扩充和丰富了中国古代的传统公平观。

---

[1] 张鲲. 论"全人类共同价值"的中华优秀传统文化底蕴 [J]. 民族学刊, 2021, 12 (12): 14.

第四章　公　平

《吕氏春秋》明确提出了"公天下"的观点："昔先圣王之治天下也，必先公。公则天下平矣。平得于公。"古代贤明的君王治理天下，一定首先做到大公无私，只要大公无私，天下就太平，天下太平正是由公正得来的。"公天下"即"天下为公"思想，从君道论的角度为治国理政提供了宝贵经验。书中还有"平出于公，公出于道"（《吕氏春秋·大乐》）的说法，意指公平源于公正，公正源于道义。这里的公平并不是少数人的公平，而是全体社会成员的公平，体现了超前性的思想特征，对后世产生了积极影响。

汉唐之际，中华传统公平观得到进一步丰富。《淮南子·修务训》中说："公正无私，一言而万民齐。"如果为政者公正没有私心，那么他的言语就会得到百姓的一致赞成；如果为政者忽视社会公正，就会出现"分不均则争"的动乱现象。刘向认为"夫以公与天下，其德大矣"（《说苑·至公》），使天下能够公平无私，这是一种莫大的道德。韩婴曾说："正直者，顺道而行，顺理而言，公平无私，不为安肆志，不为危易行。"（《韩诗外传·卷七》）他认为所谓的正直，就是沿着正道行事，按照道理讲话，公平无私，不能为了安逸而放弃志向，不能出现危险就改变自己的操行。贾谊提出："兼覆无私谓之公，反公为私。"（《新书·道术》）他认为公平的基本要求是无私、不偏私，与公平相反的就是自私自利。《魏书》则说："天下为公，亿兆己任。"天下为公，就是把百姓的兴衰贫富作为自己的责任。唐代吴兢总结唐太宗"贞观之治"时指出，"理国要道，在于公平正直"（《贞观政要·论公平》），太宗的治国理政之道最重要的一点就在于能够保持政令、措施的公正公平。由此可见，为政者能够处事公平、治国公允，有助于营造风清气正的政治环境。

佛教于东汉明帝时期传入中国，至隋唐时期进入鼎盛阶段，形成了有中国特色的宗派。在佛家视野下，公平是指追求在个体、社会和世界之间建立平衡、和谐的关系，以实现个体和整体的共同繁荣。其内涵包括五个方面：第一，善恶因果。佛家思想认为，每个人的行为都会产生相应的因果报应。因此，人们应该存好心、说好话、做好事，以换取积极的因果报应。只有遵循善恶因果，才能实现个体和社会的公平。第二，舍己为人。佛家思想认为，个体应该放下自我，去除私欲，关注他人的需要和利益。在社会生活中，个人应该舍己为人，积极帮助他人，以建立一个互相关爱、互相支持的社会。第三，空性无我。在佛家思想中，世界万物都是空性的，而个体也无真正的自我。因此，个体应该摆脱对自我和物质的执着，追求内心的平静。只有在内心平静的状态下，每个个体才能为社会和世界作出更多贡献。第四，平等共存。佛家思想认为，众生平等，不分贵贱、贫富、美丑。在社会生活中，人们应该相互尊重、平等相待，以建立一个公平、正义、和谐的社会。第五，慈悲为怀。佛家思想认为，慈悲是达到内心平静的必要条件。在社会生活中，人们应该以慈悲之心对待他人，关注弱势群体，以建立一个充满关怀和温暖的社会。

自宋代以后，中华传统公平观进一步发展，内容更加具体。宋代思想家的公平观更加鲜明，如范仲淹的"先天下之忧而忧，后天下之乐而乐"，体现了宋代思想家对天理、公平思想的探索。周敦颐提出了"天地至公"的概念，他说："圣人之道，至公而已矣。或曰：何谓也？曰：天地至公而已矣。"（《通书·公第三十七》）圣人之道是至公无私的，这源自天地的至公无私。人性中的私欲，要以至公的胸怀加以克制和清除。周敦颐还强调了公心对个人修养的作用："公于己者公于人，未有不公于己而能公于人也。"（《通书·公明第二十一》）私心的对立面是公心，公心就是要公平、无私地对待万事万物，对自己有公心才能对他人有公心，如果自私自

第四章 公 平

利就很难做到公平处世,可见公平对德性起到决定性作用。

"夫天地之常,以其心普万物而无心;圣人之常,以其情顺万事而无情。故君子之学,莫若廓然而大公,物来而顺应"(《二程集》),程颢认为圣人君子具有"廓然大公"的境界。"天心所以至仁者,惟公尔。人能至公便是仁。""仁者,天下之公,善之本也。"(《二程集》)程颢、程颐将公平与"仁"的本质相联系,认为有公心是仁者的表现,也是善的根本,将公平提升至"仁"的高度。朱熹也认为:"故人主之心正,则天下之事无一不出于正。人主之心不正,则天下之事无一得由于正。"(《晦庵集》)朱熹从君主的心性论层面对公平的实现方式进行了探索,认为为政者的"正心"对于治理国家而言十分重要,强调"正心"对端正纲纪的重要作用。朱熹分析义与利、公与私、天理与人欲等观念后,认为通过格物致知、诚意正心可以更好地实现公平。朱熹对"中庸"的题注是"中者,不偏不倚,无过不及之名"(《四书章句集注》)。"不偏不倚"指儒家提倡的"中庸之道",既不过分又无不及,后常用以形容做事公平而不偏袒任何一方,表示中立或公正。张载提出的"民,吾同胞;物,吾与也",展现了他的宽广心胸。他还说,"为天地立心,为生民立命,为往圣继绝学,为万世开太平"(《张载集》),集中体现了他的公平思想。从理论的推进来说,张载的"民胞物与"说迈出了重要的一步,它使公平和博爱跨越血亲"小家"走向了同气同性的"大家"。[1]邵雍提出"性公而明"的思想,"以物观物,性也;以我观物,情也。性公而明,情偏而暗"(《皇极经世·观物外篇》)。他认为人的自性是公而明的,但是情感是偏而暗的,只有摒除情感,空明其心,物我两忘,与物浑然一体,

---

[1] 向世陵. 从"天下为公"到"民胞物与"——传统公平与博爱观的旨趣和走向[J]. 中国人民大学学报, 2015, 29 (02): 74.

才能达到超然于物外而不牵于物的境界，观照一切物性。司马光说："有意、有必、有固，则有我。有我则私，私实生蔽……无意、无必、无固，则无我。无我则公，公实生明。"（《迂书·绝四》）这段话体现了司马光对公平价值的深刻认识。司马光的公平观还表现为"治身莫先于孝，治国莫先于公"（《司马温公行状》），意思是个人修养没有比孝敬父母更重要的了，治理国家没有比公平更重要的了，突出了公平的重要性。元末红巾军起义领袖徐寿辉提出了"摧富益贫"的口号，得到了广大贫苦农民的拥护。明代吕坤说："以至公无私之心，行正大光明之事。"（《呻吟语·应务》）意思是要怀着一颗至公无私的心，做正大光明的事情。明末农民起义领袖李自成提出"均田免粮"的口号，反映了当时社会不公平的尖锐矛盾，集中代表了农民阶级的要求。

近代以来，思想家对公平的渴望和探求更加强烈。太平天国运动宣称"有田同耕，有饭同食，有衣同穿，有钱同使，无处不均匀，无人不饱暖"（《天朝田亩制度》），希望能够建立一个公平的理想社会。《天朝田亩制度》《资政新篇》反映了农民阶级对自由、平等的强烈渴望。康有为根据《礼记·礼运》中的大同理想，结合多种学说，设计出"至平也，至公也，至仁也，治之至也"（《大同书》）的大同理想社会。他提出："人人相亲，人人平等，天下为公，是谓大同。"（《大同书》）每个人都相亲相爱，互相帮助，每个人都处于一种平等的社会制度下，就好比是大同社会。谭嗣同的《仁学》是一部将哲学、宗教、科学熔为一炉，自成一体的学术著作，汇聚了他短暂一生的学术研究成果。他将"仁"看作世界万物的本源，认为平等是"仁"的应有内涵，从而使社会平等上升到社会本质的层面。孙中山将"天下为公"视作最高社会理想，其公平观体现在"三民主义"中。民族主义追求各民族之间的平等，反对列强侵略；民权主义支持人民享有选举权和参政权；民生主义的主要内容是"平均地权""节制资本"，旨在保障社会资本和土地的公平分配。近代思想家的大同理想形象地阐述了实现社会公平的目标和途径，展示出他们对公平的思索和实践历程。

中华民族始终抱有尊崇公平的理想信念。从历史结果看，中华传统公平观有助于改变历史上的不公平现象，推动社会的公平进步。虽然在历史发展过程中，其中的某些理念和设想囿于多种原因难以完全实现，但客观上反映了百姓对公平社会的美好向往，对后世社会产生了深远影响。

三、中华传统公平观的世界贡献

公平是人类社会的美好愿望，也是中国人民孜孜以求的美好夙愿。中华传统公平观是在古代中国社会环境中孕育而成的，虽然当今世界已经发生了巨大变化，但是这并不表明中华传统公平观已经过时。恰恰相反，中华传统公平观对促进不同文明之间的平等交流、促进世界和平与发展、构建以合作共赢为核心的新型国际关系等，具有重要的启示意义。

（一）中西方公平观的联系和区别

中华传统公平观在历史发展过程中形成了独特的价值，对中国乃至世界的公平实践产生了深远的影响。中华传统公平观与西方公平观既存在联系，又在某些方面存在不同的理解。认识中西方公平观的联系和区别，有助于更好地弘扬中华传统公平观。

1. 中西方公平观的联系

在中西方文化中，公平观作为一种受到广泛认同的价值观念，它的实践有助于建设一个公正、平等、和谐的社会。中西方公平观在道德价值、平等观念、法律制度等方面存在很多相似之处。一是对道德和伦理的重视。中西方公平观都强调道德和伦理的重要性，认为这些是社会生活的基本准则。无论是儒家思想中的"仁义礼智信"，还是西方文化中的公平、正义等道德准则，都强调个人应该具有崇尚公平的道德良心，推动实现社会公平。二是对平等和公正的追求。中西方公平观都主张平等的实现。儒家思想中的"天下为公"，道家思想中的"天道无亲"，佛家思想中的"众生平等"，与西方宗教视野中的平等和公正原则，都强调人人享有平等的各项权利。三是对法律和制度的尊重。中西方公平观都认为法律和制度是保障公平的基本原则。儒家思想中的"礼法"、法家思想中的"法治"、佛家思想中的"戒律"等，与西方文化中的法治原则相似，都要求个体遵守法律和制度，确保公平的实现。四是对社会和谐的追求。中西方公平观都注重社会和谐的实现。中国传统社会追求仁爱和平的和谐社会，与西方的社会契约和互惠原则相似，都强调人们应该相互关爱、互助互利，促进社会的和谐与稳定。

中西方公平观存在的相似之处，反映了人类普遍追求公平的心理需求和理想目标，也为不同文明之间的交流和对话创造了条件。

2. 中西方公平观的区别

中华传统公平观和西方公平观对于公平的实现途径和价值的体现方式有着不同的认识。一是对个体与集体关系的看法不同。中华传统公平观更注重集体利益和整体利益的实现，例如儒家思想中的仁爱和大义，强调个人利益应该服从大众的利益；道家思想中的"圣人无常心，以百姓心为心"，体现了克制私心和对百姓的关爱。西方公平观则注重个体的独立性，强调个人追求自身利益行为的正当性和必要性，主张通过竞争的方式来实现自我价值。二是对社会管理的看法不同。中华传统公平观强调通过制度和规范的约束，维护社会的稳定和秩序；西方公平观则强调自由和竞争，追求双赢和互利。三是对人性的看法不同。中华传统公平观对人性的看法，以孟子的性善论为主，认为人之为善，是本性的体现。人本性纯善，但由于后天的影响而形成了不同的习性，因而《三字经》提出"人之初，性本善。性相近，习相远"的观点，主张人应该不断修身养性、涵养品德，从而达到自我完善和道德境界的提升。西方公平观则强调人性的自利和利他，主张个体应该在实现自我和追求利益的最大化后，再去关注他人的利益和社会的福利。四是对待价值观的态度不同。中华传统公平观认为价值观是一种内化的信仰和准则，是人们自觉行动的指南和约束；西方公平观则更多地把价值观看作一种价值，主张人们在追求自身利益最大化的前提下，通过竞争和交易来实现价值观的协调和平衡。

中西方公平观存在的不同之处，反映了不同文化和社会体系的特点和差异，也体现了中西方文明之间交流和对话的重要性。

（二）中华传统公平观的价值和贡献

习近平总书记提出的和平、发展、公平、正义、民主、自由的全人类共同价值，为解决人类发展困境、完善全球治理体系提供了中国智慧和中国方案。以全人类共同价值为基础构建人类命运共同体是时代的需要，也符合各国的共同利益。近代以来，西方国家普遍遵循弱肉强食的"丛林法则"。到了今天，人们意识到追求公平世界就是要构建公正合理、和谐和睦的国际秩序。所以，坚持大小国家平等、以公平道义为先的国际交往原则日益凸显其时代价值。"作为全人类共同价值的公平与正义倡导在人类命运共同体框架内达成新型国际关系伦理共识。"①中华传统公平观，有利于促进不同文明之间的平等交流、维护世界的和平与发展、构建合作共赢的新型国际关系，其影响在当今中国乃至世界范围内也是显而易见的。

中华传统公平观有利于促进不同文明之间的平等交流。习近平总书记指出："人类文明没有高低优劣之分，因为平等交流而变得丰富多彩，正所谓'五色交辉，相得益彰；八音合奏，终和且平'。"②春秋战国时期，诸侯并立，国家纷争，国与国之间如何维系平等相处的关系成为重要的外交问题。正如孟子所说，"物之不齐，物之情也"。"和而不同"就是要承认彼此差异、不求完全一致。晏子打比喻说："若以水济水，谁能食之？若琴瑟之专一，谁能听之？"并得出结论："同之不可也如是。""和"与"同"看起来相似，实际上大不相同。中国人自古就主张"和而不同"，《论语》中讲："君子和而不同，小人同而不和。""和而不同"体现了中国传统哲学中的一种思维方式和处事态度，也是中华传统文化贡献给人类的大智慧。2019年，习近平总书记在亚洲文明对话大会开幕式上强调："人类只有肤色语言之别，文明只有姹紫嫣红之别，但绝无高低优劣之分。认为自己的人种和文明高人一等，执意改造甚至取代其他文明，在认识上是愚蠢的，在做法上是灾难性的！"③每一

---

① 孙春晨. 全人类共同价值是构建人类命运共同体的伦理基础 [J]. 马克思主义与现实，2022（01）：31.
② 习近平谈治国理政：第一卷 [M]. 2版. 北京：外文出版社，2018：314-315.
③ 习近平谈治国理政：第三卷 [M]. 北京：外文出版社，2020：468.

种文明都扎根于自己的生存土壤，凝聚着一个国家、一个民族的智慧和精神追求，都有自己存在的价值。不同文明之间的关系是平等的，世界正是因为不同才会如此丰富多彩，一花独放不是春，百花齐放春满园。无论国家、民族的大小或强弱，都要秉持平等和尊重，摒弃傲慢和偏见，以公平眼光互相对待，以不同文明的平等交流推进世界文明的进步。

中华传统公平观有利于促进世界和平与发展。党的二十大报告强调了中国坚持走和平发展道路的自觉与自信："我国不走一些国家通过战争、殖民、掠夺等方式实现现代化的老路，那种损人利己、充满血腥罪恶的老路给广大发展中国家人民带来深重苦难。我们坚定站在历史正确的一边、站在人类文明进步的一边，高举和平、发展、合作、共赢旗帜，在坚定维护世界和平与发展中谋求自身发展，又以自身发展更好维护世界和平与发展。"[1]中国自古以来就是一个爱好和平的国家，和平发展的思想深深嵌入中华民族的精神世界，到今天依然是中国处理国际关系的基本理念。《尚书》曰："克明俊德，以亲九族。九族既睦，平章百姓。百姓昭明，协和万邦。"在上古时期，中华文明就坚持亲仁善邻、协和万邦的处世之道。"协和万邦"是对公平观的深化发展，并且与全人类共同价值有着深刻的联系，体现了中华民族特有的天下观。墨子讲兼爱、非攻、止战，"天下兼相爱则治，交相恶则乱"，反对一切不正义的战争，倡导和平。世界各国，要交流，而不是交战；要对话，而不是对抗；要相爱，而不是相恶，特别是邻国之间更应当和平友好相处。"亲仁善邻"体现了中华民族传统睦邻智慧与处世之道，也是

---

[1] 习近平. 高举中国特色社会主义伟大旗帜 为全面建设社会主义现代化国家而团结奋斗——在中国共产党第二十次全国代表大会上的报告 [M]. 北京：人民出版社，2022：23.

今天构建人类命运共同体的思想源泉之一。"国虽大，好战必亡。"一个国家如果不希望战争的阴霾笼罩在自己头上，就不应对其他国家发动战争。建立和平友好、公平相待的关系，才是正确的国家相处方式。中国坚持与世界各国共同克服不公平因素给世界和平与发展带来的困难与挑战。中华传统公平观体现了中国特色大国外交的根本要求，为促进世界的和平与发展贡献了中国智慧。

中华传统公平观有利于构建以合作共赢为核心的新型国际关系。习近平总书记指出："我们应该求同存异、聚同化异，共同构建合作共赢的新型国际关系。国家不论大小、强弱、贫富，都应该平等相待，既把自己发展好，也帮助其他国家发展好。大家都好，世界才能更美好。"①中国历来追求合作共赢的平等国际关系，不仅自己发展，还要大家一起发展，加强互利合作，产生"1＋1＞2"的积极效应。作为人类航海史上的一大创举，郑和下西洋既是中国古代开辟"海上丝绸之路"的伟大壮举，也是中国与他国合作共赢的外交典范。明代永乐三年至宣德八年（1405—1433年），朝廷派遣郑和先后7次远航西洋，极大地推动了中国航海事业的发展。更重要的是，尽管郑和有着当时世界上最大的船队，但是在七下西洋的过程中，没有任何侵略和掠夺他国的行为，留下的只有中国同沿途各国平等交流、合作共赢的历史佳话。郑和在出使的过程中与"海上丝绸之路"沿线国家进行了大量的贸易往来，送出丝绸、陶瓷等工艺品，换回了各国的物品，这些无不彰显着追求合作共赢、促进共同发展的公平精神。在很多国家和地区，郑和宝船至今仍被视为"合作共赢"的象征，是中国古代平等外交的重要见证。随着经济全球化深入发展，国家间的联系日益紧密，当今世界各国已成

---

① 习近平. 中国发展新起点　全球增长新蓝图——在二十国集团工商峰会开幕式上的主旨演讲［N］. 人民日报，2016-09-04（03）.

为同呼吸、共命运的共同体。构建以合作共赢为核心的新型国际关系，是对当今世界面临百年未有之大变局所带来的挑战的回应，也是对国际关系未来发展提出的中国方案，具有鲜明的中国特色和普遍的世界意义。它体现了中华优秀传统文化中大道无私、天下为公的公平思想，为人类共同发展开辟了新道路。

在当今世界，公平绝不仅仅是抽象的理念，而是已经与全人类的社会生活息息相关。然而在现实中，一些西方国家坚持霸权主义、单边主义和"丛林法则"，不顾全球化时代其他国家的利益，只考虑自己国家的利益，破坏国际秩序，践踏公平正义。在这种情况下，更需要我们从中华传统公平观中获取思想资源。中华优秀传统文化中"天下为公""和而不同""协和万邦""万物一体""物无贵贱""民胞物与"等思想理念，为全人类共同价值提供了思想源泉。中华传统公平观告诉当今世界要"己所不欲，勿施于人"，各国在处理国际关系时，既要遵循天道、秉持公道、坚持公平，又要相互尊重、和平共处、合作共赢，共建人类命运共同体，这才是"人间正道"。

第五章

正 义

在全人类共同价值中，习近平总书记倡导的正义理念不仅深受几千年来中华优秀传统文化的浸润，而且是马克思主义正义观的直接体现。这使全人类共同价值中的正义既饱含了文化深意，又颇具逻辑反思，创造性地实现了合情性与合理性、历史性与科学性的融会贯通，表现为既能情真意切地打动人，又能条分缕析地说服人，超越了西方意识形态话语体系下或抽象或功利的正义内涵，与后者相比具有更高的共识度与认同度。试图讲清楚全人类共同价值的合情合理性，提升其共识度、认同度，就需要在厘清西方正义概念抽象性、功利性的基础上，阐明马克思主义基本原理同中华优秀传统文化相结合的正义思想，使中西方两种不同的正义理念形成鲜明对比，从而彰显全人类共同价值对世界的贡献。

一、西方话语体系下的正义内涵

正义作为一种评价是非、对错、善恶的标准，规定了人类社会的运转秩序，通常与政治伦理相联系。然而，在西方文化语境下，正义的概念具有明显的抽象性与功利性。抽象性意味着价值与事实二分，表现为价值上高深莫测，事实上无法具体、难以实现。功利性意味着权益即正义，造成了无论是保障最少受惠者的最大利益的"最大最小价值"，还是追求最大多数人的最大幸福的"最大最大价值"，最终都和利益赤裸裸挂钩，与正义理念的内涵背道而驰。

（一）抽象的正义观

梳理西方话语体系下的正义概念，其抽象性在于理论上讲不清、道不明，实践中束缚感强、幸福感弱，形式上却化身为高高在

第五章 正 义

上并发号施令的规定与规范。如希腊神话将人世间的一切合法合理性归结于神创论,"荷马的两部史诗《伊利亚特》和《奥德赛》是希腊文化不朽的巨著"[1]。荷马之后的赫西奥德补充了荷马史诗中没有的关于诸神起源和谱系的详细内容,其著作《神谱》叙述了宇宙生成与诸神的关系以及诸神谱系的形成,完成了统一的希腊神话体系,为希腊民族提供了全部信仰内容。神创论视域下的正义,主要通过神谕等神秘主义的方式,在人群中形成强制的习俗、规范,以此避免纷乱、维护秩序。早期的神创论通过将正义的依据延伸为人之外的神秘力量来获取权威,所以无论是《伊利亚特》还是《奥德赛》,史诗的全部内容都带着宿命论的色彩。这种解释制造了天与人之间的鸿沟,以及神谕等规则规范对人性的束缚,造成了人权与神权对立的局面。此外,希腊神话中将英雄作为正义的化身,使神权最终人格化,形成一种完全依靠具有通神能力的英雄定义、操纵正义的运行模式,如《奥德赛》中英雄奥德修斯在冒险和征服的过程中始终受益于女神雅典娜的跟随与守护,这种添加神力色彩的价值取向会引发到底是神之正义还是英雄之正义的追问,经不起反思与推敲。

古希腊三贤挖掘人自身的理性从而建构了至善论。与神创论相比,至善论将正义从天上拉回到人间,提出从人内在的德性(善)入手寻求正义,如苏格拉底主张正义与否的评价标准应该是内在的、本质的,也就是人的独特性或优秀性即德性是内在于人的理性,同时主张通过不断叠加个人的善,实现城邦最高的善,而追求城邦最高的善就代表正义。柏拉图虽然超越了苏格拉底,不再一味强调通过公民履行个人道德义务实现正义,而是主张通过改革城邦

---

[1] 宋希仁. 西方伦理思想史[M]. 北京:中国人民大学出版社,2003:12.

政治体制实现正义，但还是以抽象的"善理念"为最高依据，使其成为统治者实行统治的正义工具。亚里士多德虽然提出了正义既要维护共同的利益，也要维护每个人的具体利益，但还是认为公民价值与城邦价值具有统一性，主张整体优先论，这种强调个体的义务、凸显城邦的权利，将正义与政治结合的做法，在抽象性方面与朴素而神秘的神话论并无二致。柏拉图构想的正义代表"哲学王"，就是之后中世纪基督教中上帝的原型。反观基督教神学，会发现其不仅拥有神创论的形式，还兼具至善论的内容，如奥古斯丁认为，唯有"至善"不能朽坏。这直接表明了早期神创论、至善论以及基督教神学在理论建构层面的兼容性，即三者都表现出超强的规范性，都逃不过把正义的依据置于神或"至善"的超验领域，最后还会将正义的代理权生硬地转移到英雄、城邦主、主教的手中，陷入不知到底谁之正义的泥潭。主张追求德行及其与幸福统一的至善论，同样会在客观上形成个人权益与部落或城邦权益的矛盾，类似于神创论、基督教神学中人权与神权的冲突，导致正义在事实层面与价值层面的分裂，那么对个体而言，履行正义的义务就缺乏说服力和实践动力。所以，早期的神创论与古希腊的至善论以及基督教神学都没有解决何为正义以及如何行使正义的问题，而且三者的病根一样，都在于抽象性。

以个人自由为唯一天赋权利并通过理性保证自由实现的思辨演绎论，其所理解的正义就是通过理性认知保证每个人并行不悖的自由。康德通过理性为自己立法，也就是所谓的自律即自由，这种实现自由的方式主要依靠个体，而且个体在实现自由的过程中也没有具体的规范法则参照，原因是意无穷但言有尽，绝对的、普遍性的、能够保障所有人自由的具体规范无法用语言文字进行归纳描述。所以，康德的正义论不只内容旨趣是抽象的，就连表达形式都不能像神创论、至善论、宗教论那样具有具体的规范法则。相较于神创论、至善论而言，黑格尔虽然通过绝对精神的演绎，提供了完整的思辨路径，辩证地解决了特殊与一般的矛盾关系，又通过将绝对精神外化为家庭、市民社会、国家，解决了康德理论的个体局限性问题，但他将国家作为绝对精神的终点，意味着公民遵守国家制定的规则就是正义，这种论证方式貌似解决了神创论、至善论的思维跳跃问题，其实是用绝对精神置换了神与"至善"，用国家统治者替换了英雄、城邦主、主教，照样没有回答何为正义、如何行使正义的终极拷问，这种理性建构式的思辨演绎论也没有解决抽象性问题，与之前的抽象论相比，只是新瓶装旧酒而已。

综上，无论是西方早期以朴素的神创论、至善论等为主要内容的古希腊正义论，还是综合神创论与至善论形成的中世纪宗教论，抑或是以自由、理性、精神等为架构的德国古典正义论，这些在西方哲学史上经典而具有代表性的建构型理论都暴露了西方文化语境下正义在理论上的抽象性、形式上的强制性及实践中的虚无感。

（二）功利主义正义观

不同于以建构社会制度的大正义论为逻辑起点，强调人要在群体中遵规守矩、履行义务的抽象正义观，西方文化视域下的功利主义正义观是以人的权利为基点展开论证的。在理论上，抽象派一般以自在自为的理性为认知工具，功利派则以人的权益、收获为思考内容；在形式上，抽象派往往把人当成正义的工具，功利派则把正义视为工具来满足人。那么，既然功利派能够解决正义的抽象性问题，这是否意味着功利主义正义观能畅行天下？其实不然，如以伊壁鸠鲁为代表的古典快乐论虽然把快乐作为衡量正义的标准，但无法将其推而广之。因为快乐论认为正义不是神启、善、理性等先天性的理念,而是经过后天感受和体验才有的概念。这种依靠复杂而多变的感觉的理论,终究会使何为正义变得莫衷一是,因为没有统一的标准而无法得到普及。其实,出现这种因为依靠感觉、感受而难以落实正义观的局面已算万幸,一旦打开欲望的潘多拉魔盒,使私欲、任性占据上风并得到实践,就会使绝大多数人陷入暴力、痛苦和恐惧的泥淖中。中世纪后期西方文化一度盛行马基雅维利式的意大利政治,就是以君主的欲望为正义标尺,彻底撕开了神谕、上帝等遮羞布,赤裸裸地奉行王权,造成了人权被极度压制的严重后果。

西方近代以来的契约论,以霍布斯、洛克、卢梭为代表,他们认为,在社会状态下,人应该让渡出审判的权利以保证自己的基本权益不受伤害。契约论虽然通过引入理性对人们莫衷一是的主观感觉进行协调和综合,并在很大程度上遏制了统治者的个人私欲,但接受正义似乎是人们从自然状态进入社会状态后不得不做出的选择,其底色仍是凸显个人权益,即人们向政府让渡自己的权利,目的只是自保,透露出了一种并非主动追求而是无奈之举的意味。契约论下的正义观不只在人与人之间建立了冰冷的界限感,还导致了个人主义横行,成为当代西方社会无法忽视的问题。

而直接把正义的实现归结为获取效益的功利主义,无论是"自由主义之父"约翰·斯图亚特·密尔、英国哲学家边沁所谓的追求最大多数人的最大幸福,即"最大最大价值",还是罗尔斯主张的关注弱者,保障最少受惠者的最大利益,即"最大最小价值",都是将正义利益化的构想。这种正义理论虽然解决了正义抽象化问题,但却呈现出世俗化特征,而且也不具有理论层面的普遍性,因为人们的利益诉求各不相同,如果照顾了最大多数人的利益,势必会影响一小部分人的利益。如果没有罗尔斯假想的"无知之幕"作为背景,保障弱者的权益也未必能引发中层或上层社会所有人的共鸣。因此,在实践中,功利主义以利益为驱动,同样会与契约论一样引发以自我为中心、冷漠、拜金等社会显性问题。

综上,无论是希腊时期以感觉、心理为标准的快乐论,还是中世纪后期高扬君主私欲的君主论,抑或是西方近代在感觉之上导入理性形成的契约论、功利论等,这些典型的感性描述性理论都从总结的角度入手,一定程度上化解了建构演绎视角下的抽象性,但这种功利性的正义观也暴露了正义在理论上的非普遍化、形式上的世俗化以及实践中人们的疏离和孤立化。既然西方文化语境下的正义观在建构演绎与描述总结的双重进路中都难以说清何为正义、如何行使正义,就不如转向中华传统文化的视域寻找药方和答案。

二、中华传统正义观的内涵与表现

作为世界上迄今为止唯一没有断流的文明,中华文明与其他文明相比,具有一些鲜明特征。与其他文化中的正义观相比,中华传统文化视域下的正义观用事实胜于雄辩的方法,证明了自身维持社会秩序的高效性。如西方文化治下的罗马,从公元前27年屋大维建立罗马帝国开始到奥勒良统治期间,和平持续了200多年,堪称西方史上最长的和平史。反观古代中国强盛朝代的治理情况:周朝持续800多年,汉、唐、宋、明的存续时间都接近或超过300年。为何中国文化具有如此神奇的绵延力与效用性?中华文化中的正义理念又是如何保证社会的井然有序并实现长治久安的?抽丝剥茧地剖析中华传统文化可知,其视域下的"天人合一""尊道贵德"等理念在理论建构与实际运行方面避免了西方文化视域下正义观的抽象性和功利性存在的缺陷。

（一）"天人合一"的天道观

西方文化中的正义观之所以抽象，是因为神创论、至善论、宗教论、思辨演绎论等都遵循自上而下的进路，显示了强制性。而所谓的神、至善、绝对精神等最终都具备人以外的超验性，使得规范对人而言成为一种外在而异己的控制力量。康德虽然从人自身出发提出了"自律即自由"，但却因过于追求普遍性而难以普遍化。而"天人合一"作为中华传统文化的主流观念，恰恰将西方规范性正义观造成的异己性复归到人本身，培育了"行有不得，反求诸己"的内向型发力修养模式。相较于西方建构型文化暴露的自上而下的强制性，中国传统的"天人一体"观呈现了由内而外的自主性。那么，"天人合一"的理念何以出现于中华传统文化，又是如何助益中国传统社会的运转秩序的？

1. "天人合一"理念的由来

中华传统文化中的"天人合一"理念并非一蹴而就，而是在古圣先贤不断提出综合理论与开展实践的基础上反思总结而来的。由于先验或超验的领域具有自足性，是充当事物依据的最佳范例，所以，中华文明也不外乎从先验的"天"中寻找人类社会运转的依据。据《尚书》记载，"夏王弗克庸德，慢神虐民。皇天弗保"。夏之后的商朝也以尊神著称，《尚书》中记载了大量商人占卜吉凶、测算祸福的事例，说明中华传统文化中的社会秩序甚至皇权都依附于先验的"天"。但此处的"天"与西方早期的神创论不能等量齐观，中国传统的神被潜在地赋予道德特质，表现为不尊德就是不敬天，而西方早期神创论中的神是力量的象征，众神之王宙斯也是因为力量获得对人间发号施令、整饬秩序的权力，与道德无关。所以，即使是中国政治最早成形的夏商时期，呈现的天命论与希腊早期的神创论也有本质区别，在正义中暗含着伦理与道德的成分。

西周时期的"天"已经开始去人格化，出现了"皇天无亲，惟德是辅"，直接显露了与人相关的伦理道德属性，"天人合一"的理念开始萌芽。春秋时期，更是出现了"天道远，人道迩，非所及也，何以知之"（《左传·昭公十八年》）的认知。孔子也提出："我欲仁，斯仁至矣。"（《论语·述而》）孟子则完全将天命置于人的主观能动性之中："尽其心者，知其性也；知其性，则知天矣。"（《孟子·尽心上》）"万物皆备于我矣。反身而诚，乐莫大焉"（《孟子·尽心上》），明确表达了人能通天的观点。这种人天关系的转变，表明被动地接受"天命"，不仅与人的能动性本能相悖，而且使"天命"永远成为未知的存在。"天命"既然无从信赖，便只有反求于人自身，这代表中华传统文化的内向型修养路径开始呈现。董仲舒进一步将"天人感应"理论化，提出"天地阴阳木火土金水，九，与人而十者，天之数毕也"（《春秋繁露·天地阴阳》），通过阴阳、五行的中介将人、天相连，以此消弭天人两分的二元鸿沟。

宋代的理学更是中华传统文化中"天人合一"理念的代表学派，"天人合一"四字首次被张载提出："儒者则因明致诚，因诚致明，故天人合一。"（《正蒙·乾称》）而程颢直接用"一天人"置换了"天人合一"，并解释称"天人本无二，不必言合"（《二程遗书·卷六》），不给天人相分留任何余地。之后朱熹通过"理"系统地贯通了人与天，而王阳明则提出"人心一点灵明"（《传习录》），从"心"的角度为"天人合一"开辟路径。

2."天人合一"理念的内涵

中华传统文化视域下的天人关系经历了人从被动接受异己的天命，到发挥主观能动性去认识天命，再到主动把自己与天命融为一体，完成了否定之否定的过程。这种逻辑理路与西方视域下的神创论、至善论、宗教论、思辨演绎论的区别在于，前者是内向型发力，后者则是外向型发力。西方对正义的建构重点在于证明社会制度、社会规范的应当性，这种正义观的对象是社会，实践路径是全社会的遵循，造成了规范与法则是要求所有人的，而非针对我一人，即只要别人不遵循，我也不遵循，除非大家都遵循，我的遵循才有效的抽象结果。而中国"天人合一"视角下的正义观，对象直指个人，实践通路是个人修养，修养的内容就是不断反思自己是否背离天道，因此我即天道，天道即我，规范与法则就是对我个人的要求，无关对他人的指摘。这种从我做起的内向型发力，就使追求正义的行为简单易行得多。概言之，中国"天人合一"理念孕育的正义观与西方主客二分、社会制度构建下的正义观视域截然不同，二者孰优孰劣暂且不论，可以明确的是前者将追求正义落实到了具体的人，解决了后者宏大而抽象的问题，而且打通了正义观的可实践通路，是整个社会井然有序、长治久安的切实保障。

（二）"尊道贵德"的社会观

在"天人合一"理念的影响下，中华传统文化体现了鲜明的"尊道贵德"特征。孙中山先生曾说："东洋向来轻视霸道的文化。还有一种文化，好过霸道的文化，这种文化的本质，是仁义道德。用这种仁义道德的文化，是感化人，不是压迫人。是要人怀德，不是要人畏威。这种要人怀德的文化，我们中国的古话就说是'行王道'。所以亚洲的文化，就是王道的文化。"①

1. "尊道贵德"的内涵

"尊道贵德"的特性体现了中华文化主客体相互融合的哲学内涵。"道"字在《说文解字》中释为"所行道也"，引申为万事万物的运行轨道或轨迹，简言之即客观规律；"德"通动词"得"，意为"得到"。"道""德"连用即为遵循客观规律而实践。中华传统文化"尊道贵德"的特性一方面表明了万物有道可循，承认认识客体的客观规律性，体现了朴素的唯物主义思想；另一方面说明万物可被认识、可被实践，承认认识主体的主观能动性，体现了辩证的唯物主义思想。在"天人合一"理念的贯通下，主客双方是统一而且一体的，"尊道贵德"就是实现主客融合的实践通道，是正义的象征。此外，中华文化"尊道贵德"的正义观与西方哲学建构型、强制性的正义观截然不同，"尊道贵德"体现了"与天地合其德"的自然、自由内涵。换言之，"天人合一"理念说明"物"与"我"是一而非二，"尊道贵德"方法论的意蕴在于既遵循了万物的客观规律，又不与人的主观能动性相违背，实现了"下学而上达"的自由逍遥状态。

"尊道贵德"的思想在中国传统社会得到了自上而下的贯彻，甚至于高高在上的皇权也需要获得道德的支撑与赋能，出现了"内圣外王""为政以德""选贤与能"等施政理念。以"德"称"圣"的传统在中华传统文化特别是儒家文化中由来已久。《群书治要·周易》言："圣人所以崇德而广业也。"说明了崇德之人为圣人。

---

① 孙中山全集：第十一卷[M]. 北京：中华书局，1986：405.

《群书治要·文子》亦记载:"称圣德高行,虽不肖者知慕之。说之者众而用之者寡,慕之者多而行之者少。"说明称圣之人必德高望重。《群书治要·周易》将"圣"作为"德"的充分条件,《群书治要·文子》将"德"作为"圣"的必要条件,从而说明两者密不可分的关系。此外,据《群书治要》记载,"圣"与"德"一样都具有"通天""得道""天人合一"的能力。如《群书治要·周易》载:"圣人有以见天下之赜,而拟诸其形容,象其物宜。""圣人之所以极深而研几也。唯深也,故能通天下之志;唯几也,故能成天下之务。""是故圣人以通天下之志,以定天下之业,以断天下之疑。古之聪明睿智神武而不杀者夫!是以明于天之道,而察于民之故,以神明其德。一阖一辟谓之变,往来不穷谓之通。见乃谓之象,形乃谓之器,制而用之谓之法,利用出入,民咸用之谓之神。"这些都说明了圣人可以"明天道""通天志"。而据对"德"之本质的剖析,亦知"德"的应然状态便是"合于道"。这说明"圣"与"德"的性质相同,具体可演绎为"德"是"圣"的根本品质,"圣"是"德"的完满体现。

2. "尊道贵德"的表现

"选贤与能"是中国传统政治的标识,由于在中国传统政治的视域中"贤"与"德"可以切换使用,所以,政治领域中的"选贤"方针一直被普遍地认为是"内圣外王"命题的直接体现和制度保障。关于"贤"与"德"的关系,《群书治要·周易》直接将二者建立了联系:"可久则贤人之德,可大则贤人之业。""天地易简,万物久载其形;圣人不为,群方各遂其业。德业既成,则入于形器,故以贤人目其德业也。"说明了贤人即有德之人,有德即成贤的标准。《群书治要·晋书上》通过"选贤举善"将"贤"与"德"

第五章　正　义

进行了关联:"裴頠以万机庶政,宜委宰辅,诏命不应数改,乃上疏曰:'臣闻古之圣哲,深原治道,以为经理群务,非一才之任;照练万机,非一智所达。故设官建职,制其分局。分局既制,则轨体有断。事务不积,则其任易处,选贤举善,以守其位……'"这段记载一方面借裴頠之口说明"臣"在治国理政中扮演了不可或缺的角色,即"经理群务,非一才之任";另一方面则强调了只有"选贤举善,以守其位",才能实现应有的治理效果。此外,中华传统文化中的选官标准也均围绕"德"字展开。如《群书治要·魏志上》记载:"今外有公卿将校总统诸署,内有侍中尚书综理万机,司隶校尉督察京辇,御史中丞董摄宫殿,皆高选贤才以充其职,申明科诏以督其违。若此诸贤犹不足任,校事小吏,益不可信。若此诸贤各思尽忠,校事区区,亦复无益。"说明了"高选贤才以充其职"是选官之本,同时分别说明了臣子贤与不贤对应的结果,即"若此诸贤犹不足任,校事小吏,益不可信","若此诸贤各思尽忠,校事区区,亦复无益"。《群书治要·晏子》进一步将选贤作为忠臣的标准:"景公问晏子曰:'忠臣之行何如?'对曰:'选贤进能,不私乎内;称身就位,计能受禄;睹贤不居其上,受禄不过其量……'"说明真正的忠臣应该无私地向君主推举贤人,甚至要达到"睹贤不居其上,受禄不过其量"的无私程度。《群书治要·孙卿子》也明确将选贤良作为安政的主要措施,即"选贤良,举笃敬,兴孝弟,收孤寡,如是,则庶人安政,然后君子安位矣"。以上经典将"选贤"的途径归于"荐贤",进一步说明传统文化中的选官标准集中于对被选人的道德评价。纵观中国数千年历史,从尧舜时期的禅让制到两汉的察举制,再到魏晋南北朝的九品中正制,这些由下而上推选人才的选官制度,都特别注重社会舆论对被选拔者的评价,基本以孝悌、忠信、礼义、廉耻等道德名词为标准。即使隋唐以后的科举制，考试内容均以儒家经典为主，仍然注重考察考生的道德品质。

概言之，"尊道贵德"作为中华传统文化视域下的正义理念之一，是"天人合一"理念的一以贯之。一方面，"尊道贵德"延续了"天人合一"的主客观统一性，既说明物的客观性、规律性，又强调了人的主观能动性，为人们知道自己应该做什么、应该怎么做，也就是何为正义、如何行使正义，提供了论证基础。如果没有主客观统一的前提条件，正义即伦理学意义上的"应该"就无法成立。具言之，若主客观一方缺失就会影响正义的实现，如去除人的主观能动性，保留物的客观决定性，那么作为主体的人面对这个世界时就无能为力，只能亦步亦趋，行使正义就无法实现；如只保留人的主观能动性，去除物的客观规律性，那么作为主体的人可以创造自己所谓的正义，何为正义就无从说起，所以"尊道贵德"生动地展示了"得到事物发展规律"的动态图景，展示了"天人合一"的可操作过程。另一方面，"尊道贵德"在"天人合一"的基础上具化了正义的内容。"道德"二字除了具有"得道"的动词意味，还涵盖了"美好品质"的名词内容，之后经过人们的不断总结，逐渐沉淀为各种规范、法则类的名词，规范人们的言行。所以"尊道贵德"不仅是"天人合一"的一以贯之，还是"天人合一"由抽象理念到具体观念的关键转化。

（三）"重义轻利"的义利观

如果说"尊道贵德"是"天人合一"的具体化，"重义轻利"作为中华传统正义观的特质之一便是"尊道贵德"的进一步具化，使中华传统文化视域下的正义内涵愈发明显。"天人合一"的天道观、"尊道贵德"的社会观将正义的本质转化为由内而外的自主性，使追求正义的行动落实为从我做起的个人修养，打开了正义的内向型实践通道。在此基础上演化出的义利观将重义轻利作为具体要求嵌入个人修养培育的过程，明确了正义的具体实践内容。"以利喻义"的义利统一观以利他而非利己的视角展示了中华传统文化倡导的和谐、共赢图景。

1. "重义轻利"的内涵

中华传统的义利观是天道观与社会观一以贯之的延续，义与利的关系等同于天性与人性的关系。义，通"宜"，直接表达了正义、公正、适宜的意思，象征着天性与天道。利，指便利、顺利，引申为利益、好处。在"天人合一"的视域下，天道与人道不异，天性与人性统一，义与利也不矛盾，反而是前因与后果、整体与局部的关系。如《群书治要·周易》所言："'利'者，义之和也。"通过将利定义为广义之大利而非狭义之私利的巧妙处理，实现了"天人合一"前提下的义利统一。而"尊道贵德"的社会观则动态演绎了人具有主观能动性，同时能够以事物的客观规律作为标准进行实践，最终实现主观与客观、主体与客体的辩证统一，这又为具体的人实现正义、实践正义提供可能。那么，具体的人在现实生活中做什么才是正义的？即应然性的正义究竟以什么形式体现在具体的实践和具体的人身上？

在义理层面，作为应该追求的事物，正义在社会生活中是有客观标准的，并非以个人的主观感受为依据。由于人作为有意识的动物具有自然属性，所以趋利避害是人性中不可回避的本能，因而在无意识的自然界中并不存在应该或不应该的应然性问题，只有是或不是的实然状态。所幸的是，人具有主观能动性，具备想象力、反思力以及判断力等思维能力，能够构思理想的社会状态并通过实践去实现，所以在理想的社会状态下，正义是不能回避而需要达成共识的问题。如何达成共识？如果一味强调自己的利益，不顾他人的利益，那么在众人之中是不会形成共识的，如此正义也就无从谈起，只有放下个人私利，尊重众人的利益，最大限度实现普遍化，即大义，才能达成共识，最终实现正义。因此，重义轻利是"尊道贵德"在具体情境中的延伸与具化。此外，即使在"天人合一"天道观的视域中，利即义，义即利，两者辩证统一，但为了使义利统一观在追求正义的实践中得到切实体现，避免出现以兴大利之名而行私利之实或将大利虚化、概念化，放弃从我做起的内向型修养的局面，中国传统的义利统一观转而以重义轻利的具体实践指向呈现，如明代学者王夫之所言，"'立人之道，曰仁与义'，在人之天道也。'由仁义行'，以人道率天道也"（《思问录·内篇》），明确了仁与义的修养内容。

2. "重义轻利"的表现

在现实层面，重义轻利的正义要求始终是中华传统文化的主流思想，如孔子提出"君子喻于义，小人喻于利"。孟子与梁惠王议政时提出："王何必曰利，亦有仁义而已矣。"（《孟子·梁惠王上》）汉代的董仲舒进一步明确了义利关系："正其谊（义）不谋其利，明其道不计其功。"（《汉书·董仲舒传》）宋明理学的集大成者朱熹倡导"存天理，灭人欲"，认为："人之一心，天理存则人欲亡，人欲胜则天理灭，未有天理人欲夹杂者。"（《朱子语类·卷十三》）这种根深蒂固的文化理念，经过千百年的熏陶，以舍己为人、先人后己、助人为乐等方式融入人们日用而不知的行为模式之中，使重义轻利的实践图景以利他的指向展开。利他作为极具中国风格的标识，上接"天人合一"的天道观，是"天人合一"的逻辑使然，下承义利统一观，是和谐共赢的必然结果。中国古人运用质朴而高深的智慧真切地感受到天道的无私与利他，"天无私覆，地无私载，日月无私照"。中国哲学对"天"的解读与西方宗教设立的人格神截然不同，中华传统文化中的"天"并不意味着掌握绝对的权力，而是旨在默默演绎并传达生而不有、为而不恃、长而不宰的天道规律。既然天人具有统一性，那么社会规律就应该与天道规律如出一辙，社会中的人们也应对照天道，以无私、利他为内容培育自我修养。这种无私、利他的正义模式不仅避免了功利主义以利至上的世俗性，而且也没有因回避利益而消解利益，反而因每个人都秉持利他意识实现了共赢，同时还营造了我为人人、人人为我的温情而良性的社会氛围，进一步消解了功利主义视角下人际关系的疏离感。

总之，中华传统文化视域下的"天人合一"的天道观与"尊道贵德"的社会观孕育了以重义轻利、无私利他为取向的义利观，由于重义轻利的内涵是重大利、轻私利，故而义与利在中华文明中并非绝对对立，反而在具体实践中以利他取代了利己，实现了和谐共赢的结果。这种巧妙的置换，不仅没有使利益消失，反而保证了利益，说明了义利统一是"天人合一"的逻辑使然。此外，以无私利他为内容的内向型修养论不仅解决了功利主义与正义的理论悖论，还在和谐共赢的基础上，缓解了功利主义导致的社会人际关系问题，构建了散发着浓浓人情味的、具有中国特色的乡土社会。

三、中华传统正义观的培育路径

中华传统文化视域下的正义理念由"天人合一"的天道观为逻辑起点，进而演化为"尊道贵德"的社会观，在统一人的主观能动性和事物的客观规律性的基础上,使解答"应该做什么""应该如何做"成为可能,赋予了正义理念合理性,之后以"重义轻利"的义利观为具体表现,至此较为完整地展示了中华传统文化视域下正义理念的内涵。中华传统文化视域下正义理念的培育路径异于西方视域下以训诫、禁忌为主的罪与罚形式,而是以德化、感召、教育等形式展开。

(一)以德化人,明德惟馨

中华传统文化对以德化人的德化教育格外重视。如《礼记·学记》有言:"建国君民,教学为先。"《群书治要·潜夫论》明确将道德教化规定为"教民"的任务及目标:"人君之治,莫大于道,莫盛于德,莫美于教,莫神于化。道者所以持之也,德者所以苞之也,教者所以知之也,化者所以致之也。"说明中华传统文化对道德教化的渲染可谓浓墨重彩。

1. 道德即自由

道德教化不仅成为中国传统教育的终极目标,而且成为中国古代意识形态的主流。这一方面是因为道德教化是建立于人们物质需要之上的更高层次的精神需求,另一方面则与道德的自身属性密切相关。那么如何认定道德的属性?道德在中华传统文化的主流观念中是先天存在的,如孟子所言:"君子所性,仁义礼智根于心"(《孟子·尽心上》),"仁义礼智,非由外铄我也,我固有之也"(《孟子·告子上》)。王阳明亦指出:"良知者,心之本体。"(《传习录·答陆原静书》)达尔文根据生物进化论的观点推断出道德是内在于人的本能："道德观念原本发生于社会本能。"[1]德国古典哲学家康德则指出，代表道德能力的善良意志是先验存在的，"有两样东西，我们愈经常愈持久地加以思索，它们就愈使心灵充满日新月异、有加无已的景仰和敬畏：在我之上的星空和居我心中的道德法则"[2]。目的论层面的自由说明道德不是来自外在的推动，而是来自康德所谓的"善良意志"，这种意志摆脱了欲望、快乐、幸福、利益等的驱使，与中国儒家思想中的"无我"状态以及佛教所追求的"如如不动"境界异曲同工。而由"善良意志"所催化的行为，因排除了利己的因素，所以大概率会产生"利他"效果。当然在经验世界中也曾出现"好心办坏事"的情况，但这种概率远没有"利他"的概率大。可见，当人们的行事遵从道德规范，就基本不会出现破坏性的结果，因为道德规范是经过人们实践积累的有效经验。而且即使道德规范在特定的环境下失效，也不能抹杀人们出于目的论而做出的道德行为，因为这种不计自身利益得失的行为本身就具有高尚的属性。道德是人区别于其他动物的特殊属性，对人类社会发展至关重要，因而成为人类社会最高层次的终极追求。

2. 教化即自律

上述论证解答了道德为何是人们至高追求的问题，随后需要解答的是道德为何需要被教化以及道德教化为何成为实现正义之目标的问题。道德与教化具有密切的关系，道德教化与中华传统文化所认定的先天道德能力并不冲突，教化并不是指将道德的属性由自律转为他律，而是通过道德规范培养人们的道德能力。换言之，道德

---

[1] 达尔文. 人类的由来及性选择 [M]. 叶笃庄，杨习之，译. 北京：科学出版社，1996：130.

[2] 康德. 实践理性批判 [M]. 韩水法，译. 北京：商务印书馆，1999：177.

教化可以将圣贤的感悟与经验有效地传递给后来者，从而提升人们的道德能力。为政者与道德教化之间也存在着深刻的联系。"内圣外王"或"外王内圣"的理论构思都是为了挑选或培养"德""能"显著的为政者。而"德""能"显著的为政者对民众具有全方位的义务，即做君的表率义务、做亲的养护义务以及做师的教导义务。当为政者实现了个人道德水平的突破、明确了道德是人类的终极追求之后，他们会自然形成"己欲立而立人，己欲达而达人"的意识，从而带领百姓走上"成圣成贤"之路。基于此，中华传统正义观在治国理政层面的实现在一定程度上依赖道德教化。

（二）敦伦尽分，家国同构

"以德化人，明德惟馨"是中华传统正义观的实现路径，那么如何将道德教化具体化，进而明确道德教化的立足点与出发点？道德规范产生于人们的经验之中，这意味着道德规范的产生与流转是从小范围开始的。禁忌和惯例可被追溯为道德规范的最初表现形式，由于两者具有鲜明的经验性，所以它们的流转基本依靠口口相传的方式，这就导致传统道德规范发挥效用的轨迹是以家庭为中心蔓延的。中国传统的治理行为符合道德规范的形成规律，不仅将伦理治理的最初效能锁定在范围相对较小的家庭伦理之中，而且以此为基础发展出了血缘宗法体制，这使中国传统的政治治理模式突出地表现为"家国同构"，因此，由君臣、父子、夫妇、兄弟、朋友构成的"五伦"关系成为长期植根于中华民族内心的基本意识，而"敦伦尽分"作为对"五伦"关系的回应，至今对人们的行为方式发挥着"日用而不知"的影响。

第五章　正　义

1. 孝，德之本也

在"敦伦尽分"观念的影响下，中华传统文化将"孝道"作为修身之首，《群书治要·论语》指出："君子务本，本立而道生。孝弟也者，其为仁之本与。"《群书治要·孝经》亦言："夫孝，德之本也。教之所由生也。""孝"因蕴含着深刻的人性发展的规律，被孔子认定为"仁"之本。而且君臣、夫妇、兄弟、朋友都源于"孝亲"的投射，"孝亲"关系对其他"四伦"关系起到了四梁八柱的基础性作用。例如，君臣之间的忠亦是源于对父母的"孝"，对此，《群书治要·孝经》言："夫孝，始于事亲，中于事君，终于立身。《大雅》云：'无念尔祖，聿修厥德。'"说明"移孝作忠"是君臣关系成立的前提。至于兄友弟恭亦是源于养父母之心的孝道，朋友之信亦是由"孝"而来，并经过"悌"的加强，从而形成了"四海之内皆兄弟"的观念。概言之，中国传统的"五伦"关系是以"孝亲"为中心，构成了"由己及人""由近及远"的伦理格局，这符合自然天道规律和伦常之理，正如《群书治要·吕氏春秋》所言："故论人必以所亲，而后及所疏；必以所重，而后及所轻。"

2. 孝，治国要道

"孝"除了被认定是中国传统的修身之道外，还被认定为治国理政、实现正义的重要精神。如《群书治要·吕氏春秋》言："凡为天下、治国家，必务其本也。务本莫贵于孝。人主孝，则名章荣、天下誉；人臣孝，则事君忠、处官廉、临难死；士民孝，则耕芸疾、守战固、不疲北。夫执一术而百善至、百邪去，天下从者，其惟孝乎！"说明了"孝"之所以能够上升至国家意志，是因为其符合自然天道和伦常之理，以及中国传统的宗法政治体制。据考证，宗法制的雏形始于氏族社会的父系家长制，其由夏朝确立，经商朝发展，最终在周朝得以完备，后世王朝在周朝的基础上对宗法制的继承虽有所损益，但受其影响很大。宗法制是以家族为单位裂变形成的治理模式，其核心在于以血缘为链接开展"分宗"而治，即天子高于诸侯、诸侯高于卿大夫、卿大夫高于士、士高于庶民。《群书治要·孝经》根据不同的阶层，规定了不同的"孝道观"，即天子之孝在于"爱敬尽于事亲，而德教加于百姓"，诸侯之孝在于"在上不骄，高而不危；制节谨度，满而不溢。高而不危，所以长守贵也"，卿大夫之孝在于"非先王之法服，不敢服；非先王之法言，不敢道；非先王之德行，不敢行。是故非法不言，非道不行。口无择言，身无择行。言满天下无口过，行满天下无怨恶。三者备矣，然后能守其宗庙"，士之孝在于"忠顺不失，以事其上，然后能保其禄位，而守其祭祀"，庶人之孝在于"谨身节用，以养父母"。以上论述一方面从顺位的角度说明了"行孝"的广度、深度与地位成正比，另一方面则明确了各阶层"敦伦尽分"的标准。在血缘宗法的治理体系下，国亦是家，孝亲则是忠君，甚至从血缘正统的角度而言，"忠"即"大孝"，是行孝的总纲，使人们逐渐形成了"国破家亡""天下兴亡，匹夫有责"的家国情怀。这种"大国小家"的认知始终植根于中华民族的意识之中，其与当今社会主义道德所倡导的集体主义正义观不谋而合。

（三）形式多样，薰修始终

"以德化人，明德惟馨"是"教民"的最终目标与本质要求，"敦伦尽分，家国同构"展现了"教民"的基本内容，"形式多样，薰修始终"则说明中华传统文化在"教民"的过程中形成了系统而长效的保障机制。据考证，中国传统的道德教化是由家教、庠序之教、社会教化等要素构成的完整体系。

1. 家教

由于受"家国同构"政治体制的影响，家教在道德教育方面发挥着基础而深远的作用。中华传统文化因洞察了"少成若天性，习惯成自然"的幼儿成长规律，所以特别注重家教的影响。同时，为了保证家庭教育发挥积极效能，道德教化采取了"防患于未然"的谨慎态度将教育前置，即在对子女开展家庭教育之前，就要求终为人父的男子学习修身与齐家，防止出现"子不教，父之过"的情况。除此之外，为了保障幼子能得到良好的道德熏染，中华传统文化还以终为人母的女性为主要对象，专门开辟了女德修养的领域，为其将来开展家庭教育做准备。中华传统文化不仅肯定并赞赏了女性之德，而且从历史的角度论证了女德的重要性。

《群书治要·毛诗》记录了王姬、陈贤妃的美德事迹，即"《何彼秾矣》，美王姬也。虽则王姬，亦下嫁于诸侯，车服不系其夫，下王后一等，犹执妇道以成肃雍之德""《鸡鸣》，思贤妃也。哀公荒淫怠慢，故陈贤妃贞女，夙夜警戒，相成之道焉"。女性如果具备优良的德性，在培养幼子道德品质的过程中就能发挥积极作用。对此，《群书治要·毛诗》还记载了周文王的母亲太任从怀胎起就对文王展开积极道德引导的故事。据载，太任坚持"目不视恶色，耳不听淫声，口不出傲言"的胎教，至文王出生后又对其展开进一步的道德教化。在母亲的言传身教之下，周文王终成一代圣王。以上例子均反映了家庭教育在道德教化中的基础性作用。

2. 庠序教育

庠序教育是继家庭教育之后的第二个教育阶段，《群书治要·淮南子》言："入学庠序，以修人伦。此皆人所有于性，而圣人所匠成也。"《群书治要·汉书》亦言："立太学以教于国，设庠序以化于邑，渐民以仁，摩民以义，节民以礼。"说明庠序教育以道德伦常为内容进一步夯实了道德教化的作用。据考证，庠序教育与家庭教育保持一致，两者遵循相同的教育目标，采用相同的教育内容，这一方面可以加强家庭的德育效果，实现道德伦常教育的一以贯之。孔子作为至圣先师秉持"有教无类"的教育理念，一生共教授了3000余名弟子，以实际行动推广了学校教育。他在实施教育的过程中就坚持以"孝"为基础，据《群书治要·论语》载："弟子入则孝，出则弟，谨而信，泛爱众，而亲仁，行有余力，则以学文。"孔子还将"孝"视为政治治理的有效方法："季康子问：'使民敬、忠以劝，如之何？'子曰：'临之以庄，则敬；孝慈，则忠；举善而教不能，则劝。'"另一方面，庠序教育能够增强道德教育的效果，其不仅能进一步加深家庭教育的影响，而且能够弥补家教的缺位，给那些因故没有接受良好家庭教育的人提供重新接受道德教育的机会。

3. 社会教育

如果庠序教育是家庭教育的补缺与深化，那么社会教育就是对庠序教育、家庭教育的进一步保障。"思无邪"是社会教育的突出特点，中国的礼乐文化都以"无邪"对人们的行为进行正面的指引。"思无邪"的意蕴出自孔子将《诗经》三千删为三百零五篇的典故，《群书治要·论语》言："诗三百，一言以蔽之，曰：思无邪。"经删减后，《诗经》的诗作都蕴含着深刻的伦理意蕴："哀哀父母,生我劬劳……无父何怙?无母何恃?出则衔恤,入则靡至。父兮生我,母兮鞠我。抚我畜我,长我育我,顾我复我,出入腹我。欲报之德,昊天罔极。"

除了诗歌之外,音乐也在中国传统的社会教育中发挥着重要的作用。《群书治要·论语》言:"礼云礼云,玉帛云乎哉?乐云乐云,钟鼓云乎哉?"说明音乐的主要功用并非娱乐而是教育。据《群书治要·吕氏春秋》记载:"乱世之乐,为木革之声则若雷,为金石之声则若霆,为丝竹歌舞之声则若噪。以此骇心气、动耳目、摇荡生则可矣,以此为乐则不乐。故乐愈侈,而民愈郁……"说明音乐的本质在于警示、引导人们做符合道义的事。此外,宗教在中国传统的道德教化中也担负着责任,其中的因果教育具有深刻的哲学智慧。《群书治要》所摘录的经典也体现了因果的道理,如《群书治要·周易》言:"积善之家必有余庆;积不善之家必有余殃。""善不积,不足以成名;恶不积,不足以灭身。小人以小善为无益而弗为也,以小恶为无伤而弗去也,故恶积而不可掩,罪大而不可解也。"又如《群书治要·桓子新论》引《尚书》原文评述王莽乱政的历史事件时所言:"《书》曰:'天作孽,犹避;自作孽,不可活。'其斯之谓矣。"这些都表明了因果道理。中华传统正义观的实现,主要依靠礼制教化的形式,道德教化在家庭教育、学校教育、社会教育等的综合作用下,达到了形式多样但原则一致的效果。

第六章

民　主

民主是中国共产党始终不渝坚持的重要理念。作为全人类共同价值，民主不是少数国家的专利，而是各国人民的权利；不是单一的形式，而是丰富的实践；不是装饰品，而是要解决人民实际问题的必需品；不是霸权主义的工具，而是交流互鉴的方式。"人"是"民"的本体，人的本性是相通的，也是平等的。"民"是一个覆盖全人类的概念，既不论国家、民族，也无关政治、文化。人民是民主的主体，实现民主的价值必须以民为本。中华优秀传统文化蕴含着丰富的民主资源，充分挖掘中华优秀传统文化蕴含的全人类共同价值，对世界各国人民之间增进理解、增强互信、加强交流，携手共同应对风险挑战，开创美好未来，具有重要的意义。

一、民主的概念及民主话语权的挑战

古往今来，关于民主的概念众说纷纭，各个国家实现民主的形式也多种多样。以民为本的思想贯穿整个中国历史，民本政治成就了中国古代治理的辉煌。近代以来，中国人民对民主的追求是在"民族救亡"走向"民族复兴"的历史背景下展开的。中国共产党一经诞生，就把为人民谋幸福、为民族谋复兴作为自己的初心使命，为实现人民民主进行了不懈奋斗。我们党高举人民民主旗帜，领导人民建立了人民当家作主的主权国家，中国人民真正成为国家、社会和自己命运的主人，人民民主不断发展。然而在西方强势话语主导下，中国的民主发展受到了歪曲和误读。历史和现实充分证明，中国的民主发展道路是适合中国国情的，中国的民主理论也是经得起实践检验的。

（一）民主的概念

关于民主的概念众说纷纭。在政治学视野中，民主的概念主要集中在以下几个层面：由穷人和弱势者统治的制度；人民直接且不间断地进行自我统治的政府形态，无须职业政治人物和公职人员；以机会平等和个人功绩而非等级和特权为基础的社会；以缩小社会不平等为目标的福利和再分配制度；以多数统治原则为决策基础的制度；制约多数人权力以保证少数人权利和利益的制度；通过竞取民众选票来确定公职人员的手段；服务于人民利益的政府体制，而不管人民在政治生活中的参与怎样。[①]列宁认为，"民主是国家形式，是国家形态的一种。因此，它同任何国家一样，也是有组织有系统地对人们使用暴力，这是一方面。但另一方面，民主意味着在形式上承认公民一律平等，承认大家都有决定国家制度和管理国家的平等权利"[②]。

英文"民主"（democracy）一词可以追溯到古希腊时期，由两个词根组成：demos，希腊语最初用来指"穷人""多数"；kratos，意为"权力""统治"。合起来的意思是"多数统治"或"人民统治"。古希腊的雅典民主有三个特点：一是在小国寡民的条件下，以民众会议统治的政府形式实行直接民主；二是建立在奴隶制基础上，占人口绝大多数的奴隶不能直接参与政治，妇女、儿童、外邦人没有参与权；三是采取少数服从多数的决策原则，民主有可能沦为"多数人的暴政"。古希腊创造了一种直接民主的政治形式，成为后世西

[①] 安德鲁·海伍德. 政治学 [M]. 张立鹏, 译. 北京：中国人民大学出版社, 2006: 84.

[②] 列宁全集：第31卷 [M]. 北京：人民出版社, 2017: 96.

方民主理论与实践的渊源。

"民主"一词在我国古代最早见于《尚书》："民主罔与成厥功"（《尚书·咸有一德》），"天惟时求民主"（《尚书·多方》），"代夏作民主"（《尚书·多方》）。这里的"民主"即民之主，指天子、君王。这与现代语境中源自西方的"民主"一词含义不同。在中国传统话语体系中，与"民主"类似的概念是"民本"和"民心"。民本政治表现为注重民生和民心，成就了中国古代治理的辉煌。

民主是全人类的共同价值，但各个国家实现民主的形式则各不相同。一百多年来，中国共产党领导中国人民经过艰辛探索，走出了一条符合中国国情的民主发展道路，创造了世所罕见的经济快速发展奇迹和社会长期稳定奇迹。中国的民主发展传承中华文明，注重从中华优秀传统文化中汲取智慧。正如习近平总书记指出："如果没有中华五千年文明，哪里有什么中国特色？如果不是中国特色，哪有我们今天这么成功的中国特色社会主义道路？"[①]

不可否认，在西方强势话语主导下，中国民主的发展受到歪曲和误读。"民主"常常成为西方国家打压中国、推行新殖民主义和新种族主义的政治工具。从站起来、富起来到强起来的中国必须建构具有世界意义的民主话语权，为世界政治文明贡献中国智慧。

（二）祛魅"西方中心论"的民主观

随着西方资产阶级革命的兴起和民族国家的建立，民主思想在17、18世纪再度登上历史舞台，在政治上以自由民主和议会民主为

---

① 习近平谈治国理政：第四卷[M]．北京：外文出版社，2022：315．

主要表现形式。西方资本主义民主在反对封建专制统治,建立形式上平等自由的资产阶级共和国进程中确实发挥了积极作用。人们普遍接受了某种通常被称为"自由民主"的民主模式,其特点主要表现为:人们通过赢得以形式政治平等为基础的定期选举来获得公职;以选举为基础,两党或多党争夺执政权;国家和市民社会之间有着明确的分界,社会组织、利益集团等维护这种分界。

随着资本的全球扩张,西方国家为了维护对全球经济的统治,建立话语霸权,强力输出"民主",特别是"自由主义民主"。自由主义民主的奠基者熊彼特将民主等同于"选举式民主",认为以选举为中心的程序民主是民主的主要标志。乔万尼·萨托利在二元对立的哲学观主导下,进一步论证了选举民主的合法性意义,认为只有竞争性选举才是民主。自第一次世界大战以来,美国把"自由民主"当作其重要的输出品,以"民主和平论"为理论支柱,以经济、科技和军事实力为后盾,干涉别国内政,强制推行西方民主制度,把不同于它们的政治制度特别是政党制度视作另类,扶植建立亲西方政权,服务于西方的霸权利益。

西方资本主义国家的自由民主形态在资本裹挟下离民主价值越来越远——对内寡头统治和对外霸权扩张。在马克思主义看来,任何民主形式的选择,都是由其背后的经济利益决定的:"任何时候,我们总是要在生产条件的所有者同直接生产者的直接关系——这种关系的任何当时的形式必然总是同劳动方式和劳动社会生产力的一定的发展阶段相适应——当中,为整个社会结构,从而也为主权关系和依附关系的政治形式,总之,为任何当时的独特的国家形式,发现最隐蔽的秘密,发现隐藏着的基础。"[①]只有从社会经济关系出发,才

---

① 马克思恩格斯文集:第7卷[M]. 北京:人民出版社,2009:894.

能找到任何形式民主存在的现实依据，揭示民主的实质。资产阶级实行民主制的真正目的并不是民主本身，而是想通过民主制这一"最好的政治外壳"来保障资产阶级的财产所有权，维护资产阶级对无产阶级和人民大众的统治。

议会制度、政党制度、选举制度是支撑资产阶级民主制度的三大支柱，本质上是为资产阶级利益服务的，所谓民主仍是以私有财产为前提和基础的。在资本主义社会，自由的背后是新型奴役制，平等的背后是资本特权，人权的背后是私有财产权。在竞争性选举中，一人一票看似自由平等，但实际上却被资本力量所宰制，转化为"一美元一票"，正如诺贝尔经济学奖获得者斯蒂格里茨所揭示的，所谓人民民主实质上是"1%所有，1%统治，1%享用"。此外，党争民主严重撕裂社会，日趋严重的政治极化加剧经济不平等、政治衰败和社会治理失能。于是，转嫁危机成了缓解国内矛盾的有效方式，其结果必然是对世界秩序造成破坏。

（三）构建民主话语权面临的挑战与对策

近代以来，中国人对民主的追求是在"民族救亡"走向"民族复兴"的历史背景下展开的，中国共产党领导中国人民建立了人民民主的主权国家，真正实现了人民当家作主。新中国成立后，在中国共产党的领导下，中国用七十余年的时间走完发达国家几百年走过的工业化历程，跃升为世界第二大经济体，全面建成了小康社会，历史性地解决了绝对贫困问题，长期保持社会稳定，成为国际社会公认的最有安全感的国家之一，中国和平崛起为世界的和平与发展作出重大贡献。这些成就的取得，一个重要原因就是中国共产党通过走群众路线，发展全过程人民民主，确立人民主体性地位，

第六章 民　主

激发了亿万群众的主动性和创造力，充分展现了中国民主政治的生机和活力。铁一般的事实证明，中国的民主发展道路是适合中国国情的，中国的民主理论是经得起实践检验的。

但是，西方敌对势力仇视和平崛起的中国，他们制造"崩溃论""威胁论""称霸论"等遏制中国发展，给中国贴上"威权主义""极权政治"等标签进行攻击，这些都对中国的国际形象和舆论环境造成十分不利的影响。因此，构建中国民主理论的话语权至关重要。就哲学社会科学研究而言，中国学界需要构建扎根于中国大地、具有中国历史文化特点的民主话语体系，回答"中国命题"，掌握民主发展的话语权。同时，对西方的民主理论，要有分析、有鉴别。

实现民主的形式不可能千篇一律，它是每个国家长期发展的结果。正如马克思所言，"人们自己创造自己的历史，但是他们并不是随心所欲地创造，并不是在他们自己选定的条件下创造，而是在直接碰到的、既定的、从过去承继下来的条件下创造"①。历史一再证明，文化传承越悠久的国家，政治制度越要符合这个国家、民族的社会文化特点；同时，越是扎根于优秀文化传统的政治制度，越具有旺盛的生命力和创造力。从内涵、实质、形式以及价值追求来讲，人民民主在中国数千年的历史文化发展中是有文明基因的。中国人民大学杨光斌教授以"历史—政治学"为研究方法指出，"在中国的语境下，人民民主、社会主义民主可以表述为民本主义民主，是中国式民主的一种新概念新范畴新表述，这种表述可以说是中华优秀传统文明的时代性转化"②。中国学界要扎根中华优秀

---

① 马克思恩格斯文集：第2卷[M].北京：人民出版社，2009：470-471.
② 杨光斌.比较视野下的中国民主的优秀基因[N].北京日报，2022-05-16（11）.

传统文化研究中国民主资源，在学术命题、学术思想、学术观点、学术标准、学术话语上构建具有中国特色、中国风格、中国气派的话语体系。扎根中华优秀传统文化研究中国民主的本土资源，不是"复古"，而是为了"反本开新"。"反本"是要了解我们自身文化，"开新"则是在继承的基础上发展和创新。"反本"才能"开新"，"反本"更重要的是为了"开新"。

"两个结合"的重要论断高度概括了中国共产党成立百年来马克思主义基本原理同中国具体实际相结合、同中华优秀传统文化相结合的良性互动关系。构建民主话语权，要立足中国现实问题，将"两个结合"落实到哲学社会科学研究的全过程，系统性构建中国民主理论。马克思主义是在18、19世纪欧洲哲学社会科学发展的基础上诞生的，它深刻揭示了自然界、人类社会、人类思维发展的普遍规律，为人类社会发展指明了方向。"当代中国哲学社会科学是以马克思主义进入我国为起点的，是在马克思主义指导下逐步发展起来的。"[1]中华优秀传统文化蕴含着中华民族独特的世界观、人生观、价值观，体现了中国人几千年来积累的知识智慧和理性思辨，这是我国的独特优势。中华优秀传统文化蕴含的民本思想沟通了中国人同社会主义学说的联系，成为近代以来中国人追求民主的深层文化基因。梁启超在比较研究中西政治文化差异时指出，"文化演进较深之国，政治问题必以国民生计为中心，此通义也"[2]。以国民生计为中心的政治，更重视民众利益的实质性结果而不仅仅是程序性安排。"两个结合"已经深深嵌入中国革命、建设和改革的历史进程中。研究中国民主的理论与实践要坚持问题导向，着眼于我

---

[1] 习近平. 在哲学社会科学工作座谈会上的讲话 [N]. 人民日报, 2016-05-19 (02).

[2] 梁启超. 先秦政治思想史 [M]. 天津：天津古籍出版社, 2003：7.

国发展面临的重大理论与实践问题,在"两个结合"的统摄下构建民主话语权。

二、中华优秀传统文化中的民主价值

中华优秀传统文化中蕴含着丰富的民主价值,"和合一体"的宇宙观和人性平等的人性论是其深邃的形而上基础。中华文明在历史的演进中,形成了以民为本的治理理念,在实践中形成了"大一统"的政治架构和人口规模巨大的中华民族共同体。注重民心是以民为本治理理念的重要表现,在"合于道"的方向上顺应民心是中国古代民本治理的关键。

(一)以民为本的形而上基础

中国古人在洞察自然规律的基础上,形成了"和合一体"的宇宙观和"一体之仁"的思维方式,又通过观察人之本性和社会人伦关系,得出了人际关系和谐一体的结论。人人都有自性明德,明德即是道。众人虽表相不同,但自性平等。"和合一体"的宇宙观和人性平等的人性论构成了以民为本的形而上基础。

1. "和合一体"的宇宙观

"道"是宇宙万有的本体,也是自然而然的规律。中国古人在对"道"不断认识和追求的过程中,形成了"和合一体"的宇宙观和"一体之仁"的思维方式。《庄子·齐物论》云:"天地与我并生,而万物与我为一。"《张载集》云:"乾称父,坤称母;予兹藐焉，乃混然中处。故天地之塞，吾其体；天地之帅，吾其性。民，吾同胞；物，吾与也。"①王阳明《大学问》云：

> 大人者，以天地万物为一体者也，其视天下犹一家，中国犹一人焉。若夫间形骸而分尔我者，小人矣。大人之能以天地万物为一体也，非意之也，其心之仁本若是，其与天地万物而为一也。岂惟大人，虽小人之心亦莫不然，彼顾自小之耳。……是其一体之仁也，虽小人之心亦必有之。是乃根于天命之性，而自然灵昭不昧者也，是故谓之"明德"。②

"道"、（自）性、明德，名异而实同。天地自然、万事万物，包括人，都以"道"为本体，都是一体的关系。

人总是处在各种人伦关系之中。在"和合一体"的宇宙观和"一体之仁"思维方式的影响下，古人认为，父与子、夫与妇、君与臣、君与民、长与幼，乃至朋友之间、家庭之间、国家之间都是和谐一体的关系。处于一体的伦理关系中的双方，具有双向性的道德责任。《说文解字》中提到："仁，亲也，从人从二。臣铉等曰：'仁者兼爱，故从二。'"仁者爱人，能够换位思考、将心比心。"忎"是古代"仁"的一种写法。千是虚数，说明"仁"就是要用心去爱他人，爱护万物。具有仁德之心的为政者才会感召竭力工作的下属。这就是《大学》中所讲的"未有上好仁而下不好义者也，未有好义其事不终者也"。《尚书·咸有一德》云："后非民罔使，民非后罔事。无自广以狭人，匹夫匹妇，不获自尽，民主罔与成厥功。"这是伊尹对太甲的告诫，只有君民勠力同心，和谐一体，才

---

① 张载集[M]. 北京：中华书局，1978：62.
② 王阳明集：下[M]. 北京：中华书局，2016：823.

能成就一番事业。

以民为本的思想是在社会演进中自然而然产生的。《尚书·五子之歌》中的"民惟邦本，本固邦宁"是民本思想的集中体现。《周易》中也有与此类似的思想。《周易·剥》云："《象》曰：山附于地，剥。上以厚下安宅。"圮剥必然是从根基开始，下剥则上危。为政者通过圮剥之象反思施政，就应当在治理时"厚下"，加恩于百姓，以求得"安宅"。《周易禅解》云："山附于地，所谓得乎丘民而为天子也。百姓足，君孰与不足？故厚下乃可安宅，此救剥之妙策也。"[1]《周易》中的民本思想正是古人观察宇宙人生的结果，其形而上基础就是"以天地万物为一体"的宇宙观。

《周易·剥》"山附于地""厚下安宅"的思想，强调了有下才有上，有民才有君。《汉书·刑法志》对此进行了说明："上圣卓然先行敬让博爱之德者，众心说而从之。从之成群，是为君矣；归而往之，是为王矣。"民是社会的基石，以民为本则民足，民足则社会的基础就稳固。古人注重祭祀，五礼之中首重祭礼。但是古人同样明白，一个明君应该首先把百姓的事情办好，不爱子民，祭祀无益。《左传》云："夫民，神之主也，是以圣王先成民，而后致力于神。"（《左传·桓公六年》）"国将兴，听于民；将亡，听于神。"（《左传·庄公三十二年》）君以民存，亦以民亡；水可载舟，亦可覆舟，讲的就是这个道理。

2. 人性平等的人性论

"道"是体相用的合一，既是本体，呈现一定的相，也是通达本体的路径。《中庸》云："率性之谓道。"依循本性自然就是

---

[1] 蕅益. 周易禅解[M]. 武汉：崇文书局，2015：98.

"道"，性与道合。明德是人的自性（即本性，又称人性），"明明德"即彰明人之自性。王阳明说："大人之学者，亦惟去其私欲之蔽，以自明其明德，复其天地万物一体之本然而已耳，非能于本体之外而有所增益之也。"[①]

自性人人本具，无论贤愚。"性相近也，习相远也。"（《论语·阳货》）所谓"性相近"，是指人的自性相近，因为自性都是自然灵昭不昧的。所谓"习相远"，是指人的习性差异很大，习性善恶受后天外在的影响。依循本性之自然就可以回归"道"，即"明明德"。然而并非所有人都能依道而行，圣人担心有些人会因顺习性而背道行事，于是依循当行之道立修治之法，教人格物、致知、诚意、正心，以修其身，进而齐家、治国、平天下。教育的过程就是使人去除习性的浸染回归本性的过程，即《中庸》之"修道之谓教"。

中国古人已经认识到"性相近，习相远"，即人在自性层面具有内在的平等性，但习性千差万别，因此表相是不平等的。古人不追求表相上的平等，是因为表相上的平等不可能达到，刻意追求绝对平等本身就是不平等的表现。《道德经》云："天道无亲，常与善人。"这并不是天偏向善人，天对于万事万物都是平等的。古人追求内在的平等，效法天道，依道而行。换句话说，古人读书志在圣贤，追求"明明德"乃至"明明德于天下"。

根据人性的特点，民众对"合于道"的美好生活的追求是一致的，但因为人的表相的不同，追求的方式不尽相同；又因为有善有恶，因此在追求民主时，就有了"合于道""悖于道"的差别。民主作为全人类的共同价值，应使其始终在"合于道"的方向上发展。

---

① 王阳明集：下 [M]. 北京：中华书局，2016：823.

（二）以民为本是平治天下的内在要求

中国古人在对"生生"的追求中，形成了"大一统"的政治架构，也逐渐形成了人口规模巨大、具有共同价值追求的中华民族共同体。以民为本的治理理念就建立在这样的政治架构和人口规模之上。"明明德""亲民""止于至善"是古人修身治国的总目标。

1. 生生之道与"大一统"的政治架构

中华民族生生不息，创造了光辉灿烂的中华文明。这要归功于中华民族自古以来对"生生"的追求。《周易》曰："天地之大德曰生。"天地生养万物，顺应天地之道则生。中国古人具有"和合一体"的宇宙观和"一体之仁"的思维方式。人是"生生"的主体，追求"生生"就必然以民为本。相反，倘若不能体察一体，就会产生对立，进而引发冲突。生死是线性的发展逻辑，而"生生"是辩证的发展逻辑。对"生生"的追求促使中国古人在政治组织方面逐渐走向了"大一统"，"大一统"形成后，又成为支撑中华民族生生不息的架构。在"大一统"的政治架构下，中华先民在广袤的中华大地上形成了人口规模巨大，习俗多样却六合同风，有着共同价值追求的中华民族共同体。中国自古至今以民为本的治理理念，始终是建构在土地广袤和人口众多基础之上的。

民本思想作为"大一统"国家的核心政治价值，可以从以下几个层面来理解：一是"民"是国家政权的主体性存在，民心是执政合法性的根基；二是民本思想塑造着政治的公共性，政治以责任为本位而不是以权力为本位；三是为政者的天职是保民、裕民、教民，丧失民心的政权必然会被推翻；四是政顺民心的重大决策依赖于兼收并蓄、求同存异、和而不同的广泛咨询，协商政治有着悠久的历史传统；五是政通人和才能长治久安，对民意只能引导不能封堵，要畅通民意的表达渠道。虽然囿于传统政治体制，民本思想的制度化实践是有局限的，但不可否认其中蕴含的公共精神、家国情怀、集体意识、责任本位等价值追求体现了"大一统"国家可久可大、生生不息的治理智慧。

2. 家国情怀与对"明明德"的追求

《大学》开篇云："大学之道，在明明德，在亲民，在止于至善。"大学是大人（圣人）之学，是教人觉悟的学问，是士君子的修己治人之道。明德亲民，自觉觉他，二者都臻于至善，这是古人修身治国的总目标。亲民是古代士君子修身治国必不可少的内容，以民为本也就成为平治天下的内在要求。

王阳明曰："明明德者，立其天地万物一体之体也。亲民者，达其天地万物一体之用也。故明明德必在于亲民，而亲民乃所以明其明德也。"[①]"明明德、亲民而不止于至善，亡其本矣。故止于至善以亲民，而明其明德，是之谓大人之学。"[②]可见，亲民、止于至善都是"明明德"中之事；身、家、国、天下，则是"明德"中之物。"明明德"达到极致，就是"明明德于天下"，也就是家齐、国治、天下平。

"欲明明德于天下者"并非单指天子。

> 舜耕历山之时，何尝不是庶人？伊尹耕有莘时，傅说在板筑时，太公钓渭滨时，亦何尝不是庶人？只因他肯格物致知，

[①] 王阳明集：下 [M]．北京：中华书局，2016：823．
[②] 王阳明集：下 [M]．北京：中华书局，2016：824．

诚意正心，以修其身，所以皆能明明德于天下耳。……须知上自天子，下至庶人，名位不同，而明德同。明德既同，则亲民止至善亦同，故各各以修身为本也。[①]

"明明德"是对所有人而言的，修身有成，自然化成于家国天下。古代士君子在对"明明德"的追求中逐渐认识到，身、家、国、天下，一体也；天下之本在国，国之本在家，家之本在身。所谓身，既指自身，也指个体的民。士君子所具有的浓厚家国情怀，就是建立在家国一体的思想基础之上的。

家国情怀具有双向性，既包含通过移孝作忠把在家尽孝转化为为国尽忠这种个人对国家自下而上的道德情感，也包含通过爱民如子使为政者治国如治家这种国家对个人自上而下的道德责任。因此，不仅有百姓视国事为自己的家事，在危难时刻义不容辞，挺身而出；也有国家视百姓的家事为国事，秉持以民为本、人民至上的理念。这种双向性使百姓与为政者之间建立了信任。可见，家国情怀是维系国家稳定，使民族生生不息的精神力量。"中华民族共同体""人类命运共同体"是家国情怀在当代处理民族关系和国际关系中的思想结晶。[②]

（三）民心是最大的政治

民本政治的一个重要表现是在位者注重民心。民心与民意不同，民心稳定而民意善变，民心与"道"相通而民意与欲相连。顺

[①] 蕅益. 四书蕅益解 [M]. 江谦, 补注. 武汉：崇文书局，2015：210.
[②] 刘余莉，聂菲璘. 家国情怀的精神境界与历史文化内涵 [J]. 甘肃社会科学，2021（5）：152-159.

应民心要以"道"为规导，而一味迎合民意则容易落入民粹主义旋涡。

1. 爱民利民，顺应民心

注重民心是古人通过政治实践得出的结论。孟子曰："君之视臣如手足，则臣视君如腹心；君之视臣如犬马，则臣视君如国人；君之视臣如土芥，则臣视君如寇仇。"（《孟子·离娄下》）为政者要想国家长治久安，就必须爱民利民，注重民心。"爱人者则人爱之，恶人者则人恶之"（《孔子家语·贤君》），"爱出者爱反，福往者福来"（《新书·春秋》），不仅说明了人心所起的作用，还说明了只有形成和谐一体的社会关系，人类才能生生不息。

中国古代有着独特的天命观。古人认为，天命不是永恒不变的，得天命就会得天下，失天命就会失天下。天命无常，全在民心向背，民心向背是国家兴衰的风向标。因此古人将天命与民心相连，通过民心体察天意。《尚书·泰誓》云："天视自我民视，天听自我民听。"天之视听都出自民众。《尚书·皋陶谟》云："天聪明自我民聪明，天明畏自我民明威。达于上下，敬哉有土。""聪明"即视听，"明威"言赏罚，"达于上下"意谓天人相通。

> 明者显其善，畏者威其恶。天之聪明，非有视听也，因民之视听以为聪明；天之明畏，非有好恶也，因民之好恶以为明畏。……天人一理，通达无间，民心所存，即天理之所在，而吾心之敬，是又合天民而一之者也。有天下者可不知所以敬之哉？[①]

[①] 蔡沉. 书集传［M］. 北京：中华书局，2017：29.

中国古人将民心与天命相连，既是天下观的体现，也是自我警醒和鞭策。民心即天命的观念与以民为本的执政理念相辅相成，对中国历史产生了深远影响。

2. 民意与民心不同

现在世界上一些国家自诩注重民意，时常发布各种民意调查结果，或者通过公投或选举将"权利"交给国民，但民众对政府的信任度却在不断下降，国家治理并未实现稳定有序。其中有两方面的原因。一方面，民意与民心不同。人们对美好生活的向往是民心的表达，而美好生活是以"道"为规导的，因此民心所向往的内容是稳定的。但是，民意就不同了。针对某项举措，不仅各人的意见不同，甚至同一个人在不同阶段的意见也可能不同，因此民意多样且善变。另一方面，简单多数原则未必合理。在投票总数逐渐下降的情况下，按照简单多数计算出的赞同票数，在总人口中可能依然是少数。如此，"民主"就成为披着民意外衣的专制。

中国古人鲜谈民意而多谈民心，不仅是因为所谓的民意真假难辨，而真正的民心往往不需要说出口，更是因为民心中蕴含着"天命""明德"等深刻的内涵。顺民心要以"道"为旨归，不仅可以避免使顺应民心沦落为迎合世俗的欲望，还可以使民心始终处于"志于道""合于道"的方向上。

（四）为政者应以民为本

"民心是最大的政治，正义是最强的力量。"[1]始终在"道"的

---

[1] 中共中央关于党的百年奋斗重大成就和历史经验的决议[M]. 北京：人民出版社，2021：66.

方向上顺应民心、赢得民心，关键在于为政者要有德能。

1. 顺民心要以"道"为旨归

顺应民心就要与民同好恶，而不以个人主观好恶为转移。如《大学》所云："民之所好好之，民之所恶恶之，此之谓民之父母。""好人之所恶，恶人之所好，是谓拂人之性，灾必逮夫身。"这里的"人"指君子；君子所厌恶的是凶恶之事，所喜好的是仁义善道。好善、恶恶是人之本性、人之共性；如果为政者爱好凶恶，不好仁义，就违背了人之本性和人之共性，灾祸也会随之而来。换言之，民之好恶要以"道"为规导，以性德为标准。性德是源自"道"的德行，"道"为德之体，德为"道"之用。为政者对于民众"合于道"、合于性德的喜好，则好之；对于有悖于道、有悖于性德的，则恶之。因此，根据民之好恶而好恶，不应该仅仅满足于人们对衣食住行的向往，更不应该追求穷奢极欲的物质享受，而是要有更高的精神追求和思想境界，而这最终指向"道"和"德"。这就是《大学》所说的"道得众则得国，失众则失国。是故君子先慎乎德"。得民心的前提是要"先慎乎德"，以民为本是以人之自性明德为根本。

民心即天命，天命的核心是明德。《尚书·咸有一德》云："天难谌，命靡常。常厥德，保厥位。厥德匪常，九有以亡。……非天私我有商，惟天佑于一德；非商求于下民，惟民归于一德。德惟一，动罔不吉；德二三，动罔不凶。惟吉凶不僭在人，惟天降灾祥在德。"这段论述将天命、民心、明德相关联。民众归于有德之君，承天命的关键在于为政者的德行与天相配。类似的论述遍及诸典籍。《尚书·蔡仲之命》云："皇天无亲，惟德是辅。民心无常，惟惠之怀。为善不同，同归于治；为恶不同，同归于乱。"《大学》

云:"道善则得之,不善则失之矣。"此处的"善"归根结底是德。"皇天"是天道的代名词,天道本无亲疏,即无爱无恶,"惟德是辅"是能爱能恶,是"能爱人,能恶人"。"惟惠之怀"即"善则得之","为恶不同,同归于乱"即"拂人之性,灾必逮夫身"。可见,顺应民心最重要的是以明德为旨归,也就是"志于道"。

2. 得民心的关键在于为政者要有德能

顺应民心、赢得民心,关键在于为政者要有德能。《尚书·咸有一德》云:"惟民归于一德。"《大学》云:"有德此有人。"《史记》记载,舜在历山脚下耕种,历山的人都会相互谦让田地边界;舜在雷泽捕鱼,雷泽的人都能相互谦让居所;舜在黄河之滨制陶,那里生产的陶器没有劣质的。舜所居之处,一年成聚,二年成邑,三年成都。百姓受舜德行的感召而来。相反,为政者有昏德,就会遭到民众的抛弃。《尚书·五子之歌》云:"太康尸位,以逸豫灭厥德,黎民咸贰。"《左传·襄公九年》云:"我之不德,民将弃我。"

古有学而优则仕的传统,读圣贤之书,做圣贤君子,办圣贤政治。四书五经是古代士君子必读的经典,其中记载了修身、齐家、治国、平天下的理念和方法。书中大多数内容是针对为政者的。在被誉为"群经之首""大道之源"的《周易》以及最古老的治国理政文献《书经》(即《尚书》)中,就有对为政者应当具备什么样的德行、应该怎样做,才能赢得民心,使国家安定的论述。

为政者必须具有谦虚的美德。《周易·屯》:"以贵下贱,大得民也。"《周易·谦》云:"劳谦君子,万民服也。"《周易·益》云:"损上益下,民说无疆,自上下下,其道大光,利有攸往,中正有庆。"为政者做到不自矜伐,考虑百姓利益,关心百姓疾苦,才能得到百姓的拥戴。

为政者必须有好生之德。为政者的爱民之心，特别体现在刑罚方面。《周易·豫》云："圣人以顺动，则刑罚清而民服。"为政者效法天地顺动而治国平天下，所禁止的应该是民之所恶，所允许的应该是民之所向。顺民心行事的结果就是刑罚清明而民众悦服。刑罚清明体现的是好生之德，为政者有好生之德，民心浃洽，就能得民。

为政者要顺道而行，普施德教，这也要求其必须有德行。《周易·观》云："《彖》曰：观天之神道，而四时不忒，圣人以神道设教，而天下服矣。"据《周易全解》，"观"读去声，有为天下仪表而让天下观仰的意思；"神"并不是宗教观念上的神。[①]为政者体会了天道奥妙后，施行自己的德教，使百姓受到潜移默化的影响。

中华经典中有很多关于君与民关系的论述，这些论述不断地被用于治理实践。历史一再证明，只有为政者做到以民为本、注重民心，并且始终走在"合于道"的方向上，社会才能稳定；反之，国家就会败亡。

三、中华优秀传统文化中的民主资源

中国古人遵循以民为本的治理理念，由此积累了丰富的民本政治的实践经验。任人唯贤、选贤任能的人才选拔制度，多元参与、审慎决策的协商议政制度，荣辱与共、协商自治的和谐社会治理，这三个方面都包含着丰富的民主元素。

---

① 金景芳，吕绍纲. 周易全解（修订本）[M]. 上海：上海古籍出版社，2017：210-211.

（一）选贤举能中的民主资源

中国古代实行过多种选举制度，但是无论哪种制度或形式，所遵从的原则都是任人唯贤、选贤举能，选拔人才的标准都是德才兼备、以德为先。这样做一方面是为了选举出贤能之人，避免"不仁者"进入高位，"不仁而在高位，是播其恶于众也"（《孟子·离娄上》）；另一方面使选举出的贤能之人发挥教育民众的表率和引导作用。

秦汉"大一统"政体建立，人口和疆域扩大，仅仅依靠血缘家族和贵族身份的权力分配方式，显然已经缺乏政治合法性和行政管理能力，维护和巩固政治共同体需要一批不依赖于身份和血统，而是凭借德行、才干、技能等选任的官员，来执行政令、管理社会。选贤任能的官僚制重视选官的"贤""能""功"标准，主张"天下为公，选贤与能"（《礼记·礼运》），"官不私亲"（《慎子·君臣》），"量能而授官"（《荀子·君道》），"无能不官，无功不赏"（《荀子·王制》），"列德而尚贤"（《墨子·尚贤上》），"明主之吏，宰相必起于州部，猛将必发于卒伍"（《韩非子·显学》），这些思想和经验在历代的政治实践中不断制度化，逐步形成了一套比较科学合理的选贤任能制度。

选贤任能制度为中国古代"大一统"的中央集权政治体制的长治久安提供制度和人事保障。"选贤任能"而不是"亲贵合一"的任官标准让民众有机会参与政务。选贤任能制度与"大一统"政体相契合，有利于加强地域间的交流融合，"五湖四海"选人用人，打开了社会等级间流动的通道。自汉代察举"贤良"和"孝廉"开始，平民和低级办事官吏就被纳入举荐的制度化用人渠道，特别是全国各郡县长官都有察举的职能，地方依据一定的用人标准推荐人才给中央，使全国郡县都有人得以进入中央供职。隋唐时期，实行开科取士后，通过相对客观的考试标准定期挑选社会上的优秀分子参与国家管理。应试者"怀牒自举"，突破了汉代察举制度需要经过地方选择的限制，促进了"大一统"政体各地域间的融合。"各地域按名额获得其进士参政权，而历年全国各地士子群集中央会试，对于传播国家意识，交换地方情感，融铸一体，更为有力。"①之后的明清两朝也不断沿着这一路径纵深推进，例如明朝有中央重要部门的官员必须来自不同省份的不成文规定，以便"凡有大政，必合十三省人酌议，故备知天下得失"（《明季北略》）。通过选贤任能制度吸纳和团结各地精英与民众，形成多元一体的超大规模、超复杂结构的"大一统"政体。

选贤任能制度所选拔和塑造的"官"不仅是管理者，还是以身作则的表率者，其职责不仅在于致君尧舜、安邦治国，还在于引导和教育民众形成健全的人格，建立和谐的社会。孔子在不同情境下揭示了为政者的"德行"与"政治"的关系："政者，正也。子帅以正，孰敢不正"（《论语·颜渊》），"其身正，不令而行；其身不正，虽令不从"（《论语·子路》），"为政以德，譬如北辰，居其所而众星共之"（《论语·为政》）。政治意味着对公权力的行使，以处理公共事务、维护公共秩序、增进公共利益为旨归，为政者自身行为的公正、端正和正义性至关重要，善政与否不能缺少对为政者道德维度的评判。选贤任能制度在道德维度主要包含以下内容：其一，"作之君"，即率民，重在修德立信。只有为政者修身立德，在道德上做民众的榜样，才能得到信任，受到拥护和支持。

---

① 钱穆. 国史大纲（全两册）[M]. 北京：商务印书馆，1996：406.

《群书治要·政要论》云:"故君子为政,以正己为先,教禁为次。若君正于上,则吏不敢邪于下。吏正于下,则民不敢僻于野。国无倾君,朝无邪吏,野无僻民,而政之不善者,未之有也。"其二,"作之亲",即养民,重在恤民利民。《尚书·大禹谟》云:"德惟善政,政在养民。"为政者像父母关爱自己的孩子一样爱护百姓,百姓才会拥戴之。中华典籍中不仅记载了古圣先王爱民的行仪,也记载了恤民利民的方法。例如,《周礼·地官司徒》中记载了六种保息之法以养万民,即慈幼、养老、振穷、恤贫、宽疾、安富。中国古代经济思想中为民制产、轻徭薄赋、抑制兼并(资本)的制度,都是利民的体现。其三,"作之师",即教民,重在正己化人。《礼记·学记》中的"建国君民,教学为先",强调了教育在治国理政中的首要位置。《尚书》中强调了为政者要承担教导民众的角色。《尚书·泰誓》云:"天佑下民,作之君,作之师。"要想教导别人,首先自己要修身明德。孔子"庶之""富之""教之"的观点将教育置于社会发展的重要环节。为政者以德修身,彰明性德,进而通过亲民,使民众道德日新又新,明其明德,使他们具有正确的好恶观念和良好的道德情操,这样才是"乐只君子,民之父母"(《诗经·小雅·南山有台》)。

  人能弘道,非道弘人。选贤任能的作用,不仅是使贤者在位、能者在职,还在于贤者以类聚,优化政治生态,更在于贤者以身作则,通过政治社会化的途径来增强教化的力量,"教化的流泽比什么都大"[1]。对民众进行道德教化,教民有德有才,培养出圣贤,才能后继有人,形成选贤举能的良性循环,推行贤能政治。秦汉以后历代"大一统"政体都致力于通过礼俗、制度、法律等将选贤任

---

[1] 潘光旦. 儒家的社会思想 [M]. 北京:北京大学出版社,2010:377.

能的精神充分地浸润到社会各个层面，在教育的渐次普及中纯化民风民俗，使崇尚道德、尊重贤能蔚然成风。政治的目的是"养天下之和平"，通过贤能政治最终实现化民成俗，养百姓和平之气。[①]

中国选贤任能制度与"大一统"体制相辅相成，这或许正是中国传统政治自秦以降能够绵延两千多年，作为原生道路文明卓然屹立于世界的重要原因。在"大一统"政体中不断发展的独具特色的"天下为公，选贤任能"的理念，对西方乃至世界都产生积极的影响。美国电影剧作家艾伦·坎贝尔曾说，"中国是文官制度的创始者"[②]。国际政治理论学者贝淡宁认为，贤能政治过去是也会一直是中国政治文化的核心。西方民主是一种有缺陷的政治体制，而贤能政治有助于弥补其部分缺陷。[③]

（二）协商政治中的民主资源

在中国古代协商政治中，决策前的协商是一个多元参与的程序，协商议政的主要目的是在统一领导下通过多元参与的讨论、协商、权衡进行审慎决策，达成共识，促成一致的行动。秦汉"大一统"帝国建立后协商议政更为活跃，寓协商于决策之中成为一种制度化设计。

其一，在重大政治决策中，形成以王为中心的具有开放性、多方参与的决策体系。《尚书·洪范》中记载：

[①] 谢茂松. 大臣之道：心性之学与理势合一[M]. 北京：中华书局，2013：7.
[②] 侯建良. 中国古代文官制度[M]. 北京：党建读物出版社，中国人事出版社，2010：1.
[③] 贝淡宁. 贤能政治是个好东西[J]. 当代世界，2012（8）：5-8.

> 汝则有大疑，谋及乃心，谋及卿士，谋及庶人，谋及卜筮。汝则从、龟从、筮从、卿士从、庶民从，是之谓大同。身其康强，子孙其逢，吉。汝则从、龟从、筮从、卿士逆、庶民逆，吉。卿士从、龟从、筮从、汝则逆、庶民逆，吉。庶民从、龟从、筮从、汝则逆、卿士逆，吉。汝则从、龟从、筮逆、卿士逆、庶民逆，作内吉，作外凶。龟筮共违于人，用静吉，用作凶。

虽然我们很难了解这套"协商—决策"体系的具体细节，但仅就其主体的多元且结构化的参与、过程的程序化安排以及结果的最终评估和运用等技术层面的设计而言，这套体系确实具有理论价值。没有万全之策，只有利害得失的权衡，一个开放的、结构化的、程序性的协商系统的建立和应用，对于重大问题的决策大有裨益。有学者认为，这里蕴含着一个"智性民主"的初始创意，为公共决策设想了一个兼听人谋与天算的策略。[①]开放性、多方参与的决策体系具有审议慎议的协商精神：承认、允许并重视差异的存在，有差异的甚至对立的事物本质上是可以通过协调而达到和谐状态的。

其二，在政治实践中，对于重大问题的决策通常采取集议、廷议等协商形式。集议这种协商形式在秦汉十分活跃，秦朝凡是重大事件如议帝号、封禅等都需要大臣参与商议。汉代承袭此制，协商的议题更为广泛，如立嗣、立法、人事任免、教育、盐铁专卖、边事、出战、迁都等重大问题都要协商。集议协商一般由丞相、御史大夫主持，如果议题特别重要，皇帝也会参加或主持。参加集议协商的人数根据议题牵涉面而定，少则几人、十几人，多则几百人。

---

① 赵汀阳. 天下：在理想主义和现实主义之间[J]. 探索与争鸣，2019（9）：107.

西汉哀帝建平二年（前5年），对一项人事问题进行协商，参加者有"将军、中二千石、二千石、诸大夫、博士、议郎议"（《汉书》），其中四十四人表示赞同，十四人提出异议。汉代设置了针对国家某项重大政策的专题协商会，有经济民生领域的盐铁专卖会议，教育文化领域的石渠阁会议、白虎观会议等。教育文化领域的专题协商，太学生、儒生、今古文学家也参与其中。据统计，汉朝有确切记载的集议达百余次，有时一个问题要协商四五个回合，有些会议持续几天才结束，如有议题难以达成共识，还会升级为更广泛的群臣协商会议。凡参加者都能发表言论，特别是不同意见者往往会展开激烈的争辩，各种意见表达讨论之后最终由皇帝作出决断。隋唐建立了一套"中书出令、门下封驳、尚书执行"的三省六部制决策与执行体制，这套体制的特点是"寓协商于决策之中"，以宰相为代表的中枢辅政集团集体协商议事成为皇帝最终裁决的前提和基础。唐贞观四年（630年），唐太宗与大臣讨论隋文帝时指出，隋文帝不信任百司、独断专行是隋朝政治败亡的重要原因。唐太宗认为"以天下之广，四海之众，千端万绪，须合变通，皆委百司商量、宰相筹画，于事稳便，方可奏行。岂得以一日万机，独断一人之虑也"（《贞观政要》）。在这种思想的指导下，三省六部运转起来，难免出现相互掣肘的弊端，尤其中书和门下两省，往往意见不一致，"论难往来，各逞意气"，于是制度改进为让三省长官合署办公，是谓"政事堂"，在政事堂中协商议政，将协商置于决策之前和决策之中进行。虽然三省六部制在实践中经历了一个不断调整的动态过程，但在决策前充分协商这一原则始终贯穿其中。

其三，"谏议"思想和行为制度化是协商政治的重要标识。谏，即规劝，主要指通过批评、建议、劝诫等方式使他人改过从善。在古代宗法秩序和君主政治中，臣对君、子对父、下属对上级提出批评劝诫称为进谏；君主、父亲、上级接纳批评劝诫称为纳谏。对于"谏"与"议"的关系，有学者指出，"谏"总要辨析正误，言明利害，讲一番道理，就需要"议"。"谏"与"议"两字连用，同时又相通。"谏"是"议"的一种形式，"议"的目的往往是"谏"。在政治生活中，谏议的内涵比"谏"丰富得多。①集议、奏疏、封驳、侍臣讽谏、侍讲侍读、臣民上书等都是谏议行为的运作方式。秦汉时的大夫有协商议政的职权，"大夫掌论议，有太中大夫、中大夫、谏大夫，皆无员，多至数十人。武帝元狩五年初置谏大夫，秩比八百石"（《汉书·百官公卿表上》）。隋唐时期的门下省有专门负责谏诤的官员。宋代时协商议政出现了一些新的特点，其中一个主要的表现是设立了谏院，使其成为独立的协商议政机构。《宋史·职官志一》云："国初虽置谏院，知院官凡六人，以司谏、正言充职；而他官领者，谓之知谏院。正言、司谏亦有领他职而不预谏诤者。官制行，始皆正名。"谏官在协商议政中发挥重要作用。一是参与国家大政方针的讨论，如经济问题、礼仪制度乃至军事政策都会诏"侍从、台谏集议"。二是在官员的举荐中具有一定的举荐权，如司谏、正言、知谏院"并岁得举太常博士已下朝官不得过二人"（《全宋文》）。三是具有弹劾百官的权力。唐及以前的谏官只有对文武百官和朝政提出议论批评的权力，没有弹劾权，而宋代的谏官职权扩大到弹劾包括宰相在内的文武百官，被弹劾去职的宰相很多。在明代，重大问题决策、重要人事选任、重大案件审理都要在朝廷上进行协商，参与协商的人员中有一类十分瞩目：六科给事中。给事中原本是属于门下省的官员，明代罢去门下省长官独存六科给事中，凡廷议大事、廷推大臣、廷鞫大狱，给事中都参与其中。虽然六科给事中

---

① 刘泽华，张分田. 政治学说简明读本［M］. 天津：南开大学出版社，2001：317.

职级很低，但其学历高、职位重要，同时也因其位卑所以少有顾虑，年轻所以少有官场暮气，又因其受到皇帝的信任和倚重得以参与重大事项的协商，所以更为忠诚敢言，他们的意见往往受到重视。在政治实践中，言官谏议是一个宽泛的概念，除了专职、兼职的谏议官外，上至三公九卿，下至小吏待诏等都有谏议的责任和义务。纳谏不仅是为了听取批评意见，下情上达，还具有综合性的政治功能，也是君主招纳谋略、调整政治、掌握政治枢机的重要手段。

（三）社会治理中的民主资源

中国传统的社会治理从维护安全与秩序的角度出发，致力于构建人人各安其位又能积极参与治理的安定和谐的社会。儒家的和谐治理观是中国传统社会治理的思想基石，以人作为社会的主体，以个体的心性和谐为基点，以家庭和谐为治理的基础性载体，通过对家庭内部伦理秩序的调整，营造人际信任的环境，形成各安其位、各尽其能、各负其责的社会治理状态。黑格尔曾这样评价中国人的家庭文化："中国纯粹建筑在这一种道德的结合上，国家的特性便是客观的'家庭孝敬'。中国人把自己看作是属于他们家庭的，而同时又是国家的儿女。"[①]黑格尔敏锐地看到，孝是中国传统的主流意识形态，但他没有看到，由亲情伦理生发出来的民族、宗教和国家观将各个民族融为一体，这正是中国文化海涵地负、亘古恒新的能力。

中国文化传统，由"生生"这一本体论预设出发，落实在

---

① 黑格尔. 历史哲学 [M]. 上海：三联书店，1954：165.

第六章 民　主

"亲亲"这一生存论经验中，积淀为"孝悌"等最基本的德性，并在"家"这种社会组织中体现出来。其间的逻辑关系非常严密，这也是中国文化传统历几千年而不倒的原因；摧毁这一层层落实下来的文化结构，中国文化的价值体系也就荡然无存了。①

在儒家和谐治理观的视域中，人人都是集体中不可或缺的一部分，都有不同层次和维度的社会参与，最终实现社会的善治。美国哲学家乔治·麦克林认为："儒家的和谐不是那种试图用先验的必然形式展示一切的理性法则……是一种以将个人和他人联系起来的方式、在日常生活的具体环境中来理解人……儒家可能更接近善，因为它反对意识形态下的各种限定和预设。"②由家（族）和谐延展出的集体观念成为社会治理的重要思想，是实现善治的价值与实践基础。在传统农业社会中，一家一户的家庭生产与生活在应对自然灾害、实现生产增收、保卫家族安全以及子孙传衍等方面形成了家庭成员共荣共辱的关系。传统社会总是将家（族）放在极其重要的地位，立宗祠、修族谱、设义田等，无不体现出强烈的集体意识。美国汉学家费正清在论述"中国社会的本质"时说道："每个农家既是社会单位，又是经济单位。其成员靠耕种家庭所拥有的田地生活，并根据其家庭成员的资格取得社会地位。"③荣誉的获得者要承担对家庭的所有道义上的责任，保持休戚与共的集体观念。④

中国社会从秦汉起形成了"大一统"的国家，究其原因，与地理环境和物质基础不无关系，但至为重要的是在家（族）文化浸润

---

① 孙向晨. 对"家"的理解误区仍存 [J]. 精神文明导刊，2019（12）：46.
② 乔治·麦克林. 传统与超越 [M]. 北京：华夏出版社，1999：95.
③ 费正清. 美国与中国 [M]. 北京：商务印书馆，1987：20.
④ 黄仁宇. 万历十五年 [M]. 北京：中华书局，2017：193.

下，中国人的人生观和世界观强调"和合与团结"，反对"分裂与离散"。儒家的政治理想是将由家（族）文化生发出的同类意识不断扩大，引导人性中的爱和同情心发扬光大。人们因同类而聚合并能够和平相处，不因异族而彼此攻击以致杀伐战乱。同类意识的不断延伸和扩展，成就了中华民族宏伟的气度，行仁爱之治，通大同之世：人不独亲其亲，不独子其子，使老有所终，壮有所用，幼有所长，矜寡孤独废疾者皆有所养。此种基于人性和人的同类意识的"平天下"的治理理念与实践蕴含着人类能够持续发展的普遍性意义。

建立在家庭孝道文明上的政治秩序具有时空延展性和情感凝聚性，维系超大规模政治共同体可久可大、生生不息，是实现社会和谐治理的深厚土壤。在此基础上，以家户为单位的协商自治是基层治理的主要方式。在中国古代社会中，政治统治一直保持着中央集权，而社会管理却相对分散，以乡绅为代表的地方精英通过协商合作的方式与地方政府共同管理当地事务。梁启超指出，"欧洲国家，积市而成；中国国家，积乡而成"①。"乡"一级的公共事务主要依靠以家户为单位的乡绅自治，自治的范围主要包括乡族重要事务、公益事务的处理，矛盾纠纷的调解，教化政令的推行，以及推荐贤能等各方面，自治的主要方式是以家户为单位的乡绅之间进行协商讨论，即乡议。

在汉代，推举后备官吏是乡议的重要内容。汉代实行的察举制是由州郡等地方官员在辖区内定期进行考察，根据"乡间清议"向中央推荐人才，经过考核授予官职。通过基层讨论推荐贤能之人，乡里的评议至关重要，这实际上是一个协商推荐的过程，突出了基层社会民心的作用。清代儒者张履祥有言："古者选士于乡，以乡党耳目至近至众，其为贤不肖如鉴之照物，不可掩也。盖一人之爱

---

① 梁启超. 先秦政治思想史 [M]. 天津：天津古籍出版社，2003：208.

憎喜怒则莫不私，众人之是非好恶则莫不公。"（《杨园先生全集》）

　　与乡村有永恒连属关系的乡绅在基层社会的自治与协商中发挥着重要作用。有学者指出中国传统社会的特征是"国权不下县，县下唯宗族，宗族皆自治，自治靠伦理，伦理造乡绅"[1]。乡绅多是有宗族声望或有钱有势的人，包括致仕官员、宗族族长、士子、富豪等，他们对家乡基于乡土血缘而产生的责任感是异地为官的州县官所不具备的，他们通过威望、能力以及各种人际关系参与治理过程，影响地方事务，有很强的协商能力和话语权。"一个县官并不怕得罪绅士，怕得罪的是支持在绅士后面的强有力的政府官吏。"[2]在乡村社会，很多有关公共福祉的事情如赈灾、治水、修路、教育、福利保障等都有乡绅参与甚至负责，涉及政府主要职能的诉讼，也会因为乡绅的介入由公堂转为民间调解。瞿同祖认为，他们是唯一能合法地代表当地社群与官吏共商地方事务、参与政治过程的集团。[3]乡绅阶层的影响力与地方政府的影响力相互依存，二者既协商合作又彼此制约，共同维系着"大一统"国家的治理。

四、中华优秀传统文化中的民主资源对当代民主建设的启示

　　中国数千年国家治理中活跃着畅通民意、多元参与、协商共治等文化因子，这些民主要素与"大一统"的国家形态、"公天下"

---

[1] 秦晖. 传统十论：本土社会的制度、文化及其变革［M］. 太原：山西人民出版社，2019：2.
[2] 吴晗，费孝通. 皇权与绅权［M］. 天津：天津人民出版社，1988：124.
[3] 瞿同祖. 清代地方政府［M］. 北京：法律出版社，2003：283.

的政治追求相关联，体现了中华文明生生不息、可久可大的精神气质。历史学家汤因比曾高度评价中国传统政治在文明史上的意义，他指出生物圈的环境污染、资源枯竭等危险，仅靠狭隘的政治国家是无法化解的，应该以整个地球的力量去应对。今后的人类如果要想自身免遭灭亡，就要像中国人在他们的版图上做的那样，倾注全力建立全球性的"大一统"国家。中国这种长期积累下来的经验对全人类来说是非常宝贵的。①

（一）"大一统"的国家形态

中国在数千年持续不断的发展中形成了"大一统"国家治理传统。2014年，习近平主席与时任美国总统奥巴马在中南海瀛台夜话时指出，中华文明从一开始就重视"大一统"。在"大一统"国家治理中，选贤任能的执政集团"定于一"（《孟子·梁惠王上》）的治理能力是关键变量。"经过几千年的历史演进，'大一统'三个字所留下的，是一个让人叹为观止的超大规模共同体。这个共同体的维系，首先需要中央政府拥有足够的政治向心力，否则，就会带来地方割据、国家分裂，甚至社会动荡。"②美国前国务卿基辛格对中国"大一统"政治史的认识颇有见地："仿佛受一条亘古不变的自然法则的左右，中央政权每次垮台，都会被重建。每个历史阶段，都有一个志在统一的人物站出来，基本上沿袭黄帝的做法，征服敌手，再次一统中国……"③基辛格所指出的"亘古不变的自然法则"是中国政

---

① 山本新，等. 未来属于中国：汤因比的中国观 [M]. 吴栓友，译. 北京：世界知识出版社，2018：125.

② 李勇刚. 天下归心——"大一统"国家的历史脉络 [M]. 北京：人民出版社，2021：3.

③ 亨利·基辛格. 论中国 [M]. 北京：中信出版社，2015：2-3.

治历史性实践的结果，即"大一统"国家确立中央权威，实行"定于一"的治理。近代中国历史是在外部殖民蚕食和内部四分五裂的内忧外患中展开的，"再次一统中国"的目标任务已不可能再通过基辛格所说的"沿袭黄帝的做法"来实现，而是要完成中国历史上从未有过的民族革命和民主革命的双重任务，这必然需要能够代表中华民族整体利益和中国人民整体利益的强有力的领导核心。中国共产党集"建党—建军—建国"于一身，"以党建国，把国家组织起来，提供了公共秩序和公共权威，共产党本身成为合法性政治的来源"[①]。宋庆龄在开国大典中指出，中国共产党"是唯一拥有人民大众力量的政党。孙中山先生的民族、民权、民生三大主义的胜利实现，因此得到了最可靠的保证"[②]。中国共产党是"唯一拥有人民大众力量的政党"，以"新民主主义—社会主义为定向"的道路是唯一正确的道路。[③]从历史延续性上看，中国共产党将支离破碎、内忧外患的国家再次组织并整合起来是对"多民族大一统"国家具有时代性的重构和再造，实现了"中华民族的大一统与中国人民当家作主的有机统一"[④]。中国共产党领导的新型"大一统"国家有力地保障了经济快速发展和社会长期稳定，这是西方以政党竞争、议会民主、分权制衡为主要特征的"否决型政体"无法比拟的。

---

① 杨光斌. 中国政治认识论[M]. 北京：中国社会科学出版社，2018：171.
② 中国人民政治协商会议全国委员会文史资料研究委员会. 五星红旗从这里升起[M]. 北京：文史资料出版社，1984：314.
③ 吴晓明. 中国道路的百年探索与马克思主义中国化[J]. 北京师范大学学报（社会科学版），2021（4）：15.
④ 林尚立. 大一统与共和：中国现代政治的缘起[J]. 复旦政治学评论，2016（1）：3.

(二)"公天下"的政治追求

"大一统"的价值理念和国家形态孕育了"公天下"的政治追求。"公天下"的治理理念蕴含双重政治功能,一方面,能够有效进行政治、经济、文化、社会等方面的整合,加强地区间互融互通,特别是有利于中央权威的树立,促进民族向心力的形成,有效化解矛盾冲突,形成休戚与共的命运共同体;另一方面,消弭地方各私其土的乱政之源,抑制削减豪族寡头势力,节制工商资本过度膨胀,防止出现"富者田连阡陌,贫者无立锥之地"这样贫富悬殊的现象。不可忽视的是,"公天下"是建立在为政者拥有政治德性的基础上的,换言之,拥有最高权力的中央政府首先必须是具有德性的政治主体,才能树立民心所向的政治权威,才能发挥"公天下"的治理效能,否则就会滑向专制独裁的深渊。虽然囿于皇权体制,中国古代传统政治文化所追求的"公天下"理想难以实现,但不可否认,具有德性基础的统一的执政集团"定于一"的能力对于"大一统"国家的构成和治理具有决定性意义。

立党为公、执政为民是中国共产党的执政理念,中国的新型政党制度集中体现了"公天下"的价值追求。《共产党宣言》指出:"过去的一切运动都是少数人的,或者为少数人谋利益的运动。无产阶级的运动是绝大多数人的,为绝大多数人谋利益的独立的运动。"[①]在中国革命、建设和改革中产生和发展起来的新型政党制度辩证把握了"一"与"多"的关系,实现了公平、公正的国家治理。中国共产党作为领导者和执政党,是工人阶级的先锋队,是中

---

① 马克思恩格斯选集:第1卷 [M]. 北京:人民出版社,2012:411.

国人民和中华民族的先锋队，代表着最广大人民的根本利益，具有"一"的整体性和统一性；八个民主党派作为参政党，代表各自联系的不同阶层、不同社会群体的利益，具有"多"的部分性和多样性。二者综合，既活跃着民主要素，又集中体现了人民主体地位。新型政党制度中"共产党领导、多党派合作，共产党执政、多党派参政"的政治格局，呈现包容的政治生态、开放的政治结构和多元的民主渠道，能够更好地代表不同阶层、不同社会群体的利益诉求，拓宽、畅通各种利益表达渠道，具有统筹兼顾各方利益和协调各方关系的优势。

第七章

自 由

自由不仅构成了马克思主义的核心命题，也是中国共产党摒弃意识形态偏见，秉持人类命运共同体理念而提出的有利于世界和平、人类进步的价值理念。自由反映了世界各国人民普遍认同的价值理念的最大公约数。马克思指出，一个理想的社会必然是所有自由人的联合体，人类社会发展到共产主义高级阶段最终要实现人的自由而全面的发展。要深刻理解作为全人类共同价值的自由的内涵，就必须在批判西方话语逻辑的基础上，将对此问题的思考根植于本国、本民族的历史文化沃土，揭示全人类共同价值的世界意义。作为全人类共同价值的自由，其本质是人民性的，从根本上反映的是各国人民对美好生活的向往，克服了西方价值观只有形式自由而无实质自由的弊端。

一、理解自由的比较路径

西方学者斯图亚特·霍尔曾指出，"话语是指涉或建构有关某种实践特定话题之知识的方式，亦即一系列（或型构）观念、形象和实践，它提供了人们谈论特定话题、社会活动及社会中制度层面的方式、知识形式，并关联特定话题、社会活动和制度层面来引导人们。正如人们所共知的那样，这些话语结构规定了我们对特定主体和社会活动层面的述说……"[1]。话语最终决定了我们如何认识和改造社会、文化和人类自身，表达了我们对这个世界的理解和阐释。理解自由，就要从东西方两套不同话语体系中，区分具有特殊性的西方主流价值的自由和超越了意识形态、社会制度、发展水平差异的全人类共同价值的自由。

---

[1] 周宪. 福柯话语理论批判 [J]. 文艺理论研究，2013（1）：122.

第七章 自　由

（一）西方话语及其权力表征

在过去的两个世纪里，西方主导了全球一体化的进程，向世界各地不断输出其核心话语和主流价值观，极大地影响了不同文化、不同文明之间的关系。显然，西方现代性话语已经成为当今全球化过程中不可忽视的一大问题。正是在这个意义上，习近平总书记提出坚守和弘扬全人类共同价值，这是基于人类命运共同体目标而构建的全新话语体系，其本质并不是要替代西方，而是要超越民族国家、地域文明的局限性，从全世界、全人类的角度去思考和行动，共同应对全球化带来的种种挑战，共同创造人类美好的未来。

从历史上看，西方在世界现代化过程中扮演了举足轻重的角色，伴随着殖民扩张和贸易侵略，西方国家牢牢掌握着国际话语权，营造了"西方等于先进""现代化等于西方化"的幻象。一些西方学者提出的理论和概念，如葛兰西的"文化霸权"理论与约瑟夫·奈的"软实力"概念等，则进一步强化了西方国家在国际上的话语权。与此同时，西方国家不断输出其价值观念、政治主张，引导和控制国际舆论，宣扬西方意识形态，具有极强的迷惑性和欺骗性，"自由民主"就是最为明显的一个例子。随着东西方之间的交流日益深入，人们已经越来越清醒地认识到西方话语的两面性和虚伪性，甚至在西方国家内部，也出现了不少批判的声音。

西方自近代以来形成了一整套反映西方价值观念且自成体系的现代话语理论，其中以最早提出"话语权"的法国哲学家米歇尔·福柯的话语理论最为著名。在福柯看来，话语不仅是语言学家索绪尔所说的个人声音表达的工具，更是人们斗争的手段，在深层次上表现为一种权力。"'话语'意味着一个社会团体依据某些成规将其意义传播于社会之中，以此确立其社会地位，并为其他团体所认识的过程。"[①]从这个意义上，对自由的理解就不能局限在概念层面，而是要联系它所关涉的整个话语框架。事实上，以自由为核心的西方价值观念有一套系统的话语体系，其实质是西方资本主义国家进行意识形态输出的隐性工具。

通过几百年在全球范围持续的话语和价值输出，西方的一整套话语体系凭借世俗权力的强力支撑已经形成了资本主义的全球话语霸权，甚至完成了政治化和意识形态化，具有很强的迷惑性和侵蚀性。但西方标榜和宣扬的具有"普世性"价值的东西，究其本质不过是西方发展模式的一种具体呈现而已，并非放之四海而皆准。真正作为全人类共同价值的自由，不会也不可能只是西方式的，而是一种更具综合性、一致性的东西。

比如，西方哲学的基本问题被描述为思维和存在的问题，但从中国文明的话语逻辑和脉络来看，基本问题则是天人问题，所以不能轻率地拿西方的话语尺度来衡量中华文明以及其他文明的话语体系。中华文明所孕育的是一套自适的话语体系，有着独特的文明特质和形态，即习近平总书记多次强调的中华文明讲仁爱、重民本、守诚信、崇正义、尚和合、求大同的精神特质和发展形态，这是中华民族独特的精神标识，蕴含着中国人自古以来看待天地万事万物的宇宙观、天下观、社会观和道德观等。所以，解读自由，追求自由，就要在建设中华民族文化软实力的基础上进行分析和阐释，要超越西方话语片面化的界定和描述，从全人类共同价值的层面挖掘其丰富内涵。

---

① 王治河. 福柯[M]. 长沙：湖南教育出版社，1999：159.

第七章 自　由

（二）中国话语所承载的文化精神

中国人民创造了璀璨夺目的中华文明，为人类文明作出了重大贡献。中华文明中没有出现"自由"这一概念，是因为在其整个话语体系和价值构建的进程中，根本不需要概念式的"自由"定义，自然也就不会产生西方式的"自由"观念。习近平总书记指出："要立足中国大地，讲好中华文明故事，向世界展现可信、可爱、可敬的中国形象。要讲清楚中国是什么样的文明和什么样的国家，讲清楚中国人的宇宙观、天下观、社会观、道德观，展现中华文明的悠久历史和人文底蕴，促使世界读懂中国、读懂中国人民、读懂中国共产党、读懂中华民族。"[1]这为我们确立了文明解读的正确方向，只有读懂中华文明及其国家的本质，才能在展现中华文明悠久底蕴的同时，更好地去阐释和弘扬全人类共同价值。

回到中华文明的元典中会发现，儒家思想在其历史展开的过程中没有也不会出现西方式的自由观念和思想。中华民族的价值观和精神世界，始终根植于中华优秀传统文化的沃土，这些思想文化体现着中华民族世世代代在生产生活中形成和传承的世界观、人生观、价值观等，其中的核心内容已经成为中华民族最基本的话语底色和文化基因。这些话语底色和文化基因，是中华民族和中国人民在修齐治平、尊时守位、知常达变、开物成务、建功立业过程中逐渐形成的有别于其他民族的独特标识，包含了中国古人对人、社会、自然三者关系的认知和经验。这就意味着从两种文明和两套话语体系的历史和现实来说，不能脱离中华民族最基本的话语底色和

---

[1] 习近平. 把中国文明历史研究引向深入　增强历史自觉坚定文化自信[J]. 求是，2022（14）：8.

文化基因这个前提和框架来作概念上的简单比较，而必须在文化传承的前提下立足时代发展展开对话，推进互鉴和融通。对自由等全人类共同价值的弘扬，只有建立在延续民族文化血脉的共识之上才能大力推进。

正是在马克思主义科学理论的指导下，我们党对社会主义建设规律和人类社会发展规律有了较之以往更为深刻的认识，能够把握历史主动，通过运用科学的世界观、方法论作出符合中国实际和时代要求的正确回答，形成与时俱进的理论成果来指导实践。习近平新时代中国特色社会主义思想的确立，实现了马克思主义中国化时代化新的飞跃，是一种全新的话语体系。全人类共同价值是习近平新时代中国特色社会主义思想的重要组成部分，只有以中国话语解读全人类共同价值中的自由，阐释中华优秀传统文化蕴含的独特自由理念及其世界贡献，才能更好地向世界展现中国智慧和中国精神。但这绝不是像西方学者臆想的那样，另外树立一种"中国中心主义"，而是要跨越任何形式的中心主义陷阱，承认价值的多元化。全人类共同价值超越了民族国家的局限，克服了民族国家的目的论，让中国话语的"世界化"有了最大可能。

二、西方话语逻辑下的自由及对其的批判

东西方对自由的理解是不同的，各自在其历史传统中形塑了独有的文化特质，因此对自由的理解必须考虑到不同文明背景下的差异性。客观地看，民主、自由等价值观确实在现代化进程中给西方社会带来过荣光，在人类现代文明形成与发展的进程中发挥过重要作用。但是，西方在打着自由、民主等旗号推动全球化的同时，大

搞民族主义和殖民主义，给其他国家和人民造成了无法弥补的伤害。习近平总书记提出的构建人类命运共同体、弘扬全人类共同价值等重要理念，向世人充分展现了不同于西方模式的新图景和全新的人类文明形态。理解作为全人类共同价值的自由，必然要警惕西方的话语陷阱并认清其弊端。

（一）自由的西方话语逻辑与历史形态

对自由的理解离不开语言上"按图索骥""知识考古"，尤其是要考察其在古代和近代之间的传承与断裂。近代以来广为人知的自由与古希腊时期有着明显不同，虽然话语未变，但其内涵已经发生了变化，这在很多经典文本中都能找到证明。英语中有两个单词表达自由的概念，一个是freedom，另一个是liberty。但这两个单词在西方话语体系中已然成为陈词滥调，并且经常被混淆。虽然西方思想史上很多哲人对自由给出过自己的理解，但他们并没有达成一致性意见。比如，黑格尔的理论就建立在"自由"之上，但也没有躲开自由主义者的批评。黑格尔虽然是自由的崇拜者，但并没在大多数人给出的定义上理解自由，而是赋予了这个词独特的含义。[1]

再如，哲学家以赛亚·伯林抱怨过"自由"是一个在意义上漏洞百出以至于没有任何解释能站得住脚的词，于是另辟蹊径，选择在freedom与liberty同一意义的层面上集中阐释"消极自由"和"积极自由"两种含义。[2]罗尔斯同样在绕开关于自由含义之争论的基

---

[1] 伍德. 黑格尔的伦理思想 [M]. 黄涛, 译. 北京：知识产权出版社，2016：58-59.

[2] 以赛亚·伯林. 自由论 [M]. 胡传胜, 译. 南京：译林出版社，2011：170.

础上，区分了否定的自由和肯定的自由，认为对自由的完整解释应该包含三个方面的内容："自由的行动者；自由行动者所摆脱的种种限制和束缚；自由行动者自由决定去做或不做的事情。"①这些对自由的理解显然并不清晰。从思想立场先行的角度来理解自由是不切实际的，必须将其置于人类社会发展的特定背景之下才能更好地把握其内涵。

从话语演进的层面来看，freedom是一个源自日耳曼语的词，出现于12世纪，而liberty则是一个源自拉丁语的词，出现于14世纪，从中可以看出两者所承载的时代精神以及各自的含义并不同。freedom的含义主要与中世纪人们抗争神权进而追求世俗权利有关，因此在后世的演化中更多地含有选择自己态度的自由以及选择解决问题方式的自由的思想自主权之义，强调个人主观意义上做或不做的自由。简言之，freedom表达的是一个人身上任谁都夺不走的东西，这个东西即自由。根据《牛津英语词典》的解释，freedom指的是"the power or right to act, speak, or think as one wants without hindrance or restraint"（无拘碍地行动、说话和思考的能力或权利），可见它更多指向一个内部概念，是人的一种与生俱来的能力。它的关键义项是不受外在限制或妨害，凸显的是不同主体间关系的不受限制。只有在个人作为主体不被强制地依附于其他外在主体的情况下，他才能被称为拥有自由（freedom）。可见，这个概念下的自由本质上是一种基于主体相互关系的说法，不能轻易地指代个人意志的绝对不受限制。用以赛亚·伯林的话来说就是，"我希望我的生活与决定取决于我自己，而不是取决于随便哪种外在的强制力"②。

---

① 约翰·罗尔斯. 正义论 [M]. 何怀宏，等，译. 北京：中国社会科学出版社，2009：158.
② 以赛亚·伯林. 自由论 [M]. 胡传胜，译. 南京：译林出版社，2011：180.

第七章 自　由

　　正是在这个意义上，密尔在其著作《论自由》中指出，他所谈论的自由观念用的是liberty而非freedom，强调的是公民自由或社会自由（civil or social liberty），而非个人的意志自由（liberty of will）。这里探讨的自由已经从个体层面过渡到了社会和政治背景下的公民维度，从而与公民权密切相关，话语逻辑和内涵同时发生了转变。但是，密尔在谈论liberty的时候也吸纳了freedom所具有的"不受限制"的含义，即在"社会—政治"层面上使用的liberty同样不能对个人造成限制和妨害。按照密尔的意思，这两个词所揭露的恰恰是个人和社会之间应该保持的界限，即自由原则。他认为，个人的行动只要不涉及自身以外的人的利害，个人就不必向社会交代。他人若为着自己的好处而认为有必要时，可以给予忠告、指教、劝说以至回避，这些就是社会要对个人的行为表示不喜或非难时仅能采取的正当步骤。至于对他人利益有害的行动，个人则应当有所交代，并且还应当承受社会或法律的惩罚。这就为自由划定了边界，也为自由发挥其最大功效提供了可能。同时，密尔讨论了社会干预限度的问题，认为有且只有在公民行使自己的自由对他人造成危害的时候，对公民自由进行限制才是正当的。被视为西方自由主义之父的洛克也指出，"处在政府之下的人们的自由，应有长期有效的规则作为生活的准绳，这种规则为社会一切成员所共同遵守，并为社会所建立的立法机关所制定。这是在规则未加规定的一切事情上能按照我们自己的意志去做的自由"[①]。

　　liberty一词源自拉丁语libertas，本义是获得解放的自由人，最初指奴隶在达到一定劳役年限后获得自由，所以liberty的派生词liberation就有了"解放"的内涵，强调从过去被压制和束缚的状态

---

① 洛克. 政府论［M］. 瞿菊农，叶启芳，译. 北京：商务印书馆，2020：157.

中解放出来，是一个政治意味较浓的词。liberty 往往指向一些特定类型的自由，多数情况下和国家、民族等宏大的政治话语相关，强调有政治和法律的保护，隐晦地表达"我有权做……"的意思。按照《牛津英语词典》的解释，liberty 指的是"the state of being free within society from oppressive restrictions imposed by authority on one's way of life, behaviour, or political views"（在社会中摆脱权威对个人生活、行为或政治观点强加阻遏的状态）。可见，这个意义上的自由是与社会、权威、压迫等结合起来理解的，是一个政治色彩较浓的概念。

随着近代资本主义的兴起和资本主义话语优势的确立，freedom 和 liberty 有了更为明显的区分，但都与西方世界政治文化和经济社会的时代特质有着很大关系。以美国为例，在最初拟定的《独立宣言》中，是用 liberty 而非 freedom 来描述自由的，而且自由还被视为造物者赋予每个人的"若干不可剥夺的权利"，遂成为影响至今的一个政治术语：自由权。《独立宣言》通篇都没有出现 freedom 一词，可见其中的自由更多指向的是在政治和国家意义上摆脱奴役和束缚的状态。在亚伯拉罕·林肯的《葛底斯堡演说》中，他表达美国是一个"以自由为理想的国家"时用的也是 liberty 而非 freedom，即"a new nation, conceived in liberty"。正如有些学者强调的，西方自近代以来宣传的自由更多是法律下的自由，这是西方国家所彰显的一个重要特质。[①] 以小窥大，可以看出以美国为代表的西方自由观在 19 世纪之前是较为稳定的。这种情况到了罗斯福时期才有了变化，他在二战期间表达美国"四大自由"时用的措辞是"freedom of speech and expression, freedom of religion, freedom from want and freedom from

---

① 沃特金斯. 西方政治传统：近代自由主义之发展 [M]. 李丰斌，译. 桂林：广西师范大学出版社，2016：2.

fear"（言论自由、信仰自由、免于匮乏的自由和免于恐惧的自由），用 freedom 取代了 liberty。罗斯福的表述巧妙地用了 of 和 from 两个介词，把言论自由和信仰自由视为自主的个体选择，而把免于匮乏的自由和免于恐惧的自由视为政治性的自由，足以看出"自由"一词话语内涵的扩大甚至模糊，以及政治力量对自由观念的强力侵蚀和改造。著名民权斗士马丁·路德·金高呼"我有一个梦想"的演讲，则连续用了 20 次之多的 freedom 来表达个人对自由的强烈追求，从而对个体层面上的自由和国家意义上的自由作了明显的区分。到了 20 世纪晚期，美国总统里根在第二次就职演说中，更多地选取了 freedom 而非 liberty 来传达美国理念下的"自由"。从这个意义上说，美国的自由已经从合法争取个人权力逐渐扩大和延展到了对个体主观意愿的无限认同甚至放任。

　　当然，可以想见的是，美国理念下的"自由"实际上指的是国家权力保护下的允许一方随心所欲的自由，而被劳役和束缚的则是被美国视为对立面的所有人，他们的自由是明显不受保护的。美国前总统小布什在一次战前演讲中提到"what we are fighting for is to 'defend our freedom' and to 'bring freedom to others'"（我们在为捍卫我们的自由和给他人带去自由而战），美国前总统特朗普说"they are fighting for our security and freedom"（他们在为我们的安全和自由而战），其中的自由就绝非一种空泛的说辞，而是带有浓烈国家意味的政治话语，与国家机器有着紧密联系，因此有鲜明的价值内涵和话语指向。概而言之，无论是用 liberty 还是 freedom 表达的自由，在西方国家都已然变成一种政治主张和政治价值，且只有在符合自身利益的前提下才能彰显其实际意义。

（二）对西方话语逻辑下的自由之批判

自由作为西方历史文化传统中的一种基本价值，是西方文明的关键词之一。自启蒙运动以来，以自由为基本概念的自由主义更是成为西方国家的主流思潮。时至今日，一些西方国家仍在极力渲染这一主义，声称要让全球自由民主化，这不得不让人警惕。当今全球化趋势越来越明显，人们普遍意识到，一个和平发展的世界可以而且应该承载不同形态的文明和话语，对自由的理解是如此，对自由的追求更是如此。

自由的本质在其起源中既关涉个人层面的德性养成，也关涉共同体的政治生活，即致力于形成城邦之善。用通俗的话来说，古典时期的自由观与当时的政治哲学本质上是一致的，都是"实践的"而非"理论的"，它所关注的不是主观或客观地描述政治生活，而是正确地引导政治生活，追求那种最符合人类美德的秩序。与此相反，诞生于近代的自由观念及自由主义学说基于社会契约和民主选举而成为一种受国家保护和推崇的政治权利，也即私人领域不受法律的干预。在这个话语框架内，自由就意味着每个人都可以按照自己的意愿去思考或行事，甚至可以根据自己的某些爱好变得肆意或偏激，故总是与法理和公权力相关，用罗尔斯的话来说，"自由表现为平等公民权的整个自由体系"[1]。因此，近代意义上的自由，尽管被运用在诸多领域，但负载它的主体和话语体系却悄然发生了转变，当人们谈论自由时，"人"已经逐渐被"公民"所取代。也就是说，人首先是公民，自由也首先是法律所限定的自由。

---

[1] 约翰·罗尔斯. 正义论[M]. 何怀宏，等，译. 北京：中国社会科学出版社，2009：160.

第七章　自　由

关于这一点，马克思早就给出了批评。他认为，西方话语规定的这些自由权利属于政治自由和公民权利的范畴，还有另一部分真正的基于人权的自由权利，是与公民权不同的，"只有用政治国家对市民社会的关系，用政治解放的本质来解释"①。所以，自由主义者不断宣称的"自由"，即那种可以做任何不损害他人的事情的权利，就只能是虚伪和不彻底的自由，因为它是以"孤立的个人以及个人之间的互相隔阂为前提的，而且还以法的形式将这一状态固定下来"②。在马克思看来，私有财产、平等等所谓基本人权都是自由的各种延伸，"自由这一人权的实际应用就是私有财产这一人权"，而所谓平等"就其非政治意义来说，无非是上述自由的平等，就是说，每个人都同样被看成那种独立自在的单子"。③简言之，西方资本主义对作为公民权的自由和作为人权的自由有着各自的话语逻辑，其两面性和虚伪性亦由此可见，这也反映了马克思揭露的人的个体性及其类本性之间的对立和冲突。

在一些西方学者看来，"近代的自由主义并不是某一个社会团体的所有物，而它的追随者也不限于任何一种经济体制的支持者。它是所有具有代表性的西方政治传统的近代化身"④。从话语脉络的演进可知，自由主义在西方经历了古典自由主义、新自由主义和新古典自由主义三个阶段。尽管每个历史阶段所面对的问题并不相同，但对自由主义的讨论总体上是围绕政府在其中的地位以及它所发挥的作用而展开的，与个人主义密不可分。在当今诸多有着政治倾向性的辩论中，自由与自由主义都始终扮演着重要的角色。自由

---

① 马克思恩格斯全集：第3卷［M］. 北京：人民出版社，2002：182.
② 李志. 试论马克思文本中的三种自由概念［J］. 哲学研究，2012（7）：12.
③ 马克思恩格斯文集：第1卷［M］. 北京：人民出版社，2009：41.
④ 沃特金斯. 西方政治传统：近代自由主义之发展［M］. 李丰斌，译. 桂林：广西师范大学出版社，2016：1.

主义已经成为西方政治哲学的理论底色或基本原则。

当今时代，西方国家在世界上不断兜售所谓的"普世价值"，倘若真正把握其背后的话语逻辑，就很容易发现其打着进步的旗号而行文化侵略之实。西方国家推行的自由观实质上混淆了社会和个人的界限，使政府能够任意利用政治和权力对个人施加特定的限制，而这完全有悖于自由之真义。用卢梭的话来说就是，"古代政治家滔滔不绝地谈论着风俗和德性，而我们的政治家只谈论贸易与货币"①。因此，西方国家向外输出的自由观以及建基于此的自由主义，始终是在一种狭隘的西方近代政治哲学的话语框架内展开的，它所关涉的主题是与权力—政治相关的国家意志下对个人自主权的限制和奴役，故而更多的是一个政治概念。

三、中华优秀传统文化中的自由价值

在恩格斯看来，"自由不在于幻想中摆脱自然规律而独立，而在于认识这些规律，从而能够有计划地使自然规律为一定的目的服务……自由就在于根据对自然界的必然性的认识来支配我们自己和外部自然"②。这和儒家讲的"顺乎天而应乎人"是一个道理。中华优秀传统文化中有着丰富的可用于理解自由价值的思想资源，它所蕴含的宇宙观、天下观、社会观、道德观等契合马克思主义的自由理念。虽然中国历史上没有产生西方式的自由概念，但却有着关于自由之一般"精神"的记载和描述。在西方现代化带来矛盾和危机的当下，人们开始重新审视以儒家思想为代表的中华优秀传统文

---

① 刘小枫. 西方文明的危机 [M]. 北京：华夏出版社，2018：46.
② 马克思恩格斯选集：第3卷 [M]. 北京：人民出版社，2012：491-492.

化的现代价值。

（一）自由概念的引入及其观察视角

我国清代之前的历史典籍中并没有论述自由的特别记载，有之则始于晚清民国之际。最早言及自由并作出详细阐释的是翻译密尔《论自由》的严复。在中国与西方文明接触的早期阶段，严复将此书译为《群己权界论》，并探讨了不同文化背景下的自由概念，开始了从中国文化的本位角度观察西方自由概念及其价值的尝试。在他看来，在西方文明中占有重要地位且被不断褒扬的自由反而在中国传统文化中被描述为放诞、恣睢、无忌惮，表现为一种劣义，这无疑是一个值得深入思考的话题。经由考察，他给出了自己的看法：

> 夫自由一言，真中国历古圣贤之所深畏，而从未尝立以为教者也。彼西人之言曰：唯天生民，各具赋畀，得自由者乃为全受。故人人各得自由，国国各得自由，第务令毋相侵损而已。侵人自由者，斯为逆天理、贼人道。……中国理道与西法自由最相似者，曰恕，曰絜矩。然谓之相似则可，谓之真同则大不可也。何则？中国恕与絜矩，专以待人及物而言；而西人自由，则于及物之中，而实寓所以存我者也。自由既异，于是群异丛然以生。[①]

可见，从译名和阐释来看，严复十分清楚自由在西方整个话语

[①] 严复. 严复文选 [M]. 牛仰山, 选注. 天津：百花文艺出版社, 2006: 3.

体系中的内涵。客观地看，自由在群（公领域）和己（私领域）之间有着明显的边界，只有在严格区分两个不同领域及其相应权利的基础上才能把握自由的真正意义。也就是说，要在公领域主张个人权力，在私领域保障个人权利。这是严复将意为自由的liberty译为"群己权界"的原因所在。经由中西之间的比较，严复提出可以从儒家主张的恕道和絜矩之道来解读东方背景下的自由，他认为这是与西方自由精神最为相似的中国话语。当然，这种类比只能局限在"相似"的层面，不能说两者是相同无异的，这为人们指出了一条可资镜鉴的会通中西的路径，并揭示了自由在"待人及物"方面的东方价值。梁启超则根据自身的经历，认为西方自由的基本类型主要分四类。

> 自由者，奴隶之对待也。综观欧美自由发达史，其所争者不出四端：一曰政治上之自由，二曰宗教上之自由，三曰民族上之自由，四曰生计上之自由（即日本所谓经济上自由）。[①]

虽然类分为四，但这一切实际是以政治上之自由为首的，从中可以看出西方的自由是有一整套话语体系的。

从比较文明的角度来说，以儒家思想为主干的中华优秀传统文化中的自由，可描述为伦理的而非政治的，这与中国文化在整体上表现为伦理型文化是相契合的。[②]换言之，正是受中国伦理型文化的影响，人们更强调政治与道德合一，通过良好的伦理道德教育来实现国家治理。也有西方学者指出，自古希腊以来的西方哲学家无

---

① 梁启超. 新民说 [M]. 北京：商务印书馆，2016：104.
② 刘余莉：从传统文化中汲取走向善治的智慧 [N]. 光明日报，2019-11-14（02）.

法像中国文化那样"把古典文明建立在恒久的伦理基础上"①。在这样高度文明的社会中：

> 人们曾经试图以伦理而非法律手段来维持社会秩序，他们通过诫言与典范，想要创造出一些具有高度伦理义务感的人，认为经过这种培育，这些人必能一本开明的判断来治理其同胞，而尽量不援引固定的法律规条。这种思想模式和正常的西方习惯极端不同，西方强调政治的核心乃是法理，而不是伦理。②

可见，西方话语体系中的自由观念及价值，更多强调的是"法律下的自由"，这也使其失去了其他文明，如中华文明的伦理精髓成分。相较而言，中国文化作为一种伦理型文化，其本质是一种重视伦理道德教育的圣贤文化，有着严谨而稳固的话语架构，其核心在于通过伦理道德的教育实现立德树人、济世安民的双重目标。这既关涉个体层面，也关涉群体层面，与自由所关涉的私领域和公领域相暗合。若按照沃特金斯所说的，西方自由是"法律下的自由"，那么中华传统文化中的自由就其内容和实质而言就可以被称为"伦理下的自由"，这种自由贯穿在每个人一生的道德修身过程之中，通过对内修己以敬，对外修己以安人、安百姓，最终以合内外之道的方式实现礼乐皆得的自由价值。

---

① 沃特金斯. 西方政治传统：近代自由主义之发展 [M]. 李丰斌, 译. 桂林：广西师范大学出版社, 2016: 226.
② 沃特金斯. 西方政治传统：近代自由主义之发展 [M]. 李丰斌, 译. 桂林：广西师范大学出版社, 2016: 2.

（二）伦理下的自由

基于中国文化是伦理型文化而西方自由是"法律下的自由"之认知，中华传统文化中的自由可以被视为"伦理下的自由"。要理解这一点，首先要在话语内涵上予以界定，从中国传统的思维方式、话语表达等方面进行概括，坚定对有着深厚历史底蕴的中国传统话语体系的自信。历史地看，中国传统的话语逻辑是从对宇宙（天地）的认识开始的，即始于独特的"天人观"，然后推广开来，由天道至人道，并贯彻到人民观、道德观之中，从而形成其一以贯之的话语范式，其最高层次表达即"天人合一"，也可以用宋明理学常讲的"天地万物同体"来描述。

1. 自由之基：互系共生的宇宙（天地）观及其连续性

中国传统话语逻辑及其范式始于互系共生的宇宙（天地）观。换言之，中国传统话语逻辑应该从其对宇宙（天地）的思考和认识，以及对自身的起源，即对天、地、人之间关系的思考角度来理解。正是基于对宇宙（天地）起源和发展的整体性认识和理解，中华传统文化中形成了看待经验世界和自然以及人类自身的"人—世界"结构的思维方式和道德观，认为天地万物都是互系共生、和谐相处的。

关于这种独特的宇宙（天地）观，西方汉学家葛瑞汉指出："中国宇宙论将一切事物都看成是互相依存的。它不用超越原理解释万物，也没有规定一个超越的源头，一切事物都由这个源头产生……这种看法的新奇之处，在于它揭露了西方诠释家的先入为主，以为'天'和'道'这种概念必定含有西方那种终极原则的超越性。"

第七章 自 由

葛瑞汉的观点有益于人们正确认识和理解中华传统文化，因为他在很大程度上没有被西方一直以来奉行的单线、单向思维模式所迷惑，洞察到中华传统文化不同于西方文化的根本之处。其观点和西方自基督教诞生以来的宇宙观，即一切事物最终只有通过一个创造万事万物的至上神才获得其意义的认识是截然相反的。

这也可以通过中国古代的创世神话——"盘古开天辟地"来进行分析。盘古开天辟地集中展示了中国古人对宇宙（天地）的整体看法，即如何从人与天地万物之间不可分割的整体关系出发去理解和把握整个宇宙（天地）。从盘古开天辟地的神话中，可以看出中国古人对宇宙（天地）起源的独特话语构建，即"充满互系的宇宙"，用中国传统的术语来说就是"天人合一"。考古学家张光直认为"天人合一"是"传统的重要宇宙观"。[1]"天人合一"的理念揭示了古人关于天、地、人三者之间相互依存和转化关系的认识，这种互系性维系着彼此之间的连接和会通。

从盘古开天辟地的神话来看，盘古"生在其中"就昭示着天人之间的联系要比后人想象的更为密切。《庄子·齐物论》中描述的"天地与我并生"，从哲学角度表达了古人对天、地、人的根本看法。它不同于西方那种单线、单向的绝对逻辑推演，规定万物必须从一个处于人类经验之外的、至高无上的"绝对物"那里被虚无地创造出来。"并生"二字鲜明地点出了天、地、人之间的互系性，而且它作为一个动态的延续过程，是持续存在的。这种"存有的连续"是中国古代宇宙观的一个主要基调。这里面既没有绝对主宰，也没有二元对立，是真切实在的。熊十力曾指出："吾人或一切物之变化创新，即是人与物各各自变自化，自创自新，未有离吾人或一切物

---

[1] 张光直. 考古人类学随笔[M]. 北京：生活·读书·新知三联书店，2013：49.

而独在之化源也。"①美国汉学家牟复礼也认为:"中国没有创世的神话,这在所有民族中,不论是古代的还是现代的,原始的还是开化的,中国人是唯一的。这意味着中国人认为世界和人类不是被创造出来的,而这正是一个本然自生……的宇宙的特征,这个宇宙没有造物主、上帝、终极因、绝对超越的意志,等等。"②

盘古"神于天,圣于地"所表达的不过是其能够穷尽天地之精微,与天地同体。所以,随着天日高、地日厚,盘古也随之变化而维持着与天地的合一。这种合一是彻底的融合,即变通。正如张光直所指出的,"中国传统的'天人合一'概念,建基于人类和自然之间一种和谐的关系,建基于传统文化行为的一致性,这些行为表现在农业、建筑、医药、畜牧、烹饪、废物处理以及物质生活的每一方面。而西方观念却不然"③。

张光直还指出,中国文化"呈示三个基本的主题:连续性、整体性和动力性。存在的所有形式从一个石子到天,都是一个连续体的组成部分……既然在这连续体之外一无所有,存在的链子便从不破断。在宇宙之中任何一对物事之间永远可以找到连锁关系"。这种"连锁关系"无疑就是互系性、连续性。变化和连续都发生在人类的经验世界之内,这种连续包括"人类与动物之间的连续,地与天之间的连续,文化与自然之间的连续"。宇宙中的万事万物都处在普遍连续之中,"不是来自'无中生有',不是从什么独立、外在本源而来,不是从'一神''自然法'概想而来,不是从柏拉图'缪斯'理

---

① 熊十力. 原儒 [M]. 长沙: 岳麓书社, 2013: 33.
② 牟复礼. 中国思想之渊源 [M]. 王重阳, 译. 北京: 北京大学出版社, 2016: 48.
③ 张光直. 考古人类学随笔 [M]. 北京: 生活·读书·新知三联书店, 2013: 49.

想而来，也不是从什么标新立异、遁世隐居的天才那里而来"①。

张光直根据考古发现的新材料指出，中国的文明形态很明显是一个具有连续性的东西，西方则恰好相反，呈现为一种破裂性突出的面向。基于此，他比较分析了西方文化及其思维方式的弊端：

> 产生那种适用于一个新的社会秩序的一般理论的西方经验，必然从它一开始便代表从其余的人类所共有的基层的一种质上的破裂。当我们检讨那已被追溯到近东的那种经验的史前史时，我们果然见到另一类型文明的形成，而这种类型的特征不是连续性而是破裂性——与宇宙形成的整体论的破裂——与人类和他的自然资源之间的分割性。②

正是基于完全不同于西方的互系的、和谐变通的宇宙（天地）观，中国古人形成了认识宇宙（天地）的独特思维方法，构建出一套理解天、地、人之道的话语体系，即在长期的日常生活经验之中，在"延续、生成、生息万变的现象世界"之中，通过"观"和"感"来审视和把握自身与天地万物之间的关系，这与西方主张"看"的哲学思维是截然不同的。

2. 自由之思："观"与"感"及其会通

据《周易·系辞下》所载，"古者包牺氏之王天下也，仰则观象于天，俯则观法于地，观鸟兽之文与地之宜，近取诸身，远取诸

---

① 安乐哲. 儒家角色伦理学——一套特色伦理学词汇 [M]. 孟巍隆，译. 济南：山东人民出版社，2017：90.
② 张光直. 美术、神话与祭祀 [M]. 郭净，译. 北京：生活·读书·新知三联书店，2013：139.

物……以通神明之德，以类万物之情"。包牺氏即被视为人类始祖的三皇之一伏羲，后于盘古而生。"观"，按照《说文解字》的解释，表"谛视"之意。《穀梁传》谓："常事曰视，非常曰观。"清代学者段玉裁注："凡以我谛视物曰观，使人得以谛视我亦曰观。"可见，"观"贯通于人与万物之间，人们能基于生活经验获得对其的认知和把握。之所以遍"观"上下远近，是因为试图从天地万物之间的联系中通晓一切物事，实现彼此的会通。这种会通不是单向的，而是在彼此的互动往复中作为天道的一个重要部分构成天地化生。

"观"虽指向天地万物，实则是观万物之所以上通于天而天示为神明之德者。简言之，仰观神明之德即观天地之道。从观天地之道到发现四时行而百物生，各依既有的秩序，就体现为圣人"神道设教"的微妙内核，进而达到天下皆服的理想状态，彰显了中华传统文化中独特的运思路径。《周易·观》说："大观在上，顺而巽，中正以观天下。""顺"就是顺乎道，"巽"即入，"观天下"即寓意要顺天之道而为，圣人以神道设教而天下服的含义即如此。"神者，妙万物而不遗者也，大观秉乾元之德，故可妙万物而不遗，行乎四时而不违，是所谓天之神道。"[1]"观"岂不是有与"道"打通之意？王弼曾说："统说观之道，不以刑制使物，而以观感化物者也。神则无形者也，不见天之使四时而四时不忒，不见圣人使百姓而百姓自服也。"[2]可见"观之道"在于"以观感化物"。这就把"观"和"感"与物贯通起来，纳入一个互系的状态之中。

相较于西方而言，这里的"观"是指用心去观，而非单纯地用眼去看。古人认为心是主宰，左右人的思想。《周易·系辞上》说

---

[1] 邓秉元. 周易义疏 [M]. 上海：上海古籍出版社, 2011: 142.
[2] 王弼. 周易注 [M]. 楼宇烈, 校释. 北京：中华书局, 2011: 315.

"神而明之，存乎其人"，故可说"观"在于通过心眼相通进而实现与天地万物相通。"圣人有以见天下之动，而观其会通"，也就是从自身的经验中把握贯通于一切变化之中的恒常之道。"是故君子居则观其象而玩其辞，动则观其变而玩其占。"（《周易·系辞上》）这就将"观"的功用延伸至更广的人生实践之中。这种实践完全是人类自身活动的经验体现，并不需要与抽象的超绝的东西联系在一起，从而凸显了中华传统文化中"伦理下的自由"的具体性和实践性。

观而后有感，感而后能通，所以感则通，通则久。《周易》中讲"《易》无思也，无为也，寂然不动。感而遂通天下之故"。"感而遂通天下之故"，意味着人与天地万物是息息相关、会通无碍的。《礼记·乐记》谓"感于物而后动。是故先王慎所以感之者"，也凸显了"感"的重要性。观之于外，自然感之于内；内心有感，天地万物亦自然有应，感应道交，就形成了我国古人独特的"天人相应"的思维方式和话语表达。

从这个角度来看，孟子提出的"万物皆备于我"，可以视为对古人思维方式的一个重要阐释。"反身而诚"之所以被古人视为修身养性乃至安身立命的重要路径，也在于天、地、人之间的互系和感通。"观""感"实现了人和天地万物之间的会通，证明一切事物莫不处于互相依存的关系中。这种一体的宇宙观，对我国古人尤其是儒家道德观的形成起到了决定性的作用。

3. 自由之德：人与道德的互系内生

儒家经典《礼记·礼运》开辟了中国古人对于人的独特理解，其中提出了人之所以为人的一个根本思维路径，即人是"天地之德，阴阳之交，鬼神之会，五行之秀气"。这从"天人合一"的哲学角度深刻诠释了人的魅力所在。这里的"人"显然不是西方意义上作为个体由上帝按照其形象创造的人,而是处于天地之中相互关联的具有社会性的人。换言之,这里的人是作为"存有连续中的一个环节,和天地万物发生有机的关联,而不是独立于自然之外,由上帝根据自己的形象所创造的特殊灵魂"①。所以,谈到人,实际上也就必然指涉万事万物相互依存的天地境域,以及此天地境域所赋予的道德性。儒学话语由此从天道转到人道,从而形成了一个自足的话语体系,赋予了自由独特的面貌。

杜维明曾指出,作为"存有连续中的一个环节"的人和天地万物"发生有机的关联",从根本上体现了中华传统文化中人与德的统一。德者,得也。人之所得无非就是天地之道,也即得一。故而,人的道德亦莫不法天则地,遵循着天地秩序。"知崇礼卑,崇效天,卑法地"(《周易·系辞上》),就是对道德效法天地的一种生动描述。天行健、地势坤也同样可视为人类道德源于天地的一个例证。从《论语》来看,对人与德的关系最精练的描述莫过于"天生德于予"。它一方面展现了孔子对自身德性的自信,另一方面体现了古人关于道德源于天的普遍看法。从出土的甲骨文以及早期儒家文献对"仁"的界定和描述中可以看出,作为一种德性,"仁"只有从身与心、人与人之间的关联性中才能被准确体察和认知。"五伦"作为人类普遍拥有的先在性的整体经验,从根本上决定了"把经验意义的关系作为互相构成性的这样的认识"②,这是理解中国古人道德观的一个重要路径。五伦关系是自然而然存在的,并不是西方理解的那样由超验意义上的神凭空创造的。每一个人都处在

---

① 杜维明文集:第5卷[M].武汉:武汉大学出版社,2002:8.
② 田辰山.孔子文化奖学术精粹丛书:安乐哲卷[M].北京:华夏出版社,2015:177.

一系列变动、复杂的连续性关系之中，通过积累真切实在的能为人把握的直接经验，在自身与家庭、社会与国家以及万事万物的关系中不断地成长。只有从人所处的多元关系中才能把握"五伦"真正的内涵。谈到自由，又如何能脱离伦理的境域呢？美国汉学家芬格莱特认为：

> 我的生命不是维持这种关系的一种手段；这种关系就是我的生命，而不是某些外在于我的生命而让我为之服务的东西。我生活中每一种这样的关系，如果它确实是一种真正人性化的关系，那么它就会构成我的生命，因为正是通过生活在这么多的关系之中，我才获得一个更加完整的人的生命。①

因此，也可以说：

> "道德"的人的最基本现实乃是……社会的相系；众人乃至万事万物皆是在社群生活的大环境接受各自的、相对的位置。"人"自身是个抽象观念，是从社会的现实情况中抽象出来的一系列复杂特征的组合；而社会现实不是抽象观念，而是不可取代的具体现实。②

这也意味着中华传统文化中的自由价值，只能从人类社会的具体现实中去理解。只有着眼于人与人、人与天地万物之间的关系，

---

① 芬格莱特. 孔子：即凡而圣 [M]. 彭国翔, 张华, 译. 南京：江苏人民出版社，2002：99.
② 田辰山. 孔子文化奖学术精粹丛书：安乐哲卷 [M]. 北京：华夏出版社，2015：177.

才能实现真正的自由。这种道德的自由"以人为关系网络的中心点，而这个中心点落实在每个活生生的人身上，同时有开放性，逐渐地展现，能够和宇宙大化连在一起，这是我们真正能够安身立命的地方"[1]。从这个层面上看，中国古人的宇宙观、道德观是一以贯之的，贯通天、地、人三者，即在彼此互系的基础上达到仁者浑然与天地万物同体之境界。

这是中华传统文化中自由价值的精髓所在。中华传统文化的核心——"道"，是古圣先贤对人类经验的一种本质上的解读和诠释，它从根本上有异于西方那种具有超验原理的单向价值观。"道"是一种不断延伸和拓展的生命体验，因而是一个动态的过程，人们在这个过程中通过不断的体察和感悟以效仿天地化育的生生之德来塑造自己。正是在这种能动性的影响下，人们不仅看到了天地万物之间的内在联系，更在其中发现了"苟日新，日日新，又日新"的通过道德修养实现自我完善的潜力。

（三）儒家思想之自由价值的实践品质

以儒家思想为主干的中华传统文化作为一种伦理型文化，其关键词是礼乐，所以一直以来就有将中国文化称为礼乐文化的说法，以及称中华文明为礼乐文明的观点。围绕礼乐，儒家思想中形成了一整套贯穿于修齐治平的话语体系，其实质是通过伦理手段去形塑和规范社会各阶层的人的行为。用一个形象的比喻，像西方梭伦这样的领袖人物，如果生活在东方社会，必然不会希望做一个立法者，将消弭不同派系之争的方法寄托在制度化的宪政之上，而这正

---

[1] 杜维明. 儒家"和而不同"的人文精神 [J]. 青春期健康，2018 (21)：55.

第七章 自 由

是自古希腊延续至今的西方主张。他们一方面认为"道德与智识的领导必须形诸法律方为完整"①，将法律视为达成社会和谐的治理工具；另一方面，将人视为能够负法律责任的人，他能够预估自己应得的权利和义务，从而相当自由地处理与自己相关的事务。而儒家思想中，所谓自由不是针对法理而言，而是针对伦理而言，自由不是意味着权利，而是意味着一种修养。

在中华传统文化中，礼乐和道德本质上是内在相通的伦理主张，即"礼乐皆得，谓之有德"（《礼记·乐记》）。儒家思想将礼乐视为一种既是适度的又是最好的品质，强调"礼者，人道之极也"（《荀子·礼论》），"人而无礼，胡不遄死"（《诗经·相鼠》），"乐者，通伦理者也"（《礼记·乐记》），先王制礼作乐"将以教民平好恶而反人道之正"；同时强调把德性和德行统摄在一起，既以行为者为中心，又重视正确行为本身的普适性，将二者始终贯穿于日用常行的"修"之中。这种"修"是中华传统自由价值的一种本然体现，有着鲜明的话语内涵与指向，它始于道德而终于道德，既是人之粹然本性的合理流露，也是每个人安身立命的必然旨归。所以每个人才能在实践中推己及人、自觉觉他，进而以合内外之道的方式，实现公领域与私领域的礼乐皆得。这为我们理解东西方的自由提供了一个很好的视角，如果说西方的自由是"争"得的，那么东方式自由显然是"修"得的，两者精神的宽度与厚度十分不同。

在儒家看来，修德意味着既修"内德"又修"外德"，即程颐说的"内外交相养"（《河南程氏遗书·卷十八》）。尽管这两者在儒家伦理学中常存在着自我—他人的不对称，但在具体实践中，这

---

① 沃特金斯. 西方政治传统：近代自由主义之发展[M]. 李丰斌，译. 桂林：广西师范大学出版社，2016：8.

种不对称性会被"己立立人,己达达人"的伦理自由主张消弭。可以看出,儒家思想中的伦理道德带有一种极富自由精神的自我规范,即"我应当成为什么样的人、做什么样的事"包含着"我应该采取怎样的行为"以及"怎样能够实现这一点"。正是在这个意义上,孟子批判了那种"是不为也,非不能也"(《孟子·梁惠王上》)的弱化道德的说辞。用孔子的话来说,"仁远乎哉?我欲仁,斯仁至矣"(《论语·述而》),这可以被视为"伦理下的自由"的一种合理注解。

儒家话语中的伦理道德是实践性的,始终以行为者为中心,并不只是一种抽象意义上的品质特征,它更多地指涉有美德的行为,兼具德性(宽、慎)和德行(为人、自用)内外两个维度的含义。关于何谓"德",儒家并没有从概念的角度给出确切的话语解释。事实上,"德"字本身在儒家典籍中就兼有内在的德性与外在的德行双重含义。东汉经学家郑玄在为《周礼》作注时将"德"解释为"德行,内外之称。在心为德,施之为行",从而为后人理解"德"确立了不可移易的典范。无论是程颐所说的"存诸中为德,发于外为行"[1],还是朱熹所说的"德也者,得于心也;行则行之法而已。不本之以德,则无所自得;而行不能以自修,不实之以行,则无所持循"[2],都是在内外之学的话语框架内来理解"德",涵盖的正是后世所理解的德性和德行两个层面。但这仍只是方法论层面的原则,并没有揭示"德"的实际内容。这一点必须回到儒家经典中才能获知,即"礼乐皆得,谓之有德。德者,得也"(《礼记·乐记》)。

从礼乐角度来理解"德",有着充分的经典依据。《周易·系辞

---

[1] 程颐. 周易程氏传[M]. 北京:九州出版社,2010:240.
[2] 潘德荣. "德性"与诠释[J]. 中国社会科学,2017(06):37.

下》中讲"履,德之基也",《周易·大壮》中说"君子以非礼弗履"。根据《尔雅·释言》,"履者,礼也",郭璞解释为"礼可以履行也",王弼从之。《说文解字》则释"礼"为"履",说明"礼""履"二字字义可通。朱熹沿用王弼的说法,认为"履,礼也,上天下泽,定分不易,必谨乎此,然后其德有以为基而立也"。这凸显的正是礼对人们行为的规范意义,如孔子告诫颜回"克己复礼",做到"非礼勿视,非礼勿听,非礼勿言,非礼勿动"(《论语·颜渊》)。"乐"与"德"也有内在关联,即"先王以作乐崇德,殷荐之上帝,以配祖考"(《周易·豫卦》),所以才有"乐章德"(《礼记·乐记》)、"乐者,德之华也"(《史记·乐书》)的说法。合而言之,"礼乐不可斯须去身……致礼乐之道,举而错之,天下无难矣"(《礼记·乐记》)。这些都反映了儒家道德自由的积极主张。此外,礼乐也指示着内外两种维度,即"乐也者,动于内者也;礼也者,动于外者也。乐极和,礼极顺。内和而外顺,则民瞻其颜色而弗与争也,望其容貌而民不生易慢焉"(《礼记·乐记》)。这就为人们从内外维度理解"德"提供了经典上的依据。

关于"德"之为"得",还有古文字学方面的证明。有学者指出,"德"字最初的意思是通过祭祀而获得的一种力量或能量。[①]礼乐皆得,实际上可以视为"德"这种力量或能量兼内外而言的结果。这是儒家思想"伦理下的自由"的一个宗教性源头,与儒家思想的历史起源暗合。随着祭祀在儒家思想中由宗教向人文转变,"德"的宗教色彩也日益变淡,从而成为一个重要的人文观念,其中蕴含的宗教性力量也被逐渐削弱,造成一种儒家道德"意志无

---

① 倪德卫.儒家之道:中国哲学之探讨[M].周炽成,译.南京:江苏人民出版社,2006:30.

力"①的错觉。"礼云礼云，玉帛云乎哉！乐云乐云，钟鼓云乎哉"（《论语·阳货》），就是孔子针对这种现象的感叹。虽然宗教性的力量被削弱了，儒家道德观念仍然继承了宗教背后那种依靠人之自由抉择的自主意识，并将其贯穿在修身、齐家、治国、平天下的实践之中，发挥着不可估量的作用。

从中国古代社会的发展史看，自由虽然更多的是从伦理的角度阐发的，表现为一种价值主张，但也暗含一种制度主义，表现为追求"善制"。它与西方的明显区别是，以儒家思想为代表的中华传统文化并不将善制视为充分条件，因为制度建设总是滞后于复杂多变的社会实践，再健全的制度也不可避免存在漏洞，这也就是古人说的"明君必顺善制而后致治，非善制之能独治也"（《群书治要·傅子》）。在儒家看来，自由是一个实践问题。试图从下定义的角度给这些术语以规定，并不能把握其背后的话语逻辑，而且从思想和实践层面来看也可能会适得其反。

四、中华传统自由价值的世界贡献

当今，自由作为全人类共同价值，已经实现了跨越地理和文化的局限而广泛传播。在人类社会现代化进程中，对自由的理解不能简单地落在法律或制度层面，而是要自觉运用关于自由的思维和意识，超越西方范式所固有的局限。

习近平总书记指出，"要以宽广胸怀理解不同文明对价值内涵

---

① "意志无力"是西方汉学家倪德卫提出的观点，用来解释道德软弱的现象。参见：倪德卫. 儒家之道：中国哲学之探讨[M]. 周炽成，译. 南京：江苏人民出版社，2006：97-112.

的认识，尊重不同国家人民对价值实现路径的探索，把全人类共同价值具体地、现实地体现到实现本国人民利益的实践中去"[①]。历史地看，西方在输出其价值观的过程中，也将不同民族和国家的差异带入现代性内部，自那时起，这种行为就"为现代性的进一步相对化和分裂创造了条件……经由其他社会与文化筛选出来的现代性，已经变成了不同文化空间中的现代性，它拒绝普世主义，并且声称现代性具有多样性"[②]。这就促使人们从另一个角度去思考——世界上所有国家和民族都以不同方式汇入了现代化进程之中，都可以而且应该为整个人类社会的现代化事业作出贡献。中华传统自由价值的世界意义正是如此。

（一）开辟自由多元阐释路径

需要注意的是，当我们谈到中华传统自由价值的世界贡献时，我们所用的话语已非西方原来的话语，也绝不是概念的简单袭用，话语之间的关系已经发生了变化。确切地说，中华传统自由价值经过马克思主义的洗礼和重新赋能，用于理解它的总体框架和核心问题也随之发生了改变。作为全人类共同价值的自由，已经实现了话语逻辑的重构和话语体系的革新，有着不同于西方话语的全新意涵。在马克思看来，自由绝不是抽象的，它归根结底是现实存在的人的自由，对自由的理解离不开对人的本质的正确认识。马克思主义关于人的本质的学说克服了资本主义的局限性，提出了"人的本质不是单个

[①] 习近平. 加强政党合作 共谋人民幸福——在中国共产党与世界政党领导人峰会上的主旨讲话 [M]. 北京：人民出版社，2021：5.

[②] 阿里夫·德里克. 后革命时代的中国 [M]. 李冠南，董一格，译. 上海：上海人民出版社，2015：16.

人所固有的抽象物，在其现实性上，它是一切社会关系的总和"[1]的观点。西方学者也承认，"在关于人的这一新理论的基础上，出现了一种新型的政治行动，即在实践中重新获取人的本质……通过人的实践去恢复人的本质"[2]。中华传统自由价值的世界贡献，在于并行不悖地完成双重任务：在摆脱意识形态偏见的基础上继续揭露和批判西方资本主义自由观的虚伪和狭隘，在坚定不移推进中国式现代化的进程中发展中国化时代化的马克思主义自由观。

在当今时代，要发挥中华传统自由价值的现实效用，在世界范围内构建话语权，发挥话语优势，就要在马克思主义的指导下，把握以儒家思想为主干的中华传统文化中自由价值的深刻内涵。事实上，儒家思想与自由之间的关系自明清以来就被学者不断探讨，自由与科学、民主一道成为儒家思想乃至整个中国文化在向现代转化进程中不得不面对的重要话题。围绕这个话题有两种颇具倾向性的观点：一种否认儒家文化中有关于自由的思想，进而认为两者是不相容的，儒家思想是有悖于自由的落后的思想；另一种则认为儒家思想与自由并不对立，两者在根本上是可以兼容并蓄的。由此也形成了两个有着不同主张的流派，前者认为应该持续西方化，用西方的自由观念来改造儒家学说；后者则认为，可以立足儒学本身来重新阐释自由，构建儒家的自由主义思想。毫无疑问，这两者的不同不仅与对儒学的理解有关，也与对自由的理解相关。

但这并不意味着要遵循西方提出的"冲击—回应"说的旧模式来理解中国及其提出的新理念。尽管人们承认，"全球化或者它所产生的全球现代性，可以被理解为殖民现代性的实现，其中最突出

---

[1] 马克思恩格斯选集：第1卷[M]. 北京：人民出版社，2012：139.
[2] 路易·阿尔都塞. 保卫马克思[M]. 顾良，译. 北京：商务印书馆，2010：221-222.

的表现即是发展主义所占有的意识形态霸权地位，它不仅是现代欧洲资本主义的产物，同时塑形了社会主义对资本主义的回应"[1]，但这并不意味着我们必须认同，发展只能遵循以西方为标准的单一模式。在一些西方学者看来，儒家思想有很多值得借鉴的地方，如参照儒家思想将伦理原则纳入日常家庭生活的惯例中这一做法，可以使自由协商的原则自然地成为人类生活的一部分。[2]在儒家看来，国家和社会的良性运行所依赖的不是外在的制度和规条，而是个人德性的自治。就像《大学》中说的，"自天子以至于庶人，壹是皆以修身为本"，这才是最大的自由价值，是每一个人都需要做到的。

（二）推进自由多极文明互鉴

习近平总书记指出，"我们应该大力弘扬和平、发展、公平、正义、民主、自由的全人类共同价值，共同为建设一个更加美好的世界提供正确理念指引。和平发展是我们的共同事业，公平正义是我们的共同理想，民主自由是我们的共同追求"[3]。中国作为一个负责任的大国，一直以来都自觉秉持和坚守和平、发展、公平、正义、民主、自由的全人类共同价值，并将其运用到治国理政的伟大实践之中。

习近平总书记强调，要"以文明交流超越文明隔阂，以文明互鉴超越文明冲突，以文明共存超越文明优越，弘扬中华文明蕴

---

[1] 阿里夫·德里克. 后革命时代的中国[M]. 李冠南，董一格，译. 上海：上海人民出版社，2015：33.
[2] 沃特金斯. 西方政治传统：近代自由主义之发展[M]. 李丰斌，译. 桂林：广西师范大学出版社，2016：231-232.
[3] 习近平著作选读：第二卷[M]. 北京：人民出版社，2023：543.

含的全人类共同价值"①。中华优秀传统文化蕴含着全人类共同价值，这些价值与世界其他文明所呈现的共同价值并不冲突和对立，在文明的高度上是可以而且应该互鉴共存的，这为我们立足本国既有文明理解和弘扬全人类共同价值提供了依循。

古人讲，"物之不齐，物之情也"。现实地看，无论是以自由来改造儒家思想及其学说，还是立足儒家思想及其学说来重新理解和阐释自由，都必须首先指向一个事实：两种文明的巨大差别。儒家思想和自由之间并非仅有简单的不同价值取向的对比，还有更深层次上东西方文明的深刻对比。自由以及以自由为核心的自由主义作为一整套价值观念系统，其所承载和传达的是近现代以来的资本主义文明，具有鲜明的文化在地性，并不天然地具有放之四海而皆准的普世价值。人类社会进入21世纪的发展已经证明了这一点。

就人类社会发展的进程而言，每一个国家和民族的文明都扎根于本国、本民族的土壤之中，都有自己的特色和长处。儒家思想作为中华传统文化的重要组成部分，对形成和维护中国稳定统一的政治局面，形成和巩固中国多民族和合一体的大家庭，形成和丰富中华民族精神，发挥了十分重要的作用。"儒家思想同中华民族形成和发展过程中所产生的其他思想文化一道，记载了中华民族自古以来在建设家园的奋斗中开展的精神活动、进行的理性思维、创造的文化成果，反映了中华民族的精神追求，是中华民族生生不息、发展壮大的重要滋养。"②正是在这个意义上，以儒家思想为代表的中华文明，不仅对中国发展产生了深刻影响，而且对人类文明进步作

---

① 习近平. 把中国文明历史研究引向深入 增强历史自觉坚定文化自信[J]. 求是，2022（14）：7.

② 习近平. 在纪念孔子诞辰2565周年国际学术研讨会暨国际儒学联合会第五届会员大会开幕会上的讲话[N]. 人民日报，2014-09-25（02）.

出了重要贡献。儒家思想赋予了中华文明独特的内涵和价值，在历史上形成了丰富的哲学思想、人文精神和道德理念，对于我们理解作为全人类共同价值的自由有着重要的意义。

从宏观层面来说，要想准确理解东西方自由话语之间的关系，就不能局限于纯粹的学科意义或思想史层面进行概念的分析，而应该从不同文明比较的高度来认知。唯有在坚持不同文明包容共存的前提下，在继承本国文明的基础上，才能正确认识到本国文明与其他文明之间的差异和互通，洞悉传统文化和现实文化，以及东方文化和西方文化之间的异同，把握自由作为全人类共同价值的核心要义。这也意味着从全人类共同价值的角度审视自由，不仅要超越西方中心主义，还要在很大程度上吸收东方文明的精华，努力让不同国家、不同民族创造的优秀文明成果同现代社会相协调、同现代文化相贯通，在新的时代为人类社会作出新的贡献。

第八章

中华优秀传统文化中的其他价值共识

全人类共同价值凝聚着不同民族、不同国家、不同信仰、不同文化、不同地域人民的共识，蕴含着全人类对美好生活的价值追求。全人类共同价值以中华优秀传统文化为深厚底蕴，为构建人类命运共同体提供了价值支撑。对于一个国家、一个民族而言，价值理念并不是凭空产生的，它往往历经长期的实践活动，随着历史、文化的发展积淀下来。"人同此心，心同此理"，人彼此之间会产生关怀与尊重，这是人类共有的情感，有一种内在精神贯通其中。这也是为什么不同国家虽历史、文化、制度等不尽相同，但都追求和平、发展、公平、正义、民主、自由。除了这些价值，中华优秀传统文化中还蕴藏着诸如仁爱、诚信、礼敬、文明等弥足珍贵的价值，它们同样是人类普遍追求的价值共识。

一、仁爱

仁爱是中华传统文化中的核心概念，是儒家思想之精髓。中华传统文化中，仁爱涵盖立己与立人两个层面，其内在意涵从爱亲、仁民至爱物，由己及人、由近及远，是一种博大的情怀和高尚的道德精神。"爱"是人类永恒的主题，是人类的道德理想，更是精神支柱。当今时代，人类社会虽取得了经济、科学上的巨大进步，但是人类的"爱"之精神也在悄然失落。人类迫切需要以仁爱为价值指引，重新调整人与人、人与自然、人与社会的关系，复归于人与外界和谐统一的美好状态。

（一）中华传统仁爱观

中华传统文化被称作"德性"文化。道德是中华传统文化的核心与灵魂。党的十八大以来，习近平总书记多次指出，要弘扬和传承中华优秀传统文化，要讲仁爱，要有仁爱之心。作为一种博大而深邃的情怀，仁爱是传统文化的核心内涵之一，更是中华民族道德精神的象征。

1. 何谓"仁爱"

"仁"之本义为爱惜人之身体，珍视人之生命，这既意味着爱惜自己的生命，也意味着珍惜别人的生命。《说文解字》中说道："仁，亲也。从人从二"。段玉裁注："独则无偶，偶则相亲，故字从人二。亲者，至密也。会意。"结合古文字，"仁"具有从身从心、从人从二两种构形。"仁"之本义寓指对己身之爱，古人所言关怀己身即要修养自身、成就自身，实乃"修己"之谓。故《中庸》言："成己，仁也。"端正己心，修养自身，才能拥有仁爱之心。仁爱以修身为切要，而修身与事亲密不可分。"君子不可以不修身；思修身，不可以不事亲。"（《中庸》）人之为人，与其他动物最大的区别就在于人有感情，懂得以孝敬事亲。是故于孔子而言，仁爱观念中包含着孝悌之蕴，"亲亲"实为"仁"之"大"者。"孝弟也者，其为仁之本与！"孔子认为孝悌是仁爱的根源，成仁的根本就是要懂得修己孝亲。在此基础上，一个人才能进而去"爱人"，达到"仁爱"的另一层境界。

孔子讲仁爱还强调对他人之爱。樊迟问仁，子曰："爱人。"孔子正是以人本主义为基础，通过修己、爱人逐步到达崇高的理想境界。经由孔子的界定与构建,"仁"被提升为儒家最高的核心价值观念,孔子以之为最高道德标准。孔子言"爱人",以"亲亲"为大。在他看来,人首先要关爱自己的血亲,然后再延及他人,即"泛爱众"。所以他提出"推己及人"的忠恕之道,作为仁爱思想的进一步发挥。孔子认为践行仁爱要以"己欲立而立人,己欲达而达人"为切要。而"爱人"指涉对于他者的根本关切,其具体表现就是欲让他人作为人而生,即尊重他人,以平等的尊重之"爱"对待他人。在孔子看来,立己与立人、达己与达人互相含摄,不可分离。

概言之,"仁"即"仁爱",孔子关于"仁"之学说就是他的"仁爱"思想。孔子的"仁"是立人、达人,必须有益于他人方为"仁"。所以仁爱不局限于主体自身,还要施及他人,故孔子曰:"四海之内皆兄弟","弟子入则孝,出则弟,谨而信,泛爱众,而亲仁"。"仁爱"在由己向外的过程中实现普遍化,由极简的普通人之爱,深化为一种普遍性之爱。与此同时主体亦成就了自身,通达于道,将爱人与成己融为一体,不仅实现了心灵的超越,还将"仁爱"发展成为一种自觉向上的道德精神。

2. "仁爱"的多重功用

孔子生活在"礼崩乐坏"的时代,他力倡"仁"之道德精神,作为解"乱"之良药。社会何以致"乱"?孔子指出:"好勇疾贫,乱也;人而不仁,疾之已甚,乱也。"在他看来,社会失序仅为表象,深刻根源则在于社会精神价值系统的坍塌,即"不仁"。为解决社会之"乱",孔子主张"克己复礼",复归于"仁"。孔子把"仁"界定为人与人之间彼此关爱的道德力量,是由"乱"转"治"的关键所在。在他看来,社会秩序的重建需要建立一个价值体系作为人们的精神支撑,"仁爱"正是这个体系的逻辑起点。

孟子将孔子的"仁爱"观念扩展至宇宙万物中。《孟子·尽心上》曰:"君子之于物也,爱之而弗仁;于民也,仁之而弗亲。亲亲而仁民,仁民而爱物。"人皆有仁爱之心,但"亲亲"是核心,然后推及于民,最终延及万物。孟子遵循由"亲"到"仁"的亲疏层次,体现了"爱有差等,施由亲始"。孟子的"仁爱"思想以自我为起点延伸至宇宙万物,仁乃人之本性,仁之自然流露即为爱。"仁爱"从父母、兄弟,至夫妻、子孙,再及宗族、友邻、虫兽草木,层层扩展开来,上升为普遍的人类之爱。"亲亲""仁民""爱物"的"爱有差等"原则从根本上规定了儒家"仁爱"的原则。在孟子看来,"夫物之不齐,物之情也……子比而同之,是乱天下也"。万事万物并不相同,若以同等的爱处之,则会天下大乱。从"仁民"到"爱物",体现了儒家"仁爱"观的道德诉求,儒家主张用相同的爱对待相同的对象,用不同的爱对待不同的对象,这符合"仁爱"观的内在逻辑,是对孔子"仁爱"思想的深化。

孟子还将"仁爱"应用于政治领域,把"仁爱"的修身功能提升到治国层面,发展为系统的"仁政"主张,构建了"仁爱"价值体系。孟子指出:"今王发政施仁,使天下仕者皆欲立于王之朝,耕者皆欲耕于王之野,商贾皆欲藏于王之市,行旅皆欲出于王之涂,天下之欲疾其君者皆欲赴愬于王。其若是,孰能御之?"(《孟子·梁惠王上》)天下人皆期望仁政,正是对孔子德政理想的具体描述。

汉代大儒董仲舒在《春秋繁露》中指出:"仁之法在爱人,不在爱我……人不被其爱,虽厚自爱,不予为仁。"他同样强调仁爱绝不应局限于对己之爱,而要扩展为对他人之爱,这才是仁的精神实质。董仲舒认为爱不仅意味着爱他人,还要延及鸟兽昆虫。"质于爱民,以下至于鸟兽昆虫莫不爱。不爱,奚足谓仁?"可以说,"仁"之本义是"爱"。

北宋理学家张载进一步道明："民，吾同胞；物，吾与也。"与我们共同存在的生灵万物，包含动物、植物等，都是我们的同胞，仁爱的意义不仅在于社会层面的和谐，还在于平衡自然生态，将天地万物都视为统一整体。这一观念将儒家仁爱思想推至更高的阶段。自此之后，程朱理学、阳明心学对一体之仁的观念渐次深化，将其发展为"天地万物一体之仁"。中华传统文化正是从"一体之仁"的信念出发，以期实现天地万物为一体的和谐共存的崇高理想。

（二）西方文化中的"爱"

纵观古今中外，人类在不同的历史阶段、不同的国度，无不希冀着"爱"。"爱"是人类永恒的主题，是人类的道德理想，更是人类的精神支柱。在人类社会产生伊始，即有"爱"的存在以及对"爱"的追求，人们不仅将其视作基本情感，更将其视为灵魂家园。"爱"贯穿人的整个生命历程，既是人类发展中必不可少的情感基石，也是融会贯通于人类道德情操及道德行为中的普遍关怀。

1. "爱"之本质

柏拉图在《会饮篇》中指出，"爱是一种原始生命力"。在古希腊人看来，"爱"与原始生命力具备同一性。古希腊思想家认为"爱"有着天赋的强大力量，对人类命运有着不可小觑的影响。康德在《论优美感和崇高感》中认为爱是一种短暂的狂喜。美国存在心理学之父罗洛·梅认为，希腊人之所以能够达到一个难以企及的文明高度，根本原因之一就是他们勇于公开地面对原始生命力。德国哲学家霍耐特指出，"爱"既是家庭中的承认形式，也是两性之间产生的情感依恋，主体在彼此需要和依赖中得到情感慰藉。

世界几大宗教，尽管对"爱"有着不同界定，但其教旨无一不包含"爱"的范畴。基督教以人与人之间的怜悯为出发点，宣扬以慈善、救护为内容的博爱，从而为普通民众提供人文关怀。佛教一方面以"爱"为苦痛的源头，认为人们常常因"爱"而虑、因"爱"而恨、因"爱"而离；另一方面以给予众生快乐、帮助众生排除苦难为"爱"，即"无缘大慈，同体大悲"。伊斯兰教以"爱"为人之本性，唯有"爱"的人才是善的。可以说，世界几大宗教皆以"爱"为主导。

爱存在于人类社会的特定关系之中，无论从哪个维度出发，"爱"所涉及的一切都离不开特定的社会关系。换言之，人类共同生活的社会关系网络中，存在着一张"爱"的关系网。这张网以"普遍关怀"作为统摄之纲，人的本质力量在普遍关怀中得以彰显。正如美国哲学家保罗·蒂里希所指出的那样，"爱是一切已经疏远化的事物重新统一于它们的本质存在的活动"。在她看来，"爱就是分离后再统一的动力"[1]。正是从这个层面出发，"爱"具有了凝聚力，能够将整个社会紧密联结、融为一体。

2. "爱"之危机

遗憾的是，工业文明在推动科技迅猛发展的同时，引发了"爱"的危机。伴随着工业化时代的到来，人类的财富和力量极大增加，与此同时，人类可用于作恶的物质力量和能与之相抗衡的精神能力之间的道德鸿沟愈发扩大。人类社会虽取得了经济、科学上的巨大进步，但是人类的"爱"之精神却在悄然失落。机械化的生产方式正在使工业生产更为物质化。机构化、契约化的社会关系既

---

[1] Paul Tillich. Love, Power and Justice [M]. New York: Oxford University Press, 1960: p.25.

缺乏人情味，又随时濒临失控与破碎。人与自然的关系面临前所未有的实践困境，而想要破解这一困境，就必然以减少人对精神需要的满足作为代价。人类的本性正在被科技异化，并被塑造成它需要的样子。急功近利的人宁愿牺牲未来换得一时功成名就。人类对于"爱"的意识与能力在某种程度上呈现衰变的态势，而当人类社会的基础发生动摇，纷争、冷漠甚至敌对就成为常态。在进退维谷之中，人类被迫重新调整人与人、人与自然、人与社会的关系。

现代西方从"个体本位"出发，主张人我之间的自由、平等交往，在面对精神危机、生态危机、社会历史等问题时，以主体存在的独立性价值为前提，充分肯定人的个体性价值与主观能动性。这是推动西方科技发展的动力源泉。然而，不可否认，正是极端个人主义给西方社会发展带来了巨大弊病。人们过分关注个体主体性，尤其在人与人的关系之中，主客二分的思维方式造成亲情关系淡漠，团体意识缺乏。人们对他者的控制与征服，也导致了自身的困境。

（三）仁爱作为价值共识

当今，人类比任何时候都更需要人伦之爱。在东西方社会中，对传统伦理的回归思潮业已成风。在特殊的时代背景下，中华文化中仁爱观的价值共识愈发凸显。美国学者宾克莱认为，"最近一二十年来，现代的人都非常关心于探求某种他们能够借以安身立命的东西。许多人简直不顾一切地去寻求某些他们能完全对之献身的价值"[①]。现代人饱尝工业文明带来的孤寂之苦后，期盼复归人际关系亲和的状态，对"爱"的价值需求愈加强烈。

---

① 宋瑞芝. 外国文化史 [M]. 武汉：湖北教育出版社，1994：1118.

1. "神爱"的逻辑进路

人们过多关注对外部世界的求索,不断追求欲望的满足,对整个社会都产生了消极影响。人是一种精神动物,不仅需要生存的手段,而且十分重视生存的意义。基督教恰恰在这个层面给人们提供了精神依托,为人提供"终极关怀",满足了人的精神需要。上帝作为一种无形的力量,对人们的道德生活发挥着重要的调解作用。但把生命、自己依托于上帝,和依托于科技力量在本质上是一样的,它们都是外在超越的不同存在形式,纵使能在一定程度上给人带来慰藉,也终究不是内生于人自身的。基督教的超越意味着对基督徒自身的否定。在他们的观念里,人生的理想境界就是与上帝的意志合而为一。人由于原罪的作用,不可能凭自己的主观努力实现对自身的救赎,人们只能否定自我,在得到上帝的恩典之后,才能实现灵魂的超越,从而与上帝的意志相融合。人类是在挣脱了原有的自我之后,才获得新生,实现外在超越的。

尼采断言"上帝死了",是西方智者对于人类社会陷入欲望困境的敏锐洞察。自19世纪末开始,不少西方思想家将视线转向人类自身,正如海德格尔所指出的那样:"在整个历史上还没有一个时代像现在这样关心人自身的问题。"人需要终极关怀,"爱"的力量能够使人回归本真。人类的生活需要"爱",也应该充满"爱",现代人类迫切需要复归于自然、社会和自身本质的和谐统一状态。

2. 仁爱的张力

仁爱与西方社会中的"神爱"有着根本不同。仁爱是人基于情感之上的活动与行为。仁爱存在于主客体之间的关系之中。而这种最初的二人关系就是家庭血缘关系。由此自然而然推至父子、夫妇、兄弟之间的爱。仁爱正是以人之情感为基础，成为交往的重要原则，不仅处理血缘亲情关系，还处理社会中的一切人伦关系交往。人与人之间的交往主要以人的情感为基础，整个社会的交往关系都是由情与义共同组成的。

仁爱，是"爱"的最高境界，是最广泛的"爱"。仁爱观体现出的是一种内在超越。在儒家看来，超越是道德主体本身的事情，即将人与生俱来的善良本性发挥到最大限度，这是道德主体自我修养与自我升华的过程。经由内在超越，道德主体最终可达至"至善"的境界。它立足于主体内心，而任何一种道德传统唯有以主体认同与接受为前提，在满足人们共同利益需要的基础上，才能形成共同的价值认同，成为人们发自内心的愿望与积极行动。

从本体论角度而言，儒家的仁爱观在根本上源自一体的观念。中华文化是"志于道"的圣贤文化，推崇的是"一体之仁"的整体思维方式，以此为追寻，探索宇宙人生大道。此乃中华文化有别于西方文化的最显著特点。《周易》说："夫大人者，与天地合其德。"此为古圣先贤早已体悟的大道，他们按照一体的宇宙观行事做人。在一体观念的影响下，无论是家庭、社会领域之内，还是国与国、人与自然之间，人们皆以和谐一体的关系作为价值追寻。这种一体的思维方式渗透在政治、文化、教育等方方面面，使得和谐、统一成为中国在漫长历史发展过程中的主旋律。

西方社会从一开始就表现出了对征服自然的极大兴趣，认知理性、工具理性成为西方历史长河中的主宰。当西方社会在享受科技带来的效益之时，工具理性支配下的经济危机亦愈演愈烈。这种危机还向政治、文化领域蔓延，导致意识形态危机的加深。在西方文化的辐射下，人类陷入狂妄、纵欲的生存困境。人与人、人与自然、人与社会都处于一种对抗状态。如果人类存在的意义，是与外在于"我"的人、自然、社会不断抗争，那么必然会招致自身的毁灭。诺贝尔奖获得者汉内斯·阿尔文在1988年召开的诺贝尔奖获得者国际大会上提出："人类要在21世纪生存下去，就必须回到25个世纪以前，汲取孔子的智慧。"孔子思想的核心要义就是仁爱。中华传统文化一向主张天人合一，认为人与自然万物为一体。仁爱精神本源于一体同爱之本心。在中华传统文化视域下，"爱"就是对人类及世界万物复归为一的深切期盼。中华文明绵延千年从未中断，既归因于其自身兼容并蓄、吐故纳新的超凡能力，也离不开延续在中华民族血脉中的仁爱精神，两者共同助推中华民族多次从分裂复归统一。

3. 仁爱的通贯性价值

从伦理意义而言，"爱"是人对个体自我生命和全人类存在的尊重与肯定，是对自我和他人健全人格的塑造与升华。"爱"既包含对个体自身的"爱"，也表现为利他的"爱"，在人类社会交往中得以生动彰显。在中国传统社会，人伦交往从温情的家庭伦理出发，从主体的内在精神出发，以人之良善德性为旨归，用内圣外王理念张扬人的主体能动性。伦理社会最宝贵的价值是在彼此的关系中尊重对方，互以对方为重。因情而有义，当主体在情感上认同自身的身份、地位，那么就会主动唤起其内在的自觉与警醒，承担相应的责任与义务。在孔子看来，仁爱既寓指对他人的怜悯、同情之心，也包含着人与人之间的互相关爱、帮助。"爱"是人类生命深处的强烈情感，人类需要"爱"。但"爱"绝不仅仅局限于情感，"爱"是一种最高形式的精神原则。它不仅包含情感因素，还包含道德因素。"仁爱"的深层意义就在于对别人履行自身应尽的职责、义务，是一种弥足珍贵的内在自律精神。"己所不欲，勿施于人"，这不仅是儒家对仁爱的实践落实，更成为公认的世界伦理金律，被国际社会誉为处理国家间关系的"黄金法则"。联合国总部前有一醒目标语，即"己所不欲，勿施于人"。它还曾于18世纪末被写入法国《人权宣言》。伏尔泰将之视作"最纯粹的道德准则"，认为它应该成为"所有人的座右铭"。可以说，仁爱不仅是中华传统文化的基本价值理念，也是人类普遍追求的共同价值。

值得注意的是，儒家所谓"爱有差等"，并不是赞成对不同的人怀持相同程度的"爱"，而是强调对不同的人应该有不同种类的"爱"。孟子的"仁民爱物"观念，就对"亲亲""仁民""爱物"进行了详细区分，强调对待父母、民众和世间万物应当怀持三种不同方式的"爱"，即"亲""仁""爱"。恰如程颐所述，"以物待物，不以己待物，则无我也"。程颢更直截了当地指出，"圣人之喜，以物之当喜；圣人之怒，以物之当怒。是圣人之心，不系于心而系于物也"。这种"差别之爱"正是儒家以"爱"的社会效应为依托，现实地考虑"爱"的社会结果的体现。

中华传统文化中的仁爱观立足于血亲之爱、家庭伦理之爱，推至己身之外的人与人、人与社会、人与自然万物。在实践方法上简便、易行，主体只要"推己及人""能近取譬"。仁爱是对人际交往过程中双方的双层次要求：主体一方面要立己、达己，另一方面要立人、达人。仁爱要求道德主体既要做到自立、自达，也要做到立他、达他，拥有与他人携手并进的宽阔胸襟。中国作为礼仪之邦，以仁义礼智作为稳固根基，巍然屹立于世界的东方数千年而不倒，而仁爱正是这个根基中稳固的一环。在世界璀璨的文明中，中华文明独树一帜。中华传统文化中的仁爱观能够帮助人类走出发展困境，实现人与人、人与自然的和谐共生。

二、诚信

党的二十大报告指出要"弘扬诚信文化，健全诚信建设长效机制"[1]，这是实施公民道德建设工程、提高全社会文明程度的重要一环。诚信不仅是中国由来已久的历史文化传统，更是中华民族世代相传的道德圭臬，是为人之本、处世之方、立国之基，具有全人类共同价值的意义。

（一）中华传统伦理诚信

诚信是中国传统伦理道德中的重要德目，是修齐治平的必要条件。"诚信者，天下之结也。"诚信是人们的行为准则、交往纽带，无诚信，寸步难行。在中华传统文化中，"诚"与"信"分述的方式更为常见，它们是先秦儒家提出的重要概念，成为中华传统文化中的重要范畴。

1. 何谓"诚"

关于"诚"，从字形上看，是"言"与"成"组合而成的，寓意说话有成效，由于是真话而为人所信。是故《说文解字》中以"诚""信"互训："诚者，信也。""信者，诚也。"

从字义上看，早期儒家学说中对"诚"进行集中、系统论述的

---

[1] 习近平. 高举中国特色社会主义伟大旗帜　为全面建设社会主义现代化国家而团结奋斗——在中国共产党第二十次全国代表大会上的报告[M]. 北京：人民出版社，2022：45.

著作首推《中庸》。《中庸》曰："诚者，天之道也；诚之者，人之道也。诚者，不勉而中，不思而得，从容中道，圣人也。""诚"以天道为形而上依据，是人道中的重要伦理德目，是人伦的最高道德标准，是区分凡与圣的重要标准。与此同时，在儒家看来，"诚"发挥着根源性、感召性作用。所谓"诚者，自成也……诚者，物之终始，不诚无物。是故君于诚之为贵"（《中庸》），"诚"是万物成就自身、贯彻始终的重要凭借，没有"诚"就无法成就万物。

"诚"的意义在于使人达至与天地合一的境界。孟子曰："诚者，天之道也；思诚者，人之道也。"人唯有体认"诚"之道，方能赞天地之化育。唐朝李翱主张人性本善，但人性之纯善易受情欲障蔽，惟有尽性、复性，即"诚"，方能达至"其心寂然，光照大地"的宁静状态。宋、明时期程朱学派直指"诚"为天道，说"诚者，真实无妄之谓，天理之本然也"。二程视"诚"为践行三达德的关键，在他们看来："知、仁、勇三者，天下之达德，所以行之者一。一则诚也。""一德立而百善从之。"（《二程集》）

2. 何谓"信"

关于"信"，从结构上看，"信"由"人"和"言"两个字组成。《穀梁传》曰："人之所以为人者，言也。人而不能言，何以为人？言之所以为言者，信也。言而不信，何以为言？信之所以为信者，道也。"《说文解字注》云："信，诚也。人言则无不信者，故从人言。""信"是一个会意字，其本义是以言语取信于人。正所谓"志以发言，言以出信，信以立志"。由"信"之本义引申，"信"意味着诚实无欺，恪守信用。

早在春秋时期，古人就将"信"视作一个人应当具备的最基本的德行。孔子认为，重允诺而言必信是君子人格的内在要求，可以作为衡量君子的标准。在他看来,"人而无信,不知其可也。大车无𫐐,小车无𫐄,其何以行之哉"(《论语·为政》)一个人若不讲信义,恰似车无轴轮无法运行一样,就无法在社会中立足。故而孔子对"信"颇为重视,以"信"为君子安身立命之本。秦国商鞅移木立信,墨家以"信"为一以贯之的做人原则,主张"言必信,行必果,使言行之合犹合符节也,无言而不行也"(《墨子·兼爱下》)。为了使人人守信,老子直言:"信者,吾信之;不信者,吾亦信之;德信。"中华传统文化中诸子百家多元并存,他们虽对个人的穷通荣辱、国家的治乱兴衰怀持各异的思想与态度,但"信"却是他们共同推崇的道德准则。

"诚"与"信",二者融合相依,成为中华诚信文化的汩汩源泉。"诚""信"二字连用最早可追溯至西周时期的《逸周书》:"成年不尝,信诚匡助,以辅殖财。""信诚"实则为"诚信",意味着诚实无欺,恪守信用。以诚立世,则自此之后,"诚信"一词流传千古,被一代代中华儿女继承、发扬,成为具有人伦特性的道德规范,沉淀为中华传统文化的道德底色。

(二)西方契约诚信

作为西方文化中的基本规则,诚信在西方公民教育、道德教育中占据重要位置。西方国家将包括诚信的伦理价值视作民主政体与自由社会的基石。在西方人看来,这些价值理念同公平、正义、自由、平等、民主、法治等量齐观。他们将诺言视作契约,这个规则往往经法律规范的约束而成为一种法制化手段。西方契约诚信深受其契约文明和宗教文明的影响。

1. 以契约文明为基础

契约文明是西方诚信文化形成的基础。西方的契约诚信可追溯至古罗马时期，这一时期生产力的发展催生了广泛的商品交换活动，人们在贸易来往中扩大了交往范围，人际关系呈开放性。加上移民运动、海上贸易，血缘亲族组织逐渐被瓦解。公元前594年的梭伦改革更是打破了家园一体的社会组织。经过公元前6世纪的塞尔维·图里阿改革，建立起了以地域划分、财产差别为基础的城邦民主制。古罗马城邦下的每个公民都成为独立的经济、政治体，个体间失去了血缘纽带的联系。

要将人们重新组织、整合，这就需要另外的载体，西方社会以契约与法律为体系担负起社会联系与整合的功能。人们冲破血缘、地缘的熟人社会关系，转向以契约关系为纽带的新型经济关系。人们对于失信行为零容忍并将这一态度通过法律确立下来。古罗马法学家乌尔比安说："法的准则是：诚实生活，不害他人，各得其所。"[1]契约通过规定双方的权利、义务，成为建立诚信的法制化手段，以法律契约的形式规范人们的行为，形成了西方以契约为特性的社会，沉淀为西方契约文明。置身于社会中的成员受到契约关系的约束，必须信守承诺，否则就要受到惩罚。

2. 以宗教文明为底色

宗教文明是西方契约诚信形成的文化底色。西方社会极具宗教色彩，其道德规范亦是从犹太教—基督教的框架中引申出来的。犹太教以上帝为中心，按照要求，其子民接受的价值准则必然含有神

---

[1] 桑德罗·斯奇巴尼. 正义和法 [M]. 黄风, 译. 北京：中国政法大学出版社, 1992: 39.

的约束。这些价值包含着一套复杂的律法、规则。犹太人正是在与上帝的契约关系中找到了完善自己的方法源泉。于他们而言，这套律法、规则是上帝赐予的恩典。《旧约·出埃及记》中的"摩西十诫"正是犹太人订立的契约，体现了早期的契约精神。这种契约精神的延续发展，对当今西方诚信文明产生了极大影响。

作为西方重要的价值观念，诚信植根于其宗教思想之中。马克斯·韦伯在《新教伦理与资本主义精神》中指出，宗教伦理对于西方资本主义的产生有着重大意义。历经中世纪文艺复兴洗礼，西方社会中的契约不再仅仅局限于上帝与人类之间，而是扩大至国家权力、政府责任、个体权力层面。依卢梭之见，国家的一切权力属于人民，人民是国家主权的享有者，人民只是基于保护自己的权力、维护社会秩序与正义、实现社会公共利益的目的，才把自己的部分权利让渡给政府。人民与政府之间以"约"为存续之关键。在社会契约论的影响下，西方国家以明确的宪政为基础。然而一旦宪法之上的原则基础垮塌，政府的运行将失去约束力，权力得不到制约，人民就会失去根本的基础与保障，政府诚信将变得虚无缥缈。

第二次世界大战后，西方资本主义社会发生了巨大变化，这些变化引发了一系列道德问题。这些全新的问题从根本上动摇了西方传统的价值基础，使得契约诚信面临着激烈的新旧冲突。世界知名法学家伯尔曼说："法律必须被信仰，否则它将形同虚设。"外在的法律、规则，如果失去人心，无法在人们内心深处形成共鸣，那么就会退化成僵死的教条，就会失去其神圣性。

西方诚信重视制度、规则，以主体间的契约关系为前提。其诚信观确立的基础即"人性自私"，西方人并未对主体道德品质抱有太多期待。由此，在他们看来，必须通过外在的制度、规则对主体进行约束，才能保障各自的权利与义务。这种契约诚信打破了人与人之间以道德、品质为基础的信任。西方诚信建立在宗教的基础之上，通过契约、法律的形式被确立为社会生活中的基本准则。1842年，马克思在《评普鲁士最近的书报检查令》中指出："道德的基础是人类精神的自律，而宗教的基础则是人类精神的他律。"[①]西方契约诚信要真正发挥作用，并具有持久影响力，就急需从人的精神世界寻求道德支撑。

（三）中西方诚信文化的互动整合

在中华传统文化中，"诚"可养心，"信"可应事，诚信贯通修齐治平，以主体德性修养为切要。传统中国在人性本善的基础上形成诚信文化，注重以人的内在超越实现自我完善，在至诚、至善的理想追求中实现修齐治平。诚信主要体现为人的内在自我约束，以自律、良知为内核，在约束力上有所欠缺。在西方文化中，诚信重外在机制，有其内在局限性，这一局限性突出表现在缺乏主体人格上的道德自觉。西方契约诚信建立在人性本恶的基础之上。无论是宗教还是近代社会契约论者，都认为人生性自私，人天性趋乐避苦。国家、政府、法律的产生正是为了从外在制度、体系上防止人因私欲、贪邪产生争斗，从而为社会之中每个人的安全提供保障。西方文化以此为基础发展出了重视他律、以较强约束力为特征的契约诚信，但在境界追求、主体自觉上则明显不足。中西方诚信文化的互动整合正是文化上取长补短、互鉴融合的生动实践。

作为道德的基石，诚信培养离不开主体自身的道德自觉。制度、规则能从外在规范上给予主体行为一定程度的约束，有效避免

---

① 马克思恩格斯全集：第1卷[M]. 北京：人民出版社，1995：119.

主体行为选择的随意性、盲目性。历经时间沉淀，制度规范形成的反复行为则有可能成为人的道德选择，从而对人的道德行为产生影响。但从其根本来看，唯有依靠主体的内在自律意识，才能真正使主体在面临价值选择时具备稳定的、永恒的行为态势，真正影响一个人的价值观形成。

诚信是人格基础，是立身行道必须坚守的道德底线。据《论语·述而》载，"子以四教：文，行，忠，信。"孔子以"信"为"四教"科目之一，强调把"信"作为培养教育学生的重要内容。孔子还将"信"同"恭""宽""敏""惠"并列为"五德"。孔孟以降，董仲舒、周敦颐、朱熹等历代思想家均围绕诚信进行过精辟论述，这一美德随之流传下来，成为人人奉行的立身之本。一个人讲信、守信，言出必行，是取得别人充分信任的必要前提。立身于社会之中的个体，若言不符实，毫无信用，等于失去了社会生活中的万能通行证，便会陷入孤独无助的状态。无人愿意与其交往、共事，最终在社会上寸步难行。

人们对诚信的恪守是维持社会和谐、促进社会团结的重要纽带。早在战国时期，诚信就成为一种重要的社会道德规范。孔子把"信"作为"仁"的具体内容之一。"君子义以为质，礼以行之，孙以出之，信以成之。君子哉！"（《论语·卫灵公》）儒家以诚信为人际关系的第一原则，敦促形成社会成员间相互合作、彼此信赖的良好关系。中国古人将诚信作为经商原则由来已久，形成了"市不豫贾""贾而好儒"的商德文化。中国传统商德讲诚信、重道义，将义与利结合，其中尤以诚信为重。荀子力赞"良贾"，认为"商贾敦悫无诈，则商旅安，货通财，而国求给矣"。管子曾言"非诚贾不得食于贾"，明确指出商德的根本就是诚信。吕不韦更是将良好的商业道德看作"万利之本"。诚信为本，是人与人之间进行交往最起码的道德要求。一个拥有和谐秩序的社会，需要以人与人之间的沟通与合作为基础，诚信是形成这种关系的基石。以诚信为依托，社会成员严守道德底线，互相支持与帮助，整个社会才能形成令人安心的环境，满足社会成员对安全感的需要。

诚信是政权稳固的基石。诚信的内涵在中国古代社会发展的过程中被不断深化，诚信从道德层面进一步扩展成为处世、治世的重要原则。"信，国之宝也，民之所庇也。"对国家而言，诚信犹如宝器，在为国从政中发挥着重要的作用。据《论语·颜渊》记载，子贡曾向孔子请教政事，孔子将"足食""足兵""民信"列为国家政治生活的三个基本要素。在子贡的追问下，孔子指出若迫不得已只能取其一，那就"去兵""去食"，而必须保留的是"民信"。在上述三个要素中，政府的公信力远比兵马、粮草重要。"民无信不立"，"信则民任焉"，一个政权若不能取得百姓的信任就会垮掉，而唯有以"信"为基石，才能得到百姓拥立。国之本在民，取信于民者王天下，欺之于民者失天下，历史一再证明这是一个颠扑不破的真理。古人认为诚信在治国理政中发挥着根本性作用，"诚者，君子之所守也，而政事之本也"（《荀子·不苟》）。为国者以诚信为政，才能积累起民众的信任，使民有令即行。古之圣王能凝聚人心、团结天下的关键就在于坚守诚信。

诚信不仅适用于立身、处世、治政，还被施用于国与国之间的外交往来。在中华传统文化中，实现国与国之间和睦相处的基础就在于修养自身之德。早在春秋战国时期，就记载着"君以礼与信属诸侯"。古圣先贤在外交关系上秉持"远人不服，则修文德以来之"的原则。讲信修睦作为中华民族古已有之的优良传统，虽主体关涉人我，但重点则落在对道德主体讲诚信、守道义的修养自持之中。

无论东方抑或西方，人类社会发展的历史表明，对一个国家来说，最持久、最深层的力量是全社会共同认可的核心价值观。作为人类社会的道德基石与普遍认同的共同价值，诚信可助力人类形成同心圆，向着推动构建人类命运共同体的目标稳步迈进。

三、礼敬

中国在世界上享有"礼仪之邦"的美誉，礼是中华传统文化世代相沿的重要保证，规范着人们的日常行为与是非善恶观念，成为历代圣君的大中之道。礼作为古老中国独特的文化，不仅起源甚早，而且贯穿中国整个历史长河。关于礼的观念与学说沉淀为中华传统文化的核心内容，影响着社会生活、政治生活等各个领域，发挥着调节人与人、人与社会、人与天地万物间关系的重要作用。礼之内涵外延甚广，然其核心则在一个"敬"字。礼与敬二者相互渗透、相互结合，不仅是中华文化的精髓，更从深层意义上规避了西方礼仪文化流于空洞的形式主义之弊端，沉淀为全人类共同的价值理念。

（一）以敬为内核的中国传统礼文化

儒家修齐治平的理想，最终要以礼来落实。在孔子看来，"夫礼，先王以承天之道，以治人之情，故失之者死，得之者生""故坏国、丧家、亡人，必先去其礼"（《礼记·礼运》）。礼乃古圣先王上秉天道而作，用以调治人心。礼取法天道，是天、地、人统一性的体现。为国不以礼则必身灭国亡。概言之，即有礼则治，无礼则乱。

1. 礼之功用

在中国古代社会，礼集中体现了人伦的秩序与原理，礼的规范涉及人们生活的方方面面，蕴含在礼中的原则渐被奉为社会生活中必当依循的最高法度。正所谓"礼之用，和为贵"，礼的作用首先体现为对五伦关系的有效调节。人与人之间互相攻伐予夺，皆起于争利。唯有以礼节制人之情，修养人之义，才能免除祸患。礼的重要价值就在于它能摒除个体心中的恶念，使人们自觉遵守人伦秩序，践行仁爱，使个体的德性不断趋于完善，进而达至整个社会和谐安定的状态。

礼之所以有如此功用，就在于其可调节人心。人本身含喜怒哀乐爱恶惧之情、财色名食睡之欲，如不加以节制则心性就会迷乱。据《群书治要》载，"人函天地阴阳之气，有喜怒哀乐之情"，"凡人之性，心平欲得则乐，歌舞节则禽兽跳矣。有忧则悲哀，有所侵犯则怒，怒则有所释憾矣"，"生其六气，用其五行，气为五味，发为五色，章为五声。淫则昏乱，民失其性"。可以说，喜怒哀乐乃人人所具备，声色名利乃人人所企求，然情欲过重则伤生害命。人生而有欲，欲望的无限发展必会迷乱人的心性，导致纷争四起，因而必须以礼节之。"圣人既躬明哲之性"，故制礼以节欲。古圣先贤正是经由礼将人之欲控制在合理范围之内。

2. 礼以敬为本

中国自古已有"经礼三百，曲礼三千"之说，关于礼的条目繁多，但礼能从主体内部发挥效用的根本在于其有一主旨贯彻始终，此即为"敬"。孔子重视礼的外在形式，但更重视敬的本质，在论及丧祭礼时，他曾言："丧礼，与其哀不足而礼有余也，不若礼不足而哀有余也。祭礼，与其敬不足而礼有余也，不若礼不足而敬有余也。"（《礼记·檀弓上》）这充分体现了孔子对于人内心的关切，在他看来，人内在的敬才是礼之根本。《孝经》中更是直言："礼者，敬而已矣。"内必形于外，外必敛于内，礼与敬的关系正是外而内、内而外的合一。正因如此，孔子才感叹："居上不宽，为礼不敬，临丧不哀，吾何以观之哉？"（《论语·八佾》）《左传》中载："礼，国之干也。敬，礼之舆也。不敬则礼不行，礼不行则上下昏，何以长世？"对于一个国家而言，若将礼比作国之躯干，那么敬就好比承载礼之马车，无敬则礼亦无从推行，国家失却上下法度，更不可能长久。

儒家对五伦关系的调节，也是通过以敬为内核的礼达成的。故程颢指出："敬者人事之本。"（《二程集》）不敬人，则人际隔阂怨恨就会生发。敬人必先敬其亲。孔子言："君子兴敬为亲，舍敬是遗亲也。"爱敬其亲为人本具的自然之情，儒家正是由敬亲之情出发，教人由浅近处着手，涵养恭敬之心，进而通过推己及人向外扩展，延及万物。正所谓"爱亲者，不敢恶于人。敬亲者，不敢慢于人"（《孝经》）。在古圣先贤看来，促进社会和谐的关键就是要以孝悌为起点，将对亲人之敬延及万物，从而使人性不断趋向"至善"。

（二）西方礼仪文化

西方文化中谈及礼，往往与礼貌、礼仪相关。西方人以礼貌作为绅士礼仪的最基本原则。绅士的特点是有教养、懂礼貌，衣冠得体，彬彬有礼。礼仪是人们在社会交往活动中共同认可的行为规范。社会中的每个个体都有责任接受礼仪约束。

1. 礼仪文化溯源

西方礼仪文化可追溯至荷马时代，其时已有关于礼仪的论述，主要谈论了讲礼守信之人才能受到尊重等内容。古希腊时期，多位哲人曾围绕礼仪展开论述。比如在苏格拉底看来，哲学的任务在于培育人的道德观念，他教导人们要以礼待人。柏拉图同样重视教育，并以节制作为理想的道德目标之一。亚里士多德则强调了公正的美德。这一时期，是西方各大文明诞生的重要时期，礼仪作为道德伦理的重要内容，在古希腊文明中占据着重要位置。可见，无论东方文明抑或西方文明，都将礼看得极其重要，但不同的历史文化传统、环境习俗孕育出了异样的礼仪习俗。古希腊城邦社会的治理依靠礼仪、习俗维系，对于公民而言，从诞生之日起，毕生都要受到礼的制约。正是在礼文化的熏陶下，古希腊人对于礼仪十分重视，一言一行都要合乎规矩。

在古希腊的家庭关系中，子女必须孝敬父母，这与古希腊的宗教信仰密切相关。在古希腊人看来，如果有人不懂得报答父母的养育之恩，对待父母忤逆不恭，那么他就会受到宙斯惩罚。希腊神话中的神灵观念是希腊宗教的核心，并为希腊宗教确定了一个系统的神灵观念信仰体系。为了避免发生不孝敬父母的现象，古希腊人设置专门的法律法规对违反的人进行处罚。在希腊人看来，最美的生活就是和神的生活最接近的生活。人们会欢聚在一起举行祭神庆典活动，通过与神同乐的方式，表达奔放、庄严的情感。

西方礼仪在中世纪进入鼎盛时期。此时正值欧洲封建社会的鼎盛时期，以土地关系为纽带，整个社会形成了等级森严的制度，应运而生的是一系列烦琐严苛的贵族礼仪、宫廷礼仪等。法国路易十五时期，对礼仪的讲究可谓登峰造极。为了营造井然有序、职责分明的宫廷秩序，人们制定了一系列的规则条例，结果连国王、王子们都过着终身受缚的生活。在这一时期，人们空泛地追求贵族气质，礼仪浮于表面，沦为一种束缚。

2. 礼仪的渐趋简化

文艺复兴时期，西方的礼仪文化不再局限于对礼节的烦琐要求，而是形成了较为简单的礼仪规则。礼仪逐渐摆脱了封建等级束缚，接近普遍意义上的礼貌概念。相关的礼仪规定不再只面向社会上流阶层和宗教团体，而是在更大程度上面向世俗大众。这个时期，出现了众多关于礼仪的著作，这些著作已经褪去了中世纪的封建等级色彩，具有了更广泛的意义。它们在适应社会需要的同时，推动了礼仪的社会化发展。在礼仪社会化的过程中，教会发挥了重要的传播作用。文艺复兴时期的教会组织以积极入世的姿态关注社会问题，通过布道、说教等方式使有秩序的纪律原则成为人们的行为准则。可以说，这个时期的礼仪受到多种因素相互作用，使得中世纪受封建等级影响的观念逐渐瓦解，确立起新的礼仪观念作为人们的行为准则。其内容不再仅仅针对特定阶层，而是具有了广泛的意义，更符合时代、社会的需求。

进入17、18世纪，西方社会正值欧洲资产阶级革命浪潮的兴起。随着资本主义制度的确立，封建社会的礼仪走向瓦解，资本主义社会的礼仪取而代之。相较于封建社会，资本主义社会的礼仪符合历史必然，代表历史的进步，故而又被称为"文明礼仪"。然而大量史实证明，资本主义的礼仪存在很多野蛮的地方，比如美国殖民者驱赶、屠杀印第安人。资本主义礼仪标榜自由、平等，但其依靠、使用的是强制力量，建立在私有制基础上的社会中的各个阶层并不平等。

近代以来，特别是两次世界大战之后，西方礼仪渐趋简单、随意、自由。西方礼仪的发展受到科技文明的影响越来越大。比如婚礼的仪式可以多样化，人们可以随意选择；餐饮仪式简单；人际交往、交流可以直接用电话、电子邮件，省去了很多中间环节。西方礼仪在发展过程中，呈现出自由化、简明化、随意化的发展趋势，一些传统的礼节仪式也逐渐丧失其存在的价值意义。

礼仪作为人类历史发展中逐渐积淀形成的文化，始终以某种约束力支配着个体的行为。这些行为规范随着时间的流逝，被不断删减修改，但礼仪文化始终保持着浓郁的民族性。

（三）礼敬作为共同价值

在全球化过程中，跨越国界的交流日益频繁，拥有不同文化背景的人产生了交往、交流的需求，礼作为人与人之间关系的润滑剂，就成为现代社会的必需品。它反映了一个国家国民素质的高低，是影响人际交往、交流的核心要素。

纵观西方礼文化的发展历程，礼突出表现为外在的礼仪。近现代以来，随着人们生活节奏的加快，礼仪愈发趋向自由化、简明化、随意化。即使是拥有众多信众的基督教，其入教仪式、礼拜仪式都进行了简化。礼仪的简化还体现在人们的衣食住行各个方面，包括服饰礼仪、餐饮礼仪、婚嫁丧葬礼仪，而随着礼俗一同淡化的还有西方人尤其是西方年轻一代的责任意识、大局意识、忧患意识。究其根本，在于西方礼仪文化在相当长的时间里注重从外部着力，缺乏贯彻始终的灵魂支撑。外在的仪式可以简化，但若无实质的精神内核为挈领，则终究是鱼质龙文。

德国哲学家哈贝马斯指出，在生活世界里应当遵循交往理性。

但从根本上看，交往理性仍是对主体的外在规范，是生活世界的一部分。人们遵循交往理性，达成共识，进而走向彼此的和谐。然而在中华文化中并非如此。在儒家看来，道德规范绝不仅仅停留在对人的外在规定，而是将其与内在德性相合，凸显人的内驱力，以人的道德自律与自觉为主要依托。孔子讲"克己复礼为仁"，通往仁的必要条件就是以礼克己，通过礼来约束、规范己身，做到"非礼勿视，非礼勿听，非礼勿言，非礼勿动"。孔子以礼为教，主张通过教化使人的内心与外在行为都合乎礼。礼绝不只停留于表面，而是源自内心的真实情感。

孔子以"礼"关涉伦理生活，赋予"礼"至高无上的地位。《左传》中讲："夫礼，天之经也，地之义也，民之行也。"礼的规定性源自天，是"合于道"的，是天赋的行为规范，拥有崇高地位。"夫礼者，自卑而尊人。"（《礼记·曲礼上》）在中国传统礼文化中，礼不仅是人际交往中自尊、自谦的表现，更体现为对他人的尊重。"人无礼则不生，事无礼则不成，国无礼则不宁"（《荀子·修身》），体现了古人对礼文化重要性的深刻洞悉。在社会交往中，人人识礼、用礼，就可以化解冲突，缓解紧张，达到"和"的局面。从根本上说，每个人都存在于一个以交往关系为基础的社会关系网之中。交往关系不仅仅存在于个体之间，还发生在个体与群体、群体与群体之间。每个人的生命中都存在着生物性与道德性两种属性。生命秩序的建立就依赖于道德性生命对生物性生命的规范与引导。[1]英国哲学家罗素指出："中国至高无上的伦理品质中的一些东西，现代世界极为需要。这些品质中，我认为和气是第一位的。"[2]在中国传统社会中，人们以礼调节彼此间的交往关系，实质

---

[1] 樊浩. 中国伦理精神的现代建构[M]. 南京：江苏人民出版社，1997：403.
[2] 伯特兰·罗素. 中国问题[M]. 秦悦，译. 上海：学林出版社，1996：167.

就是凭借以礼敬为核心的伦理道德实现和谐。

血缘亲情和非血亲的人伦关系共同编织了中国传统社会的人伦关系网。古圣先贤主张整个社会不是为了交往而交往，而是要在不断的相互交往中，建构具备道德精神的主体，进而成就一个大同社会。此即《大学》所言："古之欲明明德于天下者，先治其国；欲治其国者，先齐其家；欲齐其家者，先修其身；欲修其身者，先正其心。"人们所推崇的是由修身、齐家，到治国、平天下这么一条不断趋向善的道路。其中，以礼敬关涉"人事"，成为处理人际交往的重要道德规范。在中华传统文化中，古圣先贤主张人人可以成圣成贤，关键就在于道德自我修养，把人的价值与作用置于重要地位。人的道德修养趋于完善就能推动形成良善、和谐的社会氛围。

礼敬作为中华优秀传统文化的核心价值，蕴含着达至人与人、国与国之间的和谐、尊重的途径，囊括了个人德性修养的重要内容，且通达于道，对全人类都具有深刻的启示意义。

四、文明

文明的过程是人类为了满足生存、生活和精神需要而不断探寻、发展的过程，也是不断否定野蛮，改造客观世界的过程。期盼美好的生活，追求安全感、获得感，这是全人类的共性。在这个过程中，一旦某个地区形成文明，就会辐射到周边地区，产生吸引力。不同民族的人们会克服语言、风俗等障碍，努力加入文明圈中。回望人类历史，世界各地曾诞生各式文明，但唯有中华文明从未中断并延续发展下来。在长达数千年的历史长河中，中华文明独有的特性将各族民众团结起来,形成中华民族共同体。中华文明在多方面彰显着其他文明所不具备的独特优势,能够给世界的和谐发展带来启示与借鉴。

(一) 中华文明的特性

中华文明的形成具有悠久历史,据司马迁在《史记》开篇中的观点,中华文明可追溯至五帝时期。20世纪以来,考古界的众多发现愈发证明了中国远古传说的可靠性。作为中华文明的初级阶段,五帝时期中华文明尚处于萌芽状态。为了应对生存与生活等诸多方面的考验,人类有了很多的发明创造。正是从这个时期开始,古老中国开始向文明社会过渡,开启了历史的记录与传承。

经过夏、商、周时期的积蓄发展,春秋时期,中华民族进入铁器时代,中华文明不断向前挺进。历经春秋、战国,中华文明向秦汉时代迈进。再至隋唐元明清,中华文明在"大一统"中得到进一步巩固与丰富,从未中断。中华文明在政治、文化上的连续性决定了中国整个历史的连续性。

张光直在1984年的一次讲演中曾说,"我预计社会科学的二十一世纪应该是中国的世纪"[1]。他之所以这么说,是因为中国有着悠久历史,是世界古文明形态中唯一有着庞大历史记录的文明。而这珍贵、悠长的史料记录中,蕴藏着对人类发展有重大启示的宝贵资源。中华文明是连续性的,从野蛮社会到文明社会,诸多文化成分、社会成分被延续下来,人与社会、人与自然的关系并未改变。习近平总书记指出:"一部中国史,就是一部各民族交融汇聚成多

---

[1] 张光直. 中国青铜时代:二集[M]. 北京:生活·读书·新知三联书店,1990:131.

元一体中华民族的历史,就是各民族共同缔造、发展、巩固统一的伟大祖国的历史。各民族之所以团结融合,多元之所以聚为一体,源自各民族文化上的兼收并蓄、经济上的相互依存、情感上的相互亲近,源自中华民族追求团结统一的内生动力。"[1]中华文明绵延数千年的文明史中,以一体的观念为依托,生发出无与伦比的包容性和吸纳力,兼容并蓄,根深叶茂。《庄子·齐物论》中说:"天地与我并生,而万物与我为一。"万物以"道"为主宰,"道"贯通天地人我万物。程颢、王阳明都提出"大人者,以天地万物为一体"的整体观念。"故博施济众,乃圣人之功用",这不仅是一种生命哲学,更沉淀为中华文明的独特理念,成为正确处理人与外在关系的精神向导。

　　人类的共同命运决定了人类世界必须秉持一体的理念,通过不同文明之间的对话交流来实现。中华民族同周边民族的交往历史,不仅印证了不同文明之间交流互鉴的可行性,也印证了中华文明具有的鲜明对话性特征。从"丝绸之路""茶马古道"到"郑和下西洋",贯穿其中的一条主线就是文明之间的和平对话。

　　回溯人类历史,人类交流交往的最初形态就是"对话",不同文明的接触过程本身就是一种"对话",各个文明之间进行沟通、交往的互动性过程就是"对话"。人类在漫长的历史长河中,创造和发展了多姿多彩的文明。尊重世界文明多样性,是文明交流互鉴的重要前提。文明的对话是不同文明之间相互学习的过程,这个过程有助于人类紧密联结在一起,在交流互鉴中捍卫世界和平。

---

[1] 中共中央党史和文献研究院. 十九大以来重要文献选编:中 [M]. 北京:中央文献出版社, 2021: 215-216.

（二）西方文明的特性

在人类社会由传统向现代发展的过程中，西方国家经过文艺复兴、宗教改革、工业革命等一系列变革成为世界中心，西方文明影响了整个世界。西方先进的科技、雄厚的经济等，给人们造成错觉与误解。西方人以上帝眷顾的优等民族自居，尤其是工业革命之后，西方同亚非拉国家的发展差距拉大，"西方中心论"随之产生。

科林·伦福儒在《文明的起源》一书中关于文明的看法，可谓现代西方社会科学的主流。他认为，"一个文明的生长程序，可以看作人类逐渐创造一个较大而且较复杂的环境的过程……野蛮的猎人居住在一个在许多方面与野兽栖息地没有什么不同的环境中，而文明人则住在一个差不多是他自己创造出来的环境中。在这种意义上，文明乃是人类自己创造出来的环境，他用来将他自己从纯自然的原始环境中隔离出来"[①]。西方具有代表性的观点认为，文明与野蛮的划分在于文明人将自身从自然原始环境中分离出来。文明正是伴随着人类技术的发展进步而形成的。当然，我们必须正视的是，即使人类迈进了"文明"的门槛，但很多行为绝不能被称为"文明"。比如远古氏族之间经常厮杀，而战败首领的头颅会被制成酒杯；资本主义文明时代，殖民、掠夺、杀戮成为侵略者的惯用手段。所谓的"文明"，事实上充斥着战争与冲突。

科林·伦福儒的说法道明了西方文明的核心所在。在西方文明中，当人类步入文明之时，就开始了与自然界的分离，转而进入一个自身利用工具、技术等创造的世界。在这个世界里，充斥着征

[①] Colin Renfrew. The Emergence of Civilization [M]. London: Methuen, 1972: p.11.

服、掠夺，人类居高临下，俯瞰自然及其他所有文明。人与自然的关系处于不可调和的对立状态。工业革命以来，西方文明凭借科技的力量一举建立起现代工业文明体系，但也给生态环境带来深重灾难。

在西方文明的发展中，宗教理念对二元对立观念的形成有着深刻影响。在西方人看来，上帝是万物的主宰，人唯有致力于征服自然，才能在自然环境中生存下来。据《创世纪》记载，神允许人类自由处置它所创造的万物，允许人类按其愿望去利用它们。①这个教义导致"人类被从自然环境中剥离开来，自然环境过去的神圣不可侵犯性也丧失了。而人类当然也就可以随心所欲地利用不再是神圣不可侵犯的环境了"②。受此影响，西方一直致力于征服自然，改变自然，让自然为人类服务。事实上，人类本来是怀着敬畏之心看待自己生存的环境的，应该说这才是健全的精神状态。随着技术进步，人把自然跟自己的关系完全颠倒了。正如汤因比所述，"人是自然的一部分，这是无法逃避的事实。即或人为了利用自然，想把自己跟人以外的自然区别开来，也仍然改变不了这种关系"③。

西方文明以二元对立为其向前推进发展的思想脉络，伴随这个过程出现的是大量的冲突、流血。西方文明中宗教思想是其主流，基督教倡导"恺撒的物当归恺撒，上帝的物当归上帝"，确立了一个物我分离、主客对立的二元世界。这种二元对立使得西方秉持崇

---

① 池田大作，阿诺德·汤因比. 展望21世纪：汤因比与池田大作对话录[M]. 荀春生，等，译. 北京：国际文化出版公司，1997：31.

② 池田大作，阿诺德·汤因比. 展望21世纪：汤因比与池田大作对话录[M]. 荀春生，等，译. 北京：国际文化出版公司，1997：31.

③ 池田大作，阿诺德·汤因比. 展望21世纪：汤因比与池田大作对话录[M]. 荀春生，等，译. 北京：国际文化出版公司，1997：369.

力尚争的价值取向。在人与人的关系上，突出个人的自由权利。但是如果每个人都无限突出自己的个人权利，那么冲突将不可避免。法国存在主义哲学家萨特认为"他人即地狱"，"地狱"的生成，是人我之间的自由权利发生巨大冲突所导致的必然结果。在这种状态下，所有人都是受限的，没有人能够获得自由，人与人之间的关系就变成一种永久危险的关系，造成"他人即地狱"的境况。在处理国际关系方面，西方文明中的"霸道帝国世界"是其崇力尚争思想的鲜明体现，从近代英国的殖民扩张到现代美国的霸权活动，无不展露出浓厚的"霸道帝国色彩"。

（三）具有鲜明中国特色的人类文明新形态

以中国式现代化推进中华民族伟大复兴是对人类文明形态的丰富发展。中华文明是人类文明的发展源头之一，它绵延数千年，成为世界上唯一从未中断的文明体。苏美尔文明、古埃及文明、爱琴海文明等都不可避免地走向消亡，唯有中华文明绵延不断，生生不息。其奥秘就在于中华文明的进化模式是连续的，是对话性的，是兼容并包的，始终秉持人与万物一体的理念。与中华文明不同的是，西方文明的进化往往是突破性的，其文明的推进依赖科技、贸易等因素，致力于征服自然，其文明的结果则以牺牲自然生态系统的平衡为代价。

中西方文明之不同源自宇宙观之不同。中华文明一向秉持整体的宇宙观，追求的是人与人、人与自然之间和谐一体的关系。用美国儒学家牟复礼的话来说，"中国的宇宙生成论主张的是一个有机的过程，宇宙的各个部分都从属于一个有机的整体，它们都参与到这个本然自生的生命过程的相互作用之中"[①]。中华文明的一大特点就是一体多元,具有开放性、包容性。汤因比认为,当今人类所面临的各种矛盾与冲突在于,人类在政治上分化为独立的主权国家,但在经济和技术领域却走向全球一体化。他通过对世界各个文明的对比研究,发现了西方文化对于未来世界统一发展的不适应性,而中国文化中的一体观念能够为解决当今世界所面临的共同难题提供独特的思路。

面对全球化时代,不同文明之间如何实现交流互鉴与和谐共生已成为重要议题。人类共同生活在"地球村",彼此之间的命运紧密联系在一起。在全球一体化趋势的影响下,世界各大文明之间进行对话、交流与合作,已成为人类文明发展的大势所趋。人类从未像当今时代一样迫切需要交流互鉴。对自然的肆意破坏,核武器、核战争的威胁,这些都注定了不同文明要想继续生存下去,就必须采用和平对话的方式,只有积极交流互鉴,人类才能携手走上通往美好未来的光明征途。21世纪,人类进入了互助合作的全新时期,不同文明之间的积极对话将是最和平、理性的交往方式。

在利益关系错综复杂的国际社会,难免会出现误解和冲突,这时,更需要不同国家、不同民族尊重文明多样性,以"和为贵"的理念去面对各种难题。多极世界和为贵,多彩文明和为贵,正在成为人们的共识,成为正确处理国际关系的大智慧。中华文明中一体的理念,将指引人们致力于人与人之间、国与国之间、文明与文明之间、人与自然之间的和谐发展,指引人们共同创造"万国咸宁"的美好世界。

---

① 牟复礼. 中国思想之渊源[M]. 王重阳,译. 北京:北京大学出版社,2016:50.

第九章

弘扬全人类共同价值，构建人类命运共同体

习近平总书记明确指出："我们应该大力弘扬和平、发展、公平、正义、民主、自由的全人类共同价值，共同为建设一个更加美好的世界提供正确理念指引。"[①]弘扬全人类共同价值，昭示了中国共产党人坚定维护世界和平，致力于全世界共同发展和共享繁荣的美好愿景。中国共产党不仅是为中国人民谋幸福、为中华民族谋复兴的政党，也是为全人类谋福祉、为人类进步事业而奋斗的政党。弘扬全人类共同价值，对推动构建人类命运共同体、探索全球新秩序、建设新型国际关系具有划时代的意义。

一、全人类共同价值是推动构建人类命运共同体的精神支撑

站在未来发展的关键十字路口，面对越来越多的全球性挑战，人类急需以人类命运共同体的理念进行整体性思考。要推动构建人类命运共同体，就要在全人类精神观念、思维方法上实现相互融通。全人类共同价值是世界各国人民在价值追求上的最大公约数，是推动构建人类命运共同体的精神支撑。积极践行和平、发展、公平、正义、民主、自由的全人类共同价值，是推动构建人类命运共同体的必然路径。

（一）现实基础：全人类共同利益

在人类创造巨大物质财富的同时，相伴而来的是资源、环境等

---

① 习近平. 在中华人民共和国恢复联合国合法席位50周年纪念会议上的讲话[N]. 人民日报，2021-10-26（01）.

失衡问题引发的巨大灾难。全球性问题涉及人类生活的方方面面，现代人面临的生存困境早已超越地域限制，具有全球性、整体性、紧迫性特征。面对这场史无前例的挑战，人类不仅要变革行为方式，更为重要的是变革支配行为方式的思想观念。全人类共同价值从全人类共同利益出发，树立新的价值观念，在助推人类携手走出现代性道德困境的过程中，将人类命运共同体构建得更加紧密。

1. 人类正面临史无前例的挑战

伴随经济全球化的不断深入，世界各国人民的联系愈发密切。不可小觑的是，在世界各国、各民族的交往互动中，纷争与对抗也时有发生。民族问题、宗教问题、政治问题等都是人们产生分歧、摩擦的原因。除此之外，当今人类社会正面临着前所未有的挑战，比如全球气候异常、生态环境恶化等。

2013年，习近平总书记首次在国际场合阐述人类命运共同体理念时指出："这个世界，人类依然面临诸多难题和挑战，国际金融危机深层次影响继续显现，形形色色的保护主义明显升温，地区热点此起彼伏，霸权主义、强权政治和新干涉主义有所上升，军备竞争、恐怖主义、网络安全等传统安全威胁和非传统安全威胁相互交织，维护世界和平、促进共同发展依然任重道远。"[①]人类共处一个地球，各国同处一个世界。无论是安全威胁、疾病，还是气候、生态、环境问题等，都需要人类勠力同心，共同应对。

新冠疫情给原本动荡的国际秩序增添了更多不确定性，在造成全方位影响的同时，加剧了逆全球化的发展趋势，世界陷入动荡变革，各种矛盾凸显，世界经济社会正面临诸多不确定性。如何正视

---

① 习近平. 顺应时代前进潮流 促进世界和平发展——在莫斯科国际关系学院的演讲[N]. 人民日报, 2013-03-24（02）.

这种新态势？正如经济全球化是人类历史发展的必经历程，逆全球化同样是这个历程中不可避免的问题。关键在于寻找发展的新模式，在携手并进中共同应对全球性问题。人类急需在不稳定、不确定的环境中达成新的共识，重新认识国家间的关系，从而有效应对逆全球化带来的冲击与影响。

2. 人类急需进行整体性思考

站在人类文明发展的十字路口，中国提出了构建人类命运共同体这一重要理念。构建人类命运共同体理念的提出，既是人类应对多方挑战的需要，也是对"建设一个什么样的世界、如何建设这个世界"等重大问题的回答，具有极为丰富的思想内涵。

人类在创造物质文明和精神文明的同时，也造成了政治、社会、生态以及人自身等各方面问题。治疗"文明病"，需要"文明药"，此"药"须于文明中萃取。东西方文明共同孕育了人类社会，而不同文明的差异构成了丰富多彩的世界，文明差异不该成为冲突的根源、对抗的理由。面对差异，人类需要交流互鉴，求同存异。世界各国需要怀持文明整体观，在尊重差异的前提下，集合优质要素，在文明交往中实现"正和"效应，达成最大的价值共识。不同国家间的命运和利益紧密联系在一起。在全球化浪潮中，要避免整体和局部的断裂、脱节，要应对各种问题和挑战，人类急需进行整体性思考。

中华优秀传统文化中蕴含着深刻的整体性思维。这种思维方式体现为"天下一家""天人合一"的整体宇宙观。整体性思维认为每个部分或益或损的改变都会影响整体。与此同时，整体性思维强调统一性与多样性、差异性的和谐统一，重视事物本身的性质与发展规律以及各事物间的联系。《周易》可谓中华文化的源头，而整体性思维正是其立论的重要依据之一。《周易》提出"一阴一阳之谓道",将阴阳矛盾的对立统一视作自然界和社会生成发展的基础。阴阳合二而一,万事万物遵循这样的规律发展。整个世界就是一个"生生之谓易"的有机整体,一切事物都是一气相通、一体相承的。万事万物都在天道、地道、人道的范畴之中,人道是天道的赓续,"天行健,君子以自强不息"。《周易》将自然、社会、天、地、人放在一起考察,反映了当时的整体思维方式,而"天人合一"也成为中国古代哲学家在论证和思考问题上共同守持的定律,并进一步沉淀为应对全球挑战的传统智慧精华。

正因立足于全人类共同利益,运用中华优秀传统文化中的整体思维方式,中国提出了构建人类命运共同体的主张。人与天地万物同根同源,人与自然万物共存共生,人对天地万物具有责任与义务,将天、地、人统一起来的中国传统宇宙观蕴含着中华文明的生存理念,为推动构建人类命运共同体提供了重要价值依循。全人类共同价值立足于人的内在性追求,体现的不仅是人与世界万物一体化的关系,更是这种一体化关系的必然结果。以全人类共同利益为基础,人类未来的发展必须依赖一体的思维方式,"和平、发展、公平、正义、民主、自由"这六个概念相互关联、层层递进,正是对人与世界万物一体化关系的深刻哲思。

(二)理论特质:各国人民和合共生

人类是一个整体,地球是一个家园。世界各国唇齿相依,既利益交融,又安危与共。如何应对全球性挑战?人类只有和衷共济、和合共生这一条路。

1. 和实生物，同则不继

党的十八大以来，习近平总书记在多次讲话中提到要倡导国际社会"和合共生"的理念。2016年，习近平总书记在二十国集团工商峰会开幕式上指出："和衷共济、和合共生是中华民族的历史基因，也是东方文明的精髓。"①中华文明缘何绵延五千多年屹立而不倒，并且成为世界上唯一未曾中断的文明？中国缘何能够成为世界上唯一一个和平崛起的大国，创造出"中国奇迹"？在中华民族发展史中，在中华民族"大一统"理念的历史传承中，潜藏着"和合共生"的智慧。在"和合"观念的指导下，历史上中国以"六合同风，四海一家"为追寻，实现了中央权力与星罗棋布的地方势力间的统合，实现了中原民族与少数民族间的融合共生。现今世界存在着200多个国家和地区，70多亿人口，如何在新的历史条件下达成不同国家、民族、文明之间的和谐共存？从两次世界大战走来，全世界人民在新世纪共同期盼着长久的和平。全人类共同价值以"和合共生"为理论特质，无疑具有深远的意义。

全人类共同价值传承了中华文化中"和实生物，同则不继"的精髓。中华文明历来重视事物的多样性与差异性，并将这一特性视作新事物得以"生生不已"的奥秘。自然、社会不断发展的一个基本原则就是尊重事物的差异性，在差异中调和、对话、互补，它们彼此之间相互依存、相互影响，构成一个统一整体。这合理地解释了中华民族持续发展，人与自然、人与社会、人与人和谐相处的文明样态。全人类共同价值继承了中华优秀传统文化中的"和合共生"思想，致力于推动具有不同社会制度、意识形态、历史文化、发展

---

① 习近平. 中国发展新起点 全球增长新蓝图——在二十国集团工商峰会开幕式上的主旨演讲 [N]. 人民日报，2016-09-04（03）.

水平的国家间的共享、共担，形成共建美好世界的最大公约数。

2. 德莫大于和

为什么要推动构建人类命运共同体？能否建立和谐世界？人们对这些问题的认识尚有分歧，究其根本在于理论认识上的深刻差异，折射出的是中西体系的根本差别。

受到西方"优胜劣汰"理论的影响，一些人将社会的发展局限于对立和冲突的视野中。事实上，西方文化建立在二元对立思维上的传统由来已久，这也造就了中西方在应对危机与挑战时观念的根本区别。在西方观念中，人们致力于征服自然，因此资本主义的迅速发展造成了人类历史上最严重的社会危机、生态危机。二元对立的思维方式导致西方在历史发展中呈现出一个充满动荡的过程，基于不同的文化背景，这种对立的思维方式导致西方社会在价值观念上呈现出与中国截然不同的文明态势。

要彻底摆脱现代性的生存困境，人类发展就必须以"和合共生"为价值指引，以利他主义为原则，树立新的全人类共同价值。人类需要依托新的道德观念、新的价值理念突破个人中心主义、人类中心主义，走出现代性困境。"万物并育而不相害，道并行而不相悖。"2021年，习近平总书记在中国共产党与世界政党领导人峰会上的主旨讲话中再次强调："人类是一个整体，地球是一个家园。面对共同挑战，任何人任何国家都无法独善其身，人类只有和衷共济、和合共生这一条出路。"[1]中华文明以和衷共济、和合共生为一贯追求，全人类共同价值是中华文明的积淀，反映了新时代中国对人类未来命运前途发展的深沉思考，寄托着世界各国人民对美好生

---

[1] 习近平. 加强政党合作 共谋人民幸福——在中国共产党与世界政党领导人峰会上的主旨讲话 [N]. 人民日报, 2021-07-07 (02).

活的共同期盼。在兼容并包、尊重差异中寻共同、谋大同，这也与世界各国人民的共同利益、共同理想高度契合。

（三）思想宝库：中华优秀传统文化

中华民族在五千多年的历史实践中创造了灿烂的中华文明，形成了源远流长、博大精深的中华优秀传统文化，为全人类共同价值提供了智力支持和精神滋养。

中华文明中蕴含的讲仁爱、重民本、守诚信、崇正义、尚和合、求大同等理论特质，传承的"天下一家""大道之行，天下为公"等文化基因，坚持的"协和万邦""万国咸宁"等政治思想，倡导的"义利合一""博施众利"等人生格局，体现着世界文明体系的共同理想和普遍价值。文化孕育精神，思想引领方向。全人类共同价值正是在中华优秀传统文化中得到滋养，并将中华文明的价值追求延伸至世界维度，为人类文明发展作出重大贡献。

作为中华优秀传统文化的时代表征，人类命运共同体是新时代中国在面对"人类未来何去何从"这一重大现实问题时作出的回答。全人类共同价值作为构建人类命运共同体的重要精神支撑，在思维方式、价值理念、目标追寻等方面，都是对中华优秀传统文化的赓续传承。中国古圣先贤胸怀大局意识，以"安而不忘危，存而不忘亡，治而不忘乱"的居安思危意识，应对各种挑战。这正是当今全球化时代急需的世界格局与开放包容思维。

中华文明延续着中华民族的精神血脉，能够为人类提供正确的精神指引。古老的中华文明智慧告诫世人应当以彼此尊重为前提，在互通互鉴中实现全人类的和谐发展，在让世界了解中华传统文化的同时，推动中国文化走向世界，与世界各国文化共同谱写"各美其美，美人之美，美美与共，世界大同"的华章。

二、全人类共同价值是推动构建人类命运共同体的价值指南

全人类共同价值是中国共产党人立足新时代，以唯物史观为指导，以对人类社会发展规律的科学认知为依循，以中华民族历史文化底蕴为根本，为构建更美好、更和谐的世界所提出的科学的价值指引，是中国共产党百年奋斗经验的成功总结。构建人类命运共同体必须以不同国家、民族的生产、生活实践为前提，但更要关照的是人类的精神世界，以全人类共同价值为基础。全人类共同价值凝聚着时代精神之精华，推动着人类命运共同体的构建，成为其实践过程中的价值依循。

（一）指引构建人类命运共同体的正确道路

人类正处在大发展大变革大调整时期，也处在一个挑战层出不穷、风险日益增多的时代。如何让和平与发展成为世界的主旋律？构建人类命运共同体，实现共赢共享正是中国给出的可行方案。

1. 危机与变局

当今时代，全球性问题层出不穷，人类不仅面临着环境污染、资源危机、人口过剩等困境，还要应对地缘冲突、经济危机等问题。人类面临的时代之变、历史之变不是偶然，是历经时间、历史积淀遗留下的问题的总爆发。站在国际新旧秩序交叠的十字路口，

面对各种不确定性，人类迫切需要达成新的价值共识。全人类共同价值是人类在历史十字路口的关键抉择。习近平总书记指出："冲出迷雾走向光明，最强大的力量是同心合力，最有效的方法是和衷共济。"①作为休戚与共的命运共同体，人类必须顺应时代潮流，携手并进，在合作中开新局。

中国共产党从诞生之日起就致力于为中国人民谋幸福、为中华民族谋复兴，同时也致力于为人类谋进步、为世界谋大同。历经百年奋斗历程，中国共产党领导中国人民充分认识到弘扬全人类共同价值、构建人类命运共同体的必要性与可行性，希望同世界各国人民加强沟通与合作，避免战争悲剧，共同为人类光明的未来奋进。党的十八大以来，习近平总书记多次提出"推动构建人类命运共同体"，这是引领时代潮流和人类前进方向的鲜明旗帜。人类命运共同体秉持全人类共同价值，在世界历史发展中具有里程碑意义。

2. 合作与共赢

和平、发展是构建人类命运共同体的前提条件。20世纪人类历经两次世界大战、持续40多年的冷战，曾面临空前劫难。人类无比渴望和平、期盼发展，这成为世界各国人民的夙愿。当今时代，一方面，经济全球化推动着世界各国的联系日趋紧密，但也导致政治、经济利益的冲突不断；另一方面，新兴国家和发展中国家的崛起，颠覆了"西方中心论"，改变了以往的国际关系态势，国与国之间的博弈更加激烈。尽管人类面临多方挑战与危机，但在全球化浪潮的推动下，人类已经互相紧密联系，成为你中有我、我中有你的命运共同体。人类必须携手应对全球性挑战。和平与发展不仅是

---

① 习近平. 携手迎接挑战，合作开创未来——在博鳌亚洲论坛2022年年会开幕式上的主旨演讲[N]. 人民日报，2022-04-22（02）.

全人类共同价值，更是时代主题，引领全人类沿着合作、共赢的道路一往无前地走下去。

大道之行，天下为公。构建人类命运共同体是世界各国人民的美好未来所在。中国共产党以深厚的中华文化为底蕴，是具有天下情怀、整体关怀的马克思主义政党，是致力于人类进步事业、有大担当的政党。中国共产党始终站在人类进步的立场，弘扬公平、正义的价值观，推动构建更加公正合理的国际秩序。公平、正义是人类的价值尺度，是凝聚世界内部价值力量的重要内核。人类未来的和平发展必定要以公平与正义为基础。马克思主义的共产主义理论将人类解放以及人的自由全面发展作为人类社会的发展目标，这一理想目标的实质就是在最大范围内实现人类的公平正义。无论是政治层面的交往、联系，还是经济、社会层面的互利合作，世界人民都必须以公平、正义为价值追寻，建立起国与国之间互惠、互利、互信，开放包容的良善关系。人类文明百花齐放，世界花园才会更加绚丽多彩，历史的车轮才能在和平的道路上滚滚向前。

全世界的多元文化中存在着不同的价值观念，全人类要凝聚在一起，就需要一个共同的核心价值观作为枢纽，形成最广泛的社会共识。中国共产党人提出的全人类共同价值具有世界意义。中国式现代化的发展历程表明，每个国家都可通过独具自身特色的道路取得辉煌成就，西方国家将实现民主自由的特殊性路径视为"普世价值"的时代即将结束。正因人类有共同性，方有全人类共同价值，但必须承认的是各民族间亦同时存在着差异性。对于现代民族国家而言，需要以既符合全人类共性又符合本民族特色的共同价值作为引领。

中华优秀传统文化从一体的观念出发，以"和合"作为思想脉络，崇尚仁爱、诚信、礼敬、文明，贡献了诸多全人类共同价值的文化精华，助推人们树立了人与人、国与国、人与自然之间和谐共处的价值观念，对于建设和谐世界、探索全球新秩序具有振聋发聩之效用。在人类历史长河中，无论是过去还是现在，文明都呈现多元共存的格局，这种格局带来的必然是文化的差异。若没有对话、交流作为桥梁，就会造成不同民族、国家之间的隔阂，甚至引发矛盾、冲突。中华传统文化历经千年仍熠熠生辉的关键就在于其一直以开放包容的态度对待外来文化，以宽广的胸襟容纳不同文化，并主动去学习、吸纳异质文化的精髓。中华民族多元一体格局、各民族和平共处的发展历程表明，独具本民族特色的价值是可以实现与全人类共同价值相容相通的，关键在于能否抱持包容、开放的态度，在彼此的交流与合作中积极寻求价值共识。中国共产党人所提出的全人类共同价值以尊重文化价值的多样性为前提，承认不同文明独有的特质。在这样的观念指导下，中国希望实现超越国度、民族、文明的合作与对话，建构一种新型关系，使处于其中的每一种文明都能够最大限度地保留自己的文明特色，同时又达成整体的和谐。全人类共同价值的重要意义之一就是帮助深陷西方文明囹圄的国家走出困局，以共商共建共享为原则，共同构建人类命运共同体，从容应对全球性危机。

（二）深化构建人类命运共同体的时代共识

人类命运共同体绝不仅仅是单向度的经济共同体，而是以开放包容的文明为基底凝聚起的价值共同体。"同一个世界，同一个梦想"，夯实价值根基，人类命运共同体才能坚如磐石。作为人类命运共同体的深层文化结构，全人类共同价值凝聚起不同文明的价值共识，勾勒出人类普遍认同的价值理念的最大同心圆，推动世界各国人民在价值层面和伦理层面形成共识。

第九章 弘扬全人类共同价值，构建人类命运共同体

1. 深化交往共识

在这个充满多元文化的世界中，来自不同背景、不同国度的人们在处事方式和行为选择等诸多方面都会存在差异，这背后折射出的是人们在价值判断和道德行为标准上的分歧。人们应正视并承认不同文化视域下的差异与分歧，以此为前提，寻求多元文化与价值观之间沟通与融汇之可能性。多元文化的特性并非仅有差异性，事实证明，它们可以在不断的交流、融合中突破自身局限，超越民族、超越国界，成为世界性的文化资源。以尊重、包容的态度对待异质文化，打破文化隔绝是大势所趋。在全球化时代，人类愈发需要共同性原则以保持在彼此关联、休戚与共的关系之中的平衡性。全人类共同价值正是在人类的共同需求中应运而生的。

全人类共同价值为推动构建人类命运共同体奠定了文化基础。"建设一个什么样的世界，如何建设这个世界"，这是人类社会永恒的命题。习近平总书记正是在深刻把握人类社会历史经验和发展规律的基础上，从中国与世界共同利益出发，提出了构建人类命运共同体的倡议。这是对世界各国人民谋求和平与发展诉求的坚定回应。这一理念得到国际社会的广泛认可与支持，成为国际社会的普遍共识。人类命运共同体契合了时代潮流、人类发展的需要，有着强大的感召力。从提出到被广泛认可，越来越多的国家在构建人类命运共同体上达成共识，在这个过程中，习近平总书记提出的全人类共同价值发挥了关键作用。

2. 深化认同共识

全人类共同价值是对西方"普世价值"理性批判的结果，它打破了西方"普世价值"的话语霸权，契合了世界各国人民的共同追

求。西方"普世价值"以满足人类共同需要、维护人类共同利益为虚假外衣,以抽象主体为前提,以资本主义私有制为基础,以个人主义为信条,以绝对普遍性为方法,将人的特殊性消融于普遍性之中。西方标榜"普世价值",实则以自由、民主、人权、博爱为幌子,在观念的输出、渗透上不遗余力。"普世价值"植根于资本主义土壤,立足于西方政治文明,以维护西方国际秩序为目标,将侵略、殖民行径粉饰为"维护和平",以资本主义制度塑造主宰全球的价值实践方式。这种零和博弈的方式,注定了有受益的一方,就有受损的一方。这种以牺牲他国利益获取自身利益的强权主义价值观实际上代表了西方的霸权,使国际秩序面临极大挑战,使人类陷入冲突与矛盾的危险境地。

全人类共同价值以现实、具体的人为依据,不仅强调不同主体间的共同性,也承认他们之间的差异性。世界各国人民受限于发展水平、发展模式、历史文化背景等的不同,价值观念必然会呈现差异。作为全人类共同价值,必须以尊重差异为前提,求同存异,寻求人类文明交流互鉴的价值同心圆。随着全球性问题不断凸显,人类必然要结成共同体以维护自身利益。马克思指出:"只有在共同体中,个人才能获得全面发展其才能的手段,也就是说,只有在共同体中才可能有个人自由。"[①]生活在共同体中的人们在长期的社会交往中必然会在价值标准上达成某种共识,形成某种惯例。全人类共同价值正是人类在全球化进程中,在长期社会化过程中共生共存,彼此高度依赖,顺应时代潮流,基于人们共同生活中的交往交流形成的价值认同,与西方"普世价值"有着本质区别。全人类共同价值以开放、包容、和而不同为底色,追求世界大

---

① 马克思恩格斯选集:第1卷[M]. 北京:人民出版社,2012:199.

同、全人类共同幸福，彰显出"各美其美、美人之美、美美与共、天下大同"的崇高追求。

汤因比认为，人类要避免集体走上灭亡的道路就必须开辟出一条世界统一之路，他将世界和平的希望寄托于中华文化。在他看来，"中国肩负着不止给半个世界而且给整个世界带来政治统一与和平的命运"①。全球经济、政治、科技、气候等多方面的危机并存，对全人类的未来命运构成威胁。层出不穷的世界性危机使得人类不得不将整个世界作为一个政治单元去思索。习近平总书记指出："人类是休戚与共的命运共同体，各国要顺应和平、发展、合作、共赢的时代潮流，向着构建人类命运共同体的正确方向，携手迎接挑战、合作开创未来。"②推动构建人类命运共同体，就必须有全人类共同价值作为支撑，使不同民族、国家在共同价值的指引下形成相应的发展模式，以共同价值观为指导，影响并改善人们的生活方式。全人类共同价值助推人类达成价值共识，在文化层面深化了构建人类命运共同体的时代共识。

（三）凸显构建人类命运共同体的目标追求

人类共同价值体系的终极价值目标是人类幸福。马克思正是以为人类谋幸福为价值目标，在他看来，"人只有为同时代人的完美、为他们的幸福而工作，自己才能达到完美"③。当每个人都能获得自由全面发展，整个社会就达到了普遍幸福的状态。

---

① 池田大作，阿诺德·汤因比. 展望21世纪：汤因比与池田大作对话录 [M]. 荀春生，等，译. 北京：国际文化出版公司，1997：279.

② 习近平. 携手迎接挑战，合作开创未来——在博鳌亚洲论坛2022年年会开幕式上的主旨演讲 [N]. 人民日报，2022-04-22（02）.

③ 马克思恩格斯全集：第1卷 [M]. 北京：人民出版社，1995：459.

全人类共同价值以人类整体利益为出发点，以实现人类的普遍幸福为旨归。这一终极价值目标代表着人类的根本利益，符合人类社会进步与人类文明发展的时代趋势，体现了人类命运共同体的价值要求。实现和平与发展，实现普遍幸福是人类的根本利益所在。这一目标需要在共同体中实现。马克思指出："人的本质是人的真正的共同体。"[①]人具有社会属性，从原始社会到氏族、部落，再至传统社会，直至现代国家，人类都无一例外地生活在社会之中。但是由于人类中心主义的影响，人类已置身于生存危机之中，环境破坏、生态恶化，以及战争、疾病等问题层出不穷，要解决生存危机，人类必须结成共同体，共同应对各种问题。全人类共同价值为构建人类命运共同体提供价值支撑，二者相辅相成。

弘扬全人类共同价值有助于凝聚不同文明的力量，使各国人民在团结互助中更加坚定构建人类命运共同体的目标意识。在全球化的过程中，要实现永久的和平，结束纷争、敌对，人类迫切需要打破狭隘观念，树立人类整体意识，从文明的高度形成更加紧密的共同体。这个过程绝不是一蹴而就的，它需要各国人民齐心协力。全人类共同价值正是增强对话与合作的助推器，它立足于中华文明的深厚底蕴，以一体的观念引领人类文明朝着更加光明的未来挺进。这种文明共同体的理念将为人类提供一种认同感、信任感与凝聚力，推动人类携手共同应对各种全球性问题。

三、全人类共同价值的实践路径

2021年，习近平总书记阐述了全人类共同价值的实现方式：

[①] 马克思恩格斯全集：第3卷［M］.北京：人民出版社，2002：394.

"我们要本着对人类前途命运高度负责的态度，做全人类共同价值的倡导者，以宽广胸怀理解不同文明对价值内涵的认识，尊重不同国家人民对价值实现路径的探索，把全人类共同价值具体地、现实地体现到实现本国人民利益的实践中去。"[①]弘扬全人类共同价值，需要各国人民彼此之间相知相亲，在对话中增进理解，在合作中互利共赢，在共商共建共享中行稳致远。

（一）加强国际对话，增进互信

"物之不齐，物之情也。"只有以开放包容的态度尊重不同文明，加强彼此对话，推动各国秉持包容精神，理性对待多样文明的价值，才能打破隔膜，凝聚共识。"每一种文明都扎根于自己的生存土壤，凝聚着一个国家、一个民族的非凡智慧和精神追求，都有自己存在的价值。"[②]各国人民在文化和价值观上存在差异，但人们对于和平、发展、公平、正义、民主、自由的追求是一致的。弘扬全人类共同价值，就要以积极、理性的态度吸收各国人民在实践中的有益经验，在推动自身文明发展的同时，也推动世界多样文明的和谐共生，增进国际社会对全人类共同价值的认同。

亨廷顿在《文明的冲突与世界秩序的重建》中试图令人相信，当今及未来世界格局会以文明间的对抗为其本质状态。在他看来，不同文化无一例外都体现了"霸权意识"，文明间的碰撞、冲突在所难免。由于冲突的多样性和突发性，文化间的战争很可能最终演

---

① 习近平. 在中华人民共和国恢复联合国合法席位50周年纪念会议上的讲话[N]. 人民日报，2021-10-26（01）.

② 习近平. 深化文明交流互鉴　共建亚洲命运共同体——在亚洲文明对话大会开幕式上的主旨演讲[N]. 人民日报，2019-05-16（02）.

变成全球性的核战争。即使如此悲观，亨廷顿仍在此书最后为不同文化间的合作与交流进行了辩护。文明冲突论的特点就是以文明差异作为国际冲突的深层原因，这种对文化差异影响的夸大，也为霸权主义提供了理论依据。而这一切的根源就在于西方运用的是二元对立的思维方式，以排他性、对抗性的思维模式来看待中国与当今世界。全球化的过程，一方面产生了国家、地区之间的对立，另一方面刺激着国家、地区之间的合作。文化的差异性在一定程度上确实会激发区域性争端，加剧矛盾冲突；但文化上的共同性也为相互合作提供了可能。如何使文明间合作的推动力远胜于分离的动力，促进和平与发展？一个关键因素就是通过积极对话交流，促进不同国家、民族间的互信互惠，在对话中凝聚共识，实现彼此利益最大化。国与国之间可定期举行首脑会晤加强对话，还可以通过联合国、地区性国际组织等提供共同商议问题的平台，增进对话交流。文明对话的活动并非局限于经济活动，还应该涉及教育、科学、文艺等众多领域。非官方的互动交流同样发挥着重要作用。"国之交在于民相亲，民相亲在于心相通。"[①]不同文明的对话有助于消除隔阂、澄清误解，实现心意相通。

对话交流是开启人类未来和平与幸福之门的金钥匙。文化差异是成为划分文明的界限，还是成为互助合作的动力，取决于人们是否以积极的态度在对话交流中增进彼此的理解与信任。历经漫长历史发展的中国，拥有悠久的文明传统，曾数次适应新环境，完成文化转型。时至今日，它仍然具有吸收、借鉴外来文化的强大能力。正是通过对异质文化取长补短，中华文化得以不断实现自我更新，以巨大的潜力引领新发展。进入新时代，中华文化兼容并包的特点

---

① 习近平谈治国理政：第二卷 [M]. 北京：外文出版社，2017：510.

能够为未来世界的发展提供启迪。

（二）推动国际合作，彰显大国担当

中国坚持走和平发展道路，在全球治理过程中以实际行动展现大国担当，成为世界和平的建设者、全球发展的贡献者、国际秩序的维护者。习近平总书记指出，"世界好，中国才能好；中国好，世界才更好"[①]。中国在实践大国担当的过程中，在更广泛的意义上，凝聚起了不同文明的价值共识。

1. 走和平发展之路

中国始终秉持和平发展外交理念，彰显大国责任担当。新中国成立后，中国确立了独立自主的和平外交政策，倡导和平共处五项原则，发展同其他国家的友好交往和互利合作。面对风云变幻的国际形势，邓小平提出"韬光养晦、有所作为"的外交战略，一方面发展国内经济，增强综合国力；另一方面向世界宣告中国"不当头、不称霸"，积极为人类和平发展作出贡献。亚洲金融危机之后，中国不仅成功经受住了考验，还积极向东南亚国家提供经济援助，呼吁完善地区经济合作机制，避免新一轮金融危机，得到了诸多国家的赞扬与支持。在这之后，中国更加明确地以负责任的大国形象活跃在世界舞台上。党的十八大以来，以习近平同志为核心的党中央统筹国内国际两个大局，全面推进中国特色大国外交，积极促进世界和平与发展，推动构建人类命运共同体，在国际舞台上充分展现了中国负责任大国的时代担当。中国以"亲、诚、惠、容"深耕

[①] 习近平. 共同构建人类命运共同体——在联合国日内瓦总部的演讲 [N]. 人民日报，2017-01-20（02）.

睦邻之交，谱写了同周边国家的外交新篇章。近年来，中方同俄罗斯签署《中华人民共和国和俄罗斯睦邻友好合作条约》，以法律形式将"世代友好、永不为敌"的理念确定下来，推动了中俄双方的友好合作。中国同哈萨克斯坦建交三十多年来，双方领导人矢志不渝地推动合作，中哈关系不断实现跨越式发展。中国同乌克兰互尊互利，以世代友好、共同发展为共同理念。中国一向秉持的是和平共处五项原则，以此为基础，不断深化同各国的友好合作，以和平方式处理争端，以对话协商解决地区热点问题。中国积极参与国际事务，以中国方案为国际事务处理提供启迪。

随着全球化发展与国际局势的改变，和平与发展作为时代主题日益深入人心。改革开放以来，中国经济迅猛发展，综合实力显著增强，国际地位不断提高，但中国一直秉持"满招损，谦受益"的理念，既不妄自菲薄，也不妄自尊大，积极参与国际合作，推动构建新型国际关系，倡导构建人类命运共同体。中国更加注重吸收和借鉴人类优秀文明成果，与世界各国交流互鉴、取长补短，继续为捍卫世界和平、发展作出积极贡献，继续做一个积极负责任的大国。一系列的行动计划彰显着中国的责任担当。习近平总书记在第七十届联合国大会上承诺："中国决定设立为期10年、总额10亿美元的中国—联合国和平与发展基金，支持联合国工作，促进多边合作事业，为世界和平与发展作出新的贡献。"[1]中国坚定不移地支持联合国维和行动，自1971年恢复联合国合法席位以来，中国一直维护并践行《联合国宪章》的宗旨和原则，截至2020年，中国先后参加25项联合国维和行动，累计派出维和官兵4万余人次，忠实履行维和使命，为维护世界和平、推动构建人类命运共同体作出积极贡

---

[1] 习近平. 在第七十届联合国大会一般性辩论时的讲话 [N]. 人民日报，2015-09-29（02）.

献。[1]中国军队成为联合国维和行动的关键力量,以实际行动展现大国担当。

2. 积极参与全球治理

面对国际热点问题,中国积极发声,提供中国方案。建设生态文明是关乎人类未来的大事。作为一个负责任的大国,中国积极参与生态保护,推动全球经济绿色转型,不断完善全球生态治理模式,推动全球可持续发展。恩格斯指出:"我们不要过分陶醉于我们人类对自然界的胜利。对于每一次这样的胜利,自然界都对我们进行报复。"[2]生态环境问题正如一把达摩克利斯之剑高悬在人类头顶,成为人类普遍关注的问题。没有真正认识自己的人,终其一生都在追求自身的满足,通过与外界的争斗,满足自身贪欲,这势必将加剧人与人、人与自然之间的关系失衡。社会动乱、生态破坏、战争频发,人陷入以自我为中心的争斗与索取,终将于蒙昧中走向灭亡。生态危机就是人类忽视自然规律,为满足一己私欲肆意破坏生态环境引起的,其根源则在于人类既有的价值观念。建设生态文明的首要问题就是摆正人与自然的关系。西方从古文明时代就秉持以人类为中心的理念,无论是古希腊、罗马哲学,还是基督教、犹太教传统中,人类始终被摆在支配自然的位置。古希腊哲学家普罗泰戈拉认为:"人是万物的尺度,是存在者存在的尺度,也是不存在者不存在的尺度。"[3]苏格拉底提出:"其他生物的成长也是为了

---

[1] 中华人民共和国国务院新闻办公室. 中国军队参加联合国维和行动30年[N]. 人民日报, 2020-09-19 (05).

[2] 马克思恩格斯选集:第3卷 [M]. 北京:人民出版社, 2012:998.

[3] 北京大学哲学系外国哲学史教研室. 西方哲学原著选读:上卷 [M]. 北京:商务印书馆, 1981:54.

人类，这一点难道还不是很清楚吗？"①人们怀持人类中心主义的立场，将之视作行为与价值的尺度，长期以来以粗暴方式对待自然生态。现阶段，这种理念显然已不适应现代文明的需要。

中华文明蕴含着"天人合一"的生态智慧，追求人与自然和谐是中华文化中的重要价值取向。作为中华传统生态理念，天人合一、道法自然等思想开生态文明之先河，不仅为我国生态文明建设提供思想指引，更为世界人民贡献智慧。习近平生态文明思想深植于中华文明的生态智慧和文化土壤。习近平主席在气候变化巴黎大会开幕式上指出："中华文明历来强调天人合一、尊重自然。"②中华传统生态理念以德性为核心，主张主客一体，将人与自然万物视作统一体。《中庸》言："能尽人之性，则能尽物之性；能尽物之性，则可以赞天地之化育；可以赞天地之化育，则可以与天地参矣。"当今时代，建设生态文明虽已成为国与国之间的共识，但从民众层面来看，这种观念尚未真正深入人心。要将生态文明观念进一步落实，需要国家间的通力合作，从观念到实践、由浅入深逐渐唤醒人类的生态保护意识。中国共产党始终以人民群众对美好生活的向往为奋斗目标，在全国上下凝聚起保护生态环境的高度共识：建设生态文明是迈向美丽中国、实现中华民族永续发展的基本条件。党的二十大报告指出："从现在起，中国共产党的中心任务就是团结带领全国各族人民全面建成社会主义现代化强国、实现第二个百年奋斗目标，以中国式现代化全面推进中华民族伟大复兴。"③

---

① 色诺芬. 回忆苏格拉底 [M]. 吴永泉, 译. 北京：商务印书馆, 1984: 158.
② 习近平. 携手构建合作共赢、公平合理的气候变化治理机制——习近平在气候变化巴黎大会开幕式上的讲话 [N]. 人民日报, 2015-12-01 (02).
③ 习近平. 高举中国特色社会主义伟大旗帜 为全面建设社会主义现代化国家而团结奋斗——在中国共产党第二十次全国代表大会上的报告 [M]. 北京：人民出版社, 2022: 21.

中国式现代化的一个重要特征就是人与自然和谐共生，以绿色发展为重要方式和任务。中国在发展路径上的选择对于处于上升期的发展中国家而言至关重要，是符合时代大势的明智之举。发展中国家中最早制定并实施《应对气候变化国家方案》的是中国。中国不仅成为节能减排力度最大、新能源和可再生能源研发速度最快的国家之一，还积极落实《巴黎协定》，提前完成2020年应对气候变化相关目标。中国积极参与世界生态文明建设，庄严承诺"二氧化碳排放力争于2030年前达到峰值，努力争取2060年前实现碳中和"，并将其纳入经济社会发展和生态文明建设整体布局。中国绿色低碳发展成果显著，以中国智慧破解了全球生态难题，以实际行动充分展现了大国担当，赢得了越来越多国家的信任与支持。

（三）开放共享，让各国人民有更多获得感

经过多年发展，中国在自身综合国力显著提升的同时，也积极帮助其他国家，推动共同进步。中国坚持同舟共济，守望相助，在开放共享中为推动构建新型国际关系、构建人类命运共同体树立了典范。"落其实者思其树，饮其流者怀其源"，中国从世界汲取发展动力，也为世界发展贡献力量。中国秉持互利共赢的理念，愿将自身发展机遇与世界共享，推动各国人民共享发展成果。

伴随经济全球化发展，各国间的相互依赖加深，国与国之间的交流与合作十分必要。中国借鉴丝绸之路的经验与启示，制定了新的丝绸之路计划，提出"一带一路"倡议，成为推动构建人类命运共同体的重要实践。通过以点带面、从线到片，逐步推动形成区域大合作。从中巴经济走廊到中蒙俄经济走廊，从新亚欧大陆桥到中国—中南半岛经济走廊，"一带一路"建设织线成网，增进了中国

与周边国家的互惠互通、利益共融。2013年，习近平总书记在对哈萨克斯坦的访问中首次提出建设"丝绸之路经济带"倡议。他强调通过加强"政策沟通、道路连通、贸易畅通、货币流通、民心相通"，建设"丝绸之路经济带"。2015年，习近平总书记指出，中国愿为周边国家提供共同发展的机遇和空间，"欢迎周边国家搭乘中国发展'快车''便车'，让中国发展成果更多惠及周边，让大家一起过上好日子"①。"一带一路"正是中国向世界提供的公共产品，不断为周边国家带来发展机遇。中国以负责任的大国形象，努力为国际社会贡献更多的新理念，促进人类的和谐发展。

"一带一路"以共商、共建、共享为核心要义，以开放、包容为基本原则，倡导建立合作共赢的新型国际关系，倡导相互尊重、互利共赢。同舟共济，守望相助，中国顺应民意，惠及民生，帮助周边国家共同应对挑战，为双边关系奠定了坚实基础。无论是印尼遭遇海啸，还是湄公河流域国家遭受干旱，无论是巴基斯坦遭遇罕见洪灾，还是新冠疫情期间菲律宾、塞尔维亚等国家医疗系统濒临崩溃，中国从未袖手旁观，在很多国家遭遇困难的危急时刻都能看到中国的身影。中国政府、民间组织纷纷伸出援手，携手互助，患难与共。正是在这个过程中，人类命运共同体意识逐渐落地生根。

中国共产党人充分认识到经济全球化是大势所趋，是人类共享发展的历史机遇。中国在全球化浪潮中不仅为自身谋求发展利益，也主动担负起大国责任，积极为其他国家和人民尤其是欠发达国家的人民谋利益。"我们应该落实联合国2030年可持续发展议程，加

---

① 习近平. 深化合作伙伴关系　共建亚洲美好家园——在新加坡国立大学的演讲[N]. 人民日报，2015-11-08（02）.

大对最不发达国家支持力度,让发展成果惠及更多国家和民众。"①中国是经济全球化的受益者,更是贡献者。中国积极倡导"一带一路"建设,正是致力于共建繁荣发展之路,共享互利共赢之果,为共建国家的发展展开宏伟蓝图。2015年习近平总书记在访问英国时指出,"'一带一路'是开放的,是穿越非洲、环连亚欧的广阔'朋友圈',所有感兴趣的国家都可以添加进入'朋友圈'"②。"一带一路"是开放包容的,能够推动各国共同发展,实现优势互补,也致力于使更多国家共享发展机遇和成果,为地区可持续发展提供新动力。

当今中国是"世界工厂",也是"世界市场"。"中国市场这么大,欢迎大家都来看看。"③习近平总书记提出"共建开放共享的世界经济"倡议,在国际社会引发广泛共鸣。经济全球化是人类社会发展的必由之路,是推动世界经济增长的引擎。历史潮流不可逆转,必将浩荡前行。只有共建开放共享的世界经济,让世界各国人民共享经济全球化发展成果,推进互帮互助、互惠互利,人类才能在平衡普惠的发展模式中开创更加美好的未来。

---

① 习近平. 开放合作 命运与共——在第二届中国国际进口博览会开幕式上的主旨演讲 [N]. 人民日报,2019-11-06(03).
② 习近平出席中英工商峰会并致辞 [N]. 人民日报,2015-10-22(01).
③ 习近平. 开放合作 命运与共——在第二届中国国际进口博览会开幕式上的主旨演讲 [N]. 人民日报,2019-11-06(03).

主要参考文献

一、著作

1. 马克思恩格斯全集：第1卷 [M]. 北京：人民出版社，1995.
2. 马克思恩格斯全集：第3卷 [M]. 北京：人民出版社，2002.
3. 马克思恩格斯文集：第1卷 [M]. 北京：人民出版社，2009.
4. 马克思恩格斯文集：第2卷 [M]. 北京：人民出版社，2009.
5. 马克思恩格斯文集：第7卷 [M]. 北京：人民出版社，2009.
6. 马克思恩格斯选集：第1卷 [M]. 北京：人民出版社，2012.
7. 马克思恩格斯选集：第2卷 [M]. 北京：人民出版社，2012.
8. 马克思恩格斯选集：第3卷 [M]. 北京：人民出版社，2012.
9. 马克思. 1844年经济学哲学手稿 [M]. 北京：人民出版社，2018.
10. 列宁全集：第31卷 [M]. 北京：人民出版社，2017.
11. 列宁选集：第2卷 [M]. 北京：人民出版社，1972.
12. 毛泽东外交文选 [M]. 北京：中央文献出版社，世界知识出版社，1994.
13. 周恩来选集：下卷 [M]. 北京：人民出版社，1984.
14. 周恩来年谱（1949—1976）[M]. 北京：中央文献出版社，1997.
15. 习近平. 高举中国特色社会主义伟大旗帜　为全面建设社会主义现代化国家而团结奋斗——在中国共产党第二十次全国代表

大会上的报告［M］．北京：人民出版社，2022．

16.习近平．加强政党合作　共谋人民幸福——在中国共产党与世界政党领导人峰会上的主旨讲话［M］．北京：人民出版社，2021．

17.习近平．决胜全面建成小康社会　夺取新时代中国特色社会主义伟大胜利——在中国共产党第十九次全国代表大会上的报告［M］．北京：人民出版社，2017．

18.习近平．论把握新发展阶段、贯彻新发展理念、构建新发展格局［M］．北京：中央文献出版社，2021．

19.习近平．论坚持推动构建人类命运共同体［M］．北京：中央文献出版社，2018．

20.习近平．在全国民族团结进步表彰大会上的讲话［M］．北京：人民出版社，2019．

21.习近平．在文艺工作座谈会上的讲话［M］．北京：人民出版社，2015．

22.习近平．在中华人民共和国恢复联合国合法席位50周年纪念会议上的讲话［M］．北京：人民出版社，2021．

23.习近平谈治国理政：第二卷［M］．北京：外文出版社，2017．

24.习近平谈治国理政：第三卷［M］．北京：外文出版社，2020．

25.习近平谈治国理政：第四卷［M］．北京：外文出版社，2022．

26.习近平谈治国理政：第一卷［M］．2版．北京：外文出版社，2018．

27.习近平著作选读：第二卷［M］．北京：人民出版社，2023．

28.习近平主席在出席世界经济论坛2017年年会和访问联合国日内瓦总部时的演讲［M］．北京：人民出版社，2017．

29.中共中央党史和文献研究院．十九大以来重要文献选编：

中［M］．北京：中央文献出版社，2021．

30. 中共中央关于党的百年奋斗重大成就和历史经验的决议［M］．北京：人民出版社，2021．

31. 中共中央文献研究室．习近平关于全面从严治党论述摘编［M］．北京：中央文献出版社，2016．

32. 中共中央文献研究室，中央电视台．邓小平［M］．北京：中央文献出版社，1997．

33. 中共中央宣传部．习近平新时代中国特色社会主义思想学习问答［M］．北京：学习出版社，人民出版社，2021．

34. 中共中央宣传部．中国特色社会主义学习读本［M］．北京：学习出版社，2013．

35. 中国人民政治协商会议全国委员会文史资料研究委员会．五星红旗从这里升起［M］．北京：文史资料出版社，1984．

36. 阿里夫·德里克．后革命时代的中国［M］．李冠南，董一格，译．上海：上海人民出版社，2015．

37. 安德鲁·海伍德．政治学［M］．张立鹏，译．北京：中国人民大学出版社，2006．

38. 安乐哲．儒家角色伦理学——一套特色伦理学词汇［M］．孟巍隆，译．济南：山东人民出版社，2017．

39. 班固．汉书［M］．北京：中华书局，1962．

40. 北京大学哲学系外国哲学史教研室．西方哲学原著选读：上卷［M］．北京：商务印书馆，1981．

41. 伯特兰·罗素．中国问题［M］．秦悦，译．上海：学林出版社，1996．

42. 蔡沉．书集传［M］．北京：中华书局，2017．

43. 陈寅恪．陈寅恪集·书信集［M］．北京：生活·读书·新知三联书店，2015.

44. 程颐. 周易程氏传［M］. 北京：九州出版社，2010.

45. 池田大作，阿诺德·汤因比. 展望21世纪：汤因比与池田大作对话录［M］. 荀春生，等，译. 北京：国际文化出版公司，1997.

46. 达尔文. 人类的由来及性选择［M］. 叶笃庄，杨习之，译. 北京：科学出版社，1996.

47. 邓秉元. 周易义疏［M］. 上海：上海古籍出版社，2011.

48. 杜维明文集：第5卷［M］. 武汉：武汉大学出版社，2002.

49. 二程集［M］. 北京：中华书局，1981.

50. 樊浩. 中国伦理精神的现代建构［M］. 南京：江苏人民出版社，1997.

51. 费孝通. 人的研究在中国［M］. 天津：天津人民出版社，1993.

52. 费孝通. 文化与文化自觉［M］. 北京：群言出版社，2012.

53. 费正清. 美国与中国［M］. 北京：商务印书馆，1987.

54. 芬格莱特. 孔子：即凡而圣［M］. 彭国翔，张华，译. 南京：江苏人民出版社，2002.

55. 管仲. 管子［M］. 杭州：浙江人民出版社，1987.

56. 黑格尔. 历史哲学［M］. 上海：三联书店，1954.

57. 亨利·基辛格. 论中国［M］. 北京：中信出版社，2015.

58. 侯建良. 中国古代文官制度［M］. 北京：党建读物出版社，中国人事出版社，2010.

59. 黄仁宇. 万历十五年［M］. 北京：中华书局，2017.

60. 黄寿祺，张善文. 周易译注［M］. 上海：上海古籍出版社，2018.

61. 金冲及，主编. 周恩来传［M］. 北京：中央文献出版社，1998.

62. 金景芳，吕绍纲. 周易全解（修订本）［M］. 上海：上海古籍出版社，2017.

63. 康德. 实践理性批判 [M]. 韩水法, 译. 北京：商务印书馆, 1999.

64. 老子. 道德经 [M]. 李存山, 注释. 郑州：中州古籍出版社, 2016.

65. 李勇刚. 天下归心——"大一统"国家的历史脉络 [M]. 北京：人民出版社, 2021.

66. 梁启超. 先秦政治思想史 [M]. 天津：天津古籍出版社, 2003.

67. 梁启超. 新民说 [M]. 北京：商务印书馆, 2016.

68. 梁漱溟. 中国文化要义 [M]. 北京：商务印书馆, 2021.

69. 林国华, 王恒. 古代世界的自由与和平 [M]. 上海：世纪出版集团, 上海人民出版社, 2010.

70. 刘向. 列女传 [M]. 沈阳：辽宁教育出版社, 1998.

71. 刘小枫. 西方文明的危机 [M]. 北京：华夏出版社, 2018.

72. 刘余莉, 等. 平治天下——《群书治要》治国理政思想研究 [M]. 北京：人民出版社, 2019.

73. 刘泽华, 张分田. 政治学说简明读本 [M]. 天津：南开大学出版社, 2001.

74. 柳诒徵. 中国文化史 [M]. 北京：中国和平出版社, 2014.

75. 路易·阿尔都塞. 保卫马克思 [M]. 顾良, 译. 北京：商务印书馆, 2010.

76. 洛克. 政府论 [M]. 瞿菊农, 叶启芳, 译. 北京：商务印书馆, 2020.

77. 墨子 [M]. 唐敬果, 选注. 北京：商务印书馆, 2019.

78. 牟复礼. 中国思想之渊源 [M]. 王重阳, 译. 北京：北京大学出版社, 2016.

79. 倪德卫. 儒家之道：中国哲学之探讨 [M]. 周炽成, 译.

南京：江苏人民出版社，2006.

80. 蕅益. 四书蕅益解［M］. 江谦，补注. 武汉：崇文书局，2015.

81. 蕅益. 周易禅解［M］. 武汉：崇文书局，2015.

82. 潘光旦. 儒家的社会思想［M］. 北京：北京大学出版社，2010.

83. 钱穆. 国史大纲（全两册）［M］. 北京：商务印书馆，1996.

84. 乔治·麦克林. 传统与超越［M］. 北京：华夏出版社，1999.

85. 秦晖. 传统十论：本土社会的制度、文化及其变革［M］. 太原：山西人民出版社，2019.

86. 瞿同祖. 清代地方政府［M］. 北京：法律出版社，2003.

87. 塞缪尔·亨廷顿. 文明的冲突与世界秩序的重建［M］. 周琪，等，译. 北京：新华出版社，1998.

88. 桑德罗·斯奇巴尼. 正义和法［M］. 黄风，译. 北京：中国政法大学出版社，1992.

89. 色诺芬. 回忆苏格拉底［M］. 吴永泉，译. 北京：商务印书馆，1984.

90. 山本新，等. 未来属于中国：汤因比的中国观［M］. 吴栓友，译. 北京：世界知识出版社，2018.

91.《十三经注疏》整理委员会. 礼记正义［M］. 北京：北京大学出版社，2000.

92.《十三经注疏》整理委员会. 论语注疏［M］. 北京：北京大学出版社，1999.

93.《十三经注疏》整理委员会. 尚书正义［M］. 北京：北京大学出版社，1999.

94.《十三经注疏》整理委员会. 孝经注疏［M］. 北京：北京大学出版社，2000.

95. 宋瑞芝. 外国文化史[M]. 武汉：湖北教育出版社, 1994.

96. 宋希仁. 西方伦理思想史[M]. 北京：中国人民大学出版社, 2003.

97. 孙中山全集：第十一卷[M]. 北京：中华书局, 1986.

98. 田辰山. 孔子文化奖学术精粹丛书：安乐哲卷[M]. 北京：华夏出版社, 2015.

99. 王弼. 周易注[M]. 楼宇烈, 校释. 北京：中华书局, 2011.

100. 王先谦. 荀子集解[M]. 北京：中华书局, 1988.

101. 王阳明集：下[M]. 北京：中华书局, 2016.

102. 王治河. 福柯[M]. 长沙：湖南教育出版社, 1999.

103. 沃特金斯. 西方政治传统：近代自由主义之发展[M]. 李丰斌, 译. 桂林：广西师范大学出版社, 2016.

104. 吴晗, 费孝通. 皇权与绅权[M]. 天津：天津人民出版社, 1988.

105. 伍德. 黑格尔的伦理思想[M]. 黄涛, 译. 北京：知识产权出版社, 2016.

106. 谢茂松. 大臣之道：心性之学与理势合一[M]. 北京：中华书局, 2013.

107. 熊十力. 原儒[M]. 长沙：岳麓书社, 2013.

108. 许嘉璐. 二十四史全译[M]. 上海：汉语大词典出版社, 2004.

109. 许慎. 说文解字[M]. 北京：中华书局, 2013.

110. 严复. 严复文选[M]. 牛仰山, 选注. 天津：百花文艺出版社, 2006.

111. 杨伯峻. 春秋左传注[M]. 北京：中华书局, 1981.

112. 杨伯峻. 论语译注[M]. 北京：中华书局, 2019.

113. 杨光斌. 中国政治认识论[M]. 北京：中国社会科学出版社,

2018.

114. 杨万里. 诚斋易传［M］. 北京：九州出版社，2019.

115. 杨园先生全集：卷四十七［M］. 北京：中华书局，2002.

116. 以赛亚·伯林. 自由论［M］. 胡传胜，译. 南京：译林出版社，2011.

117. 约翰·加尔通. 和平论［M］. 陈祖洲，等，译. 南京：南京出版社，2006.

118. 约翰·罗尔斯. 正义论［M］. 何怀宏，等，译. 北京：中国社会科学出版社，2009.

119. 张光直. 考古人类学随笔［M］. 北京：生活·读书·新知三联书店，2013.

120. 张光直. 美术、神话与祭祀［M］. 郭净，译. 北京：生活·读书·新知三联书店，2013.

121. 张光直. 中国青铜时代：二集［M］. 北京：生活·读书·新知三联书店，1990.

122. 张维为，吴新文. 中国话语：建构与解构［M］. 上海：上海人民出版社，2021.

123. 张载集［M］. 北京：中华书局，1978.

124. 赵汀阳. 天下的当代性：世界秩序的实践与想象［M］. 北京：中信出版社，2016.

125. 朱熹. 四书章句集注［M］. 北京：中华书局，2016.

126. Colin Renfrew. The Emergence of Civilization [M]. London: Methuen, 1972.

127. Paul Tillich. Love, Power and Justice [M]. New York: Oxford University Press, 1960.

二、期刊

1. 习近平. 把中国文明历史研究引向深入 增强历史自觉坚定文化自信［J］. 求是，2022（14）.

2. 习近平. 坚定不移走中国人权发展道路 更好推动我国人权事业发展［J］. 求是，2022（12）.

3. 习近平. 在文化传承发展座谈会上的讲话［J］. 求是，2023（17）.

4. 白纯. 牢牢把握战争与和平的辩证法［J］. 历史评论，2022（2）.

5. 贝淡宁. 贤能政治是个好东西［J］. 当代世界，2012（8）.

6. 杜维明. 儒家"和而不同"的人文精神［J］. 青春期健康，2018（21）.

7. 方李莉. 世界秩序的重建——从亨廷顿到费孝通［J］. 群言，2012（12）.

8. 李大华. 论先秦儒家和道家的公平观念［J］. 哲学研究，2011（07）.

9. 李志. 试论马克思文本中的三种自由概念［J］. 哲学研究，2012（7）.

10. 林尚立. 大一统与共和：中国现代政治的缘起［J］. 复旦政治学评论，2016（1）.

11. 刘成. 积极和平与冲突化解［J］. 史学月刊，2013（12）.

12. 刘余莉，聂菲璘. 家国情怀的精神境界与历史文化内涵［J］. 甘肃社会科学，2021（5）.

13. 潘德荣. "德性"与诠释［J］. 中国社会科学，2017（06）.

14. 齐惠.《群书治要》中的谏议思想［J］. 中国领导科学，2020（6）.

15. 乔清举. 天人合一论的生态哲学进路［J］. 哲学动态，2011（8）.

16. 孙春晨. 全人类共同价值是构建人类命运共同体的伦理基础［J］. 马克思主义与现实，2022（01）.

17. 孙向晨. 对"家"的理解误区仍存［J］. 精神文明导刊, 2019（12）.

18. 孙占鳌. 丝绸之路的历史演变（上）［J］. 发展, 2014（14）.

19. 王爱虎. 从海上丝绸之路的发展史和文献研究看新海上丝绸之路建设的价值和意义［J］. 华南理工大学学报（社会科学版）, 2015（1）.

20. 王兰芳. 马克思恩格斯对早期贸易和平论的批判［J］. 东岳论丛, 2010, 31（6）.

21. 吴晓明. 中国道路的百年探索与马克思主义中国化［J］. 北京师范大学学报（社会科学版）, 2021（4）.

22. 向世陵. 从"天下为公"到"民胞物与"——传统公平与博爱观的旨趣和走向［J］. 中国人民大学学报, 2015, 29（02）.

23. 徐惠. 孔子"庶、富、教"思想与和谐社会的构建［J］. 中华文化论坛, 2007（4）.

24. 张鲲. 论"全人类共同价值"的中华优秀传统文化底蕴［J］. 民族学刊, 2021, 12（12）.

25. 赵汀阳. 天下: 在理想主义和现实主义之间［J］. 探索与争鸣, 2019（9）.

26. 周宪. 福柯话语理论批判［J］. 文艺理论研究, 2013（1）.

三、报纸

1. 习近平. 共同构建人类命运共同体——在联合国日内瓦总部的演讲［N］. 人民日报, 2017-01-20.

2. 习近平. 弘扬"上海精神" 构建命运共同体——在上海合作组织成员国元首理事会第十八次会议上的讲话［N］. 人民日报, 2018-06-11.

3. 习近平. 加强政党合作　共谋人民幸福——在中国共产党与世界政党领导人峰会上的主旨讲话［N］. 人民日报，2021-07-07.

4. 习近平. 开放合作　命运与共——在第二届中国国际进口博览会开幕式上的主旨演讲［N］. 人民日报，2019-11-06.

5. 习近平. 深化合作伙伴关系　共建亚洲美好家园——在新加坡国立大学的演讲［N］. 人民日报，2015-11-08.

6. 习近平. 深化文明交流互鉴　共建亚洲命运共同体——在亚洲文明对话大会开幕式上的主旨演讲［N］. 人民日报，2019-05-16.

7. 习近平. 顺应时代前进潮流　促进世界和平发展——在莫斯科国际关系学院的演讲［N］. 人民日报，2013-03-24.

8. 习近平. 向拉美和加勒比国家共同体第七届峰会作视频致辞［N］. 人民日报，2023-01-26.

9. 习近平. 携手构建合作共赢、公平合理的气候变化治理机制——习近平在气候变化巴黎大会开幕式上的讲话［N］. 人民日报，2015-12-01.

10. 习近平. 携手同行现代化之路——在中国共产党与世界政党高层对话会上的主旨讲话［N］. 人民日报，2023-03-16.

11. 习近平. 携手迎接挑战，合作开创未来——在博鳌亚洲论坛2022年年会开幕式上的主旨演讲［N］. 人民日报，2022-04-22.

12. 习近平. 胸怀大局把握大势着眼大事　努力把宣传思想工作做得更好［N］. 人民日报，2013-08-21.

13. 习近平. 在德国科尔伯基金会的演讲［N］. 人民日报，2014-03-30.

14. 习近平. 在第七十届联合国大会一般性辩论时的讲话［N］. 人民日报，2015-09-29.

15. 习近平. 在第七十五届联合国大会一般性辩论上的讲话 [N]. 人民日报, 2020-09-23.

16. 习近平. 在纪念孔子诞辰2565周年国际学术研讨会暨国际儒学联合会第五届会员大会开幕会上的讲话 [N]. 人民日报, 2014-09-25.

17. 习近平. 在纪念中国人民志愿军抗美援朝出国作战70周年大会上的讲话 [N]. 人民日报, 2020-10-24.

18. 习近平. 在庆祝改革开放40周年大会上的讲话 [N]. 人民日报, 2018-03-24.

19. 习近平. 在哲学社会科学工作座谈会上的讲话 [N]. 人民日报, 2016-05-19.

20. 习近平. 在中华人民共和国恢复联合国合法席位50周年纪念会议上的讲话 [N]. 人民日报, 2021-10-26.

21. 习近平. 在中国国际友好大会暨中国人民对外友好协会成立60周年纪念活动上的讲话 [N]. 人民日报, 2014-05-16.

22. 习近平. 中国发展新起点 全球增长新蓝图——在二十国集团工商峰会开幕式上的主旨演讲 [N]. 人民日报, 2016-09-04.

23. 习近平出席第七十届联合国大会一般性辩论并发表重要讲话 [N]. 人民日报, 2015-09-29.

24. 习近平出席中英工商峰会并致辞 [N]. 人民日报, 2015-10-22.

25. 习近平接见二〇一七年度驻外使节工作会议与会使节并发表重要讲话 [N]. 人民日报, 2017-12-29.

26. 陈旭东. 从中华优秀传统文化汲取中国特色社会主义政治经济学的养分 [N]. 光明日报, 2022-09-20.

27. 第四轮中美战略与经济对话在京开幕 [N]. 人民日报, 2012-05-04.

28. 刘余莉. 从传统文化中汲取走向善治的智慧[N]. 光明日报, 2019-11-14.

29. 落实创新协调绿色开放共享发展理念 确保如期实现全面建设小康社会目标[N]. 人民日报, 2016-01-07.

30. 杨光斌. 比较视野下的中国民主的优秀基因[N]. 北京日报, 2022-05-16.

31. 张肖雯. 和平学视野下的中国与西方: 访和平学之父约翰·加尔通[N]. 中国社会科学报, 2010-10-28.

32. 章念生. "中国的和平与发展事业将取得更大成就"(大道之行)[N]. 人民日报, 2023-07-14.

33. 中华人民共和国国务院新闻办公室. 中国军队参加联合国维和行动30年[N]. 人民日报, 2020-09-19.

34. 中共中央关于党的百年奋斗重大成就和历史经验的决议[N]. 人民日报, 2021-11-17.

35. 《中国的和平发展》白皮书[N]. 人民日报, 2011-09-07.

后　记

习近平总书记在第七十届联合国大会一般性辩论上发表讲话时首次指出，和平、发展、公平、正义、民主、自由是全人类共同价值。此后，他在众多国际国内场合阐述全人类共同价值的丰富内涵。全人类共同价值已经成为习近平新时代中国特色社会主义思想尤其是习近平外交思想的重要组成部分和重大理论创新。全人类共同价值是习近平总书记基于人类命运共同体理念提出的经济全球化时代各国命运与共的价值纽带，也是各个国家、不同文明之间处理好相互关系的价值准绳，为构建人类命运共同体奠定了坚实的理论基石。

全人类共同价值的提出有深刻的理论逻辑、深厚的历史逻辑、深层的现实逻辑。它既是马克思主义基本原理同新时代中国具体实际和时代特征相结合的产物，也是马克思主义基本原理同中华优秀传统文化相结合的结果。本书为中共中央党校（国家行政学院）国家高端智库重点课题"中华优秀传统文化中蕴含的全人类共同价值研究"的最终研究成果，旨在探讨中华优秀传统文化中蕴含的全人类共同价值，帮助广大读者深刻把握全人类共同价值的历史逻辑，深刻认识全人类共同价值"合于道"的特点，从而在更广泛的意义上凝聚起不同文明的价值共识。书中还吸纳了刘余莉教授作为首席专家承担的国家社科基金重大项目"中国式现代化的文化底蕴及思想理念研究"的阶段性成果。

中共中央党校（国家行政学院）副校长（副院长）龚维斌对本书的撰写工作给予了指导和帮助，并为本书作序。中共中央党校（国家行政学院）哲学部教授刘余莉主持本书撰写工作。各章撰写人如下：第一章，刘余莉；第二章，储峰、秦芳；第三章，聂菲璘、郭家瑞；第四章，潘志宏；第五章，徐佳佳；第六章，齐惠、聂菲璘；第七章，谷文国；第八章、第九章，程丽君。刘余莉对全书进行了统稿。书中每章内容都是诸位学者深入研究的成果，反映了学者们从中华优秀传统文化角度对全人类共同价值的认识和思考。

浙江教育出版社高度重视本书的出版工作，将本书列入重点出版项目。责任编辑傅越、余晓克、周涵静为此书的出版付出了辛苦努力，正是他们的敬业精神和严谨态度保证了本书的顺利出版，在此一并表示衷心感谢。本书在写作过程中参考了众多文献资料和部分学者的观点，但由于学识所限，加之时间较紧，书中可能存在错漏，敬请读者朋友不吝指正。

作者

2024年2月